智元微库
OPEN MIND

成 长 也 是 一 种 美 好

工厂数字化

业务驱动下的
转型策略与实操

汪潇　金斌　陆雪峰　著

人民邮电出版社

北京

图书在版编目（CIP）数据

工厂数字化：业务驱动下的转型策略与实操 / 汪潇，金斌，陆雪峰著. —— 北京：人民邮电出版社，2024.7
ISBN 978-7-115-64407-7

Ⅰ．①工… Ⅱ．①汪… ②金… ③陆… Ⅲ．①智能制造系统—制造工业—研究—中国 Ⅳ．①F426.4

中国国家版本馆CIP数据核字(2024)第094967号

◆　　　著　汪　潇　金　斌　陆雪峰
责任编辑　张渝涓
责任印制　周昇亮

◆ 人民邮电出版社出版发行　　　北京市丰台区成寿寺路 11 号
邮编　100164　电子邮件　315@ptpress.com.cn
网址　https://www.ptpress.com.cn
河北京平诚乾印刷有限公司印刷

◆ 开本：720×960　1/16
印张：22.5　　　　　　　　　　2024 年 7 月第 1 版
字数：350 千字　　　　　　　　2024 年 7 月河北第 1 次印刷

定价：139.80 元
读者服务热线：（010）67630125　印装质量热线：（010）81055316
反盗版热线：（010）81055315
广告经营许可证：京东市监广登字 20170147 号

携手转型在路上

数字化转型既源于技术又超越技术，既扎根工业又超越工业。它是工业文明的助推器，也是传统竞争力的挑战者。它是智能制造，也是商业模式，更是组织再造。它与第四次工业革命之脉搏相伴，也与市场环境的变化相融。在这样澎湃汹涌的浪潮中，一批批"弄潮儿"以超乎想象的方式，持续不断地刷新人们的体验与认知。于是，产品生命周期变得更短，研发速度要求越来越快，制造柔性及对优良率的期待水涨船高……而这一切意味着供应链上下游以及供应链各环节之间，必须形成更好的协同与敏捷的响应。

数字化，正是实现这些目标的最佳手段之一。

近年来，支持数字化转型尤其是制造业"智改数转"的呼声日益高涨，塑造和延续着激荡人心的数字化"浪潮之巅"。再加上诸多热词和重要概念（如新质生产力、人工智能＋等）迫切需要务实落地，"数字化"的价值越发凸显了出来。

纵观德国、日本、美国等发达经济体，其企业的数字化态势值得关注。作为制造业强国，德国在工业领域特别是在汽车、机械设备、化工产品、能源管理等领域的数字化实践是比较领先的，尤其是在智能制造和工业自动化方面的数字化程度较高。来自德国、扎根中国的菲尼克斯电气，在数字化转型方面一直在探索，比如构建"数字化转型铁三角"——技术与数字化运营体系、战略与数字化商业模式、人才与数字化组织能力，以及打造连接信息技术与运营技术的 PLCnext Technology[①]、打磨开放的云边端操作系统、梳理电动汽车智能充换电解决方案等。日本与德国相仿，工业数字化水平也较高，尤其是在消费电子类产品（含机器人）和汽车制造领域的制造、供应链管理和服务提供方面展现出高度的数字化水平。美国数字化程度较高的产业则主要是科技和互联网服务、金融科技等。

在中国，制造业面临的市场竞争异常激烈，市场迭代速度特别快。以光伏和新能源汽车这两个行业为例，在众多企业的辛勤耕耘和不懈创新之下，短短数年间，相关产品便从实验室搬到生产线，实现了商业化量产，在成本控制和性能提升方面也具有一定的优势。这两大领域的众多企业还一直在坚持拓展海外市场，并逐步在全球市场中占据一席之地。

在如此蓬勃的发展态势下，很多产业链上不同环节的企业都面临"如何进一步降低运营成本、提高内部运转效率、升级制造灵活性"等课题，而恰当地实施数字化转型，可能会带来一些助益。一般而言，有效的数字化转型能够提升企业的多维竞争力，包括提高资源利用率、优化供应链管理和制造流程、发掘新商业模式、提高生产效率和质量、增强企业的市场适应性、提升决策精确度和决策效率、提高内部协作效率、迅速且准确地捕捉市场动向、增强客户体验、减少碳排放和资源浪费等。

此外，中国具有较为完整的产业链和供应链体系，这为数字化转型实现超越企业边界、高效协同产业链上下游奠定了基础。结合创新生态的视角，中国企业的数字化转型具备更大的潜力。

尽管如此，中国制造业的数字化转型目前还处于发展阶段，面临一系列重

---

① 它是菲尼克斯电气搭建的开放式自动化生态，融合了开放式控制平台、模块化工程软件、数字化软件商城以及创意共享的全球化社区。借助该系统，来自不同领域的开发人员可协同开发同一项目，增强创新能力，节约资源。

大挑战，如人才缺口较大、数据安全和隐私保护的技术难度高、任务复杂、资金投入大与回报周期长等。这些问题的解决涉及数字化转型的成本、难度、效益等多个因素，在为什么转、如何准备、怎样实施、监控什么、做哪些进一步准备工作等方面，需要形成系统而明晰的认知。

坦言之，工厂的数字化转型是一场长期"战役"，需要有计划、有组织、渐进有序地推进。因此，一个全面系统且涵盖关键性细节的指导纲领十分重要，制造业企业家需要一些数字化转型的系统认知和方法论。汪潇教授与博世系两位专家合作的这部作品，非常符合这样的需要。本书是一部能够精准、系统、全面呈现工厂数字化实施步骤的专业著作，在体现最佳实践的同时，恰如其分地嵌入了理论背景，又减少了抽象难懂的技术术语。对于所有制造型企业甚至相关服务类企业的管理者而言，这是一本高效弥补认知空缺、深化系统理解、指导有序实践的佳作。

面对大时代的浪潮和人类科技的快速演进，对从事制造业的相关人员而言，"转型或不转型"可能很快就不再是一个选择。中国菲尼克斯作为数字化转型的坚定探索者和践行者，愿与本书所有的读者一起，直面挑战，深耕不辍！我们一起在路上。

顾建党

高级工程师

菲尼克斯（中国）投资有限公司总裁

我们需要系统化的"智改数转"

近年来,世界各大工业国都很关注"智改数转",中国的工业化进程在新一轮技术革命的推动下呈加速发展的态势。2024 年 1 月 18 日,中华人民共和国工业和信息化部等七部门发布了《关于推动未来产业创新发展的实施意见》(工信部联科〔2024〕12 号),明确指出:"大力发展未来产业,是引领科技进步、带动产业升级、培育新质生产力的战略选择。"这就意味着在发展战略性新兴产业,布局建设未来产业的同时,更要加强科技成果转化应用,推动传统产业转型升级,通过两种路径加快建设现代化产业体系,提升国家在未来的产业竞争力。企业的智能化改造和数字化转型成为各方关注的焦点。

汪潇博士无疑是一位敏锐的学者,他意识到"数字化转型将成为这个时代所有行业都会相继经历的重大事件,而制造业的数字化转型又在这次工业革命中首当其冲",便着手与博世系的资深专家携手合作,完成了《工厂数字化:业务驱动下的转型策略与实操》一书。机缘巧合,我有幸先睹为快。当我看到这本书的目录时眼前一亮,这不是一本充斥着专业词汇、晦涩难懂的学术专著,而是以企业管理者的视角观察整个工厂的数字化转型,涵盖从认知、规划、实施到日常管理的全过程,实操性很强。因此,全书的逻辑非常简单明了,那就是企业数字化转型"是什么""怎么做"以及"怎么样"。这正是我近来一直想读的书,相信很多同行和我会有同感——找到了企业数字化转型的行动指南。

2017 年年底,我和苏州富强科技有限公司原董事长吴加富合作,创办了中德智能制造学院(有限公司),注册成立了苏州富纳艾尔科技有限公司,主要为制造业提供智能装备的设计、安装、调试与运维等技术服务。为了更精准地满足客户对数字化人才的需求，我们每年要培训上万名应届大学毕业生——70% 来自高职院校，30% 来自应用本科院校和技师学院，已为制造业累计输送了 5 万多名优秀的数字化技术技能人才，涵盖工业机器人、工业控制、工业视觉和工业互联网四大领域，为 180 家智能制造领军企业提供技术服务，深受广大企业的欢迎。在培训中我们面临的普遍问题是，如果学生只局限在自己的岗位技能而缺乏对企业数字化改造的整体把握，那么在具体工作过程中就会"只见树木不见森林"，数字化的效能也就会大打折扣。汪潇教授团队的这本工具书弥补了这一空白，它为准备进入数字化技术领域的大学生提供了一个企业数字化转型的清晰图谱。

　　总之，"智改数转"道路漫长，需要政府、学术、产业、教育各界的协同发力。我相信汪潇教授团队的这本工具书能够在不同程度上满足各方的需求，助力中国制造业的高质量发展，促进新质生产力的形成。

单强

博士

苏州工业职业技术学院教授

中德智能制造学院院长

别错过数智时代产业转型与生态化的难得机遇

纵观全球，经济复苏、气候行动、地缘政治、局部战争、社会正义、全球化与本地化、数字化、人工智能、技术革新、产业转型、生态化、教育创新等关键词，一定是伴随着人们日常生活而出现的。复杂多变的大环境改变着人们的生活方式，数字化和生成式人工智能等先进技术的快速迭代正在重塑诸多行业，继而引发了业界的广泛讨论。

面对挑战，反抗和焦虑是没用的，只有重塑心智，通过颠覆性变革创造新的发展机遇，方可走进未来。

新技术之于经济和社会发展是一把双刃剑，既具有颠覆性又能带来机遇，比如生产力及效率的提高、新行业及就业机会的产生、数据驱动和智能辅助决策有效性的改进等。特别是数字和网络技术还会打破组织边界、地理隔阂，加速资源共享、跨组织合作及全球经济的融合，催生产业生态化并克服政治阻力促进经济的全球化。

随着数智技术的演进，企业和产业数智化转型进一步加速，将促进产业要素和企业的深度融合，助推产业新形态的萌生或产业生态的孕育，从而形成集聚效应，创造生态价值。

然而，产业在"数字化和互联网 +"的基础上要真正发挥和释放生态效应，需要根据产业价值网络，围绕关键流程或"链主"有机地整合相关要素，并以"滚雪球"的方式，通过不断迭代，升级生态质量，进而创收生态价值。而其中的基础，是通过企业数字智能基础设施（智能底座）的建设和业务过程的数字化，进而实现业管融合和围绕产业链的协同。

汪潇教授与博世系资深专家携手合作的《工厂数字化：业务驱动下的转

型策略与实操 》为这些基础工作的有效开展提供了工具和指南。

产业的数字化转型和生态化首先从企业（工厂）的技术、数字、智能底座建设开始；其次是实现生产和运营业务的全面数字化；然后是业管融合和优化，真正实现企业（工厂）的数智化转型；接着便可在数字化的基础上实现产业互联；最后是进一步加强产业融合与协同，营造和运营产业生态。一般来讲，数字化从项目开始，借助流程，实现部门或企业间的穿越，最后达到融合。

因此，在产业转型和生态化过程中，企业需要一些新型的管理岗位或角色，如项目官、流程官、数字官、耦合官等。而数智转型和生态化的质量取决于以下五大关键环节和五种治理：

> » 万物感知、万物互联的技术基础，但要避免形成数字孤岛，使数字相互配合与协同，真正成为资产，交互治理是关键；
> » 业务数据化与分布式协同，为此要做好信息治理；
> » 需求定制性供给、客户导向型整合，其基础是组织治理；
> » 商业伙伴关系，链接协同共生，这依赖于规则治理；
> » 未来的发展形态是组织的生态化、生活的社群化，其有效运行的基础是生态治理。

不难想象，工厂的数字化、企业的数智化转型、产业的生态营造是一个非常复杂、持续迭代、螺旋升级的过程，需要新型人才的培养、新型机构的加盟、新的理论与工具的支持。

西交利物浦大学（以下简称"西浦"）针对这种新趋势，专门创建了行业和生态型学院，培养能支持数字化、数智转型和生态营造的行业精英，特别是产业家；专门创建了西浦产业家学院，促进和支持更多产业生态的营造；已

经启动了西浦 × 生态超市（ XJTLU X-Eco Mall ）的建设，促进了汪潇教授携手博世系资深专家创作出这样的著作，从理论与工具上支持企业数智化转型和生态营造。

展望未来，在"万物数字化、万物互联、万物智能"的时代背景下，"命运共同体"的各要素唯有协同创新，积极构建创新生态，智慧创获生态红利，方可助力社会进步、经济稳步高质量可持续发展。希望汪潇教授团队的著作能在这股洪流中激起点涟漪，甚至勇立潮头。

未来即现在，唯有立刻行动，才有机会将不可能变成可能！

席酉民

西交利物浦大学执行校长

英国利物浦大学副校长

西安交通大学管理教授

前言

　　时代的浪潮推进着中国制造业的发展，新的要求和挑战也随之不断涌现。当前，中国在数字化和智能制造领域正处于关键的转型阶段，我国要想从世界第一的工业大国成为世界第一的工业强国，无论企业还是国家层面，数字化和智能制造都已成为抓手和焦点。

　　众所周知，中国提出了"中国制造 2025"的国家战略，德国提出了"工业 4.0"，美国则把"工业互联网"作为先进制造的重要基础。其中，德国是当之无愧的制造强国，美国的优势在于其互联网和信息技术。美国和德国得益于长期的工业发展和积累，企业运营管理体系健全、规范，真正做到了全球化经营，工厂分布在拥有不同文化、市场环境的地域和国家，形成了领先优势。

　　反观中国制造业，在科技使用和部分创新方面奋起直追，甚至有些方面已经处于领先地位；然而，在管理体系方面还停留在学习阶段，甚至很多企业和工厂都谈不上具备系统的管理。其中一个重要的原因在于：作为企业价值链条中的一环，制造环节投入大、见效慢、注重长期收益，因此在追求短期内实现效益的导向下，难以被真正重视。然而，当企业充分享受了技术复杂度不高的产品开发和国内市场蓬勃发展的红利后，不可避免地要面对进一步发展的问题。比如：在国内市场中如何面对日益激烈的行业竞争？在国外市场如何积极开拓市场并保持市场份额和提升竞争优势？这一系列的问题意味着，制造体系的构建和优化已成为必须补上的"短板"。相较于技术方面，如自动化和智能化设备，围绕智能制造的组织和管理则更为根本。显然，后者决定了能否以最合理的方式发挥前者的最大价值。也正因如此，如何理解和应用数字化的技术手段为业务目标赋能，成为广大制造业企业迫切需要关注和解决的问题。

本书正是从"业务驱动的数字化转型"这个视角出发，系统地阐明了企业数字化转型的一整套步骤，以及在实施过程中面临的典型挑战和解决方法。希望通过本书，各位读者在数字化转型过程中能够规避各类风险，并且系统化地将其应用于日常工作，让数字化转型更加精益和高效。

对企业决策者和管理层来说，本书可以帮助各位厘清数字化战略中顶层设计的要素和相互关系，以及要素缺失和不充分所带来的一系列战略和管理问题；对企业执行层来说，本书提供了数字化转型中具体而实用的操作方法，以及应对常见挑战的解决方案；对企业员工来说，本书能够帮助大家理解数字化转型所带来的系统性变革（如工作内容、所需技能、协同方式等），从而更加主动、可持续地适应这个加速变化的时代；对相关政策制定者而言，本书呈现了数字化转型中的系统问题，为宏观到微观层面的政策制定和迭代提供了重要线索和抓手，有助于形成更加科学、合理、有效的政策体系，赋能智造强国战略的实现；对数字化转型的相关研究人员来说，本书中以企业为主体的数字化转型实践，为深入研究一系列从微观到宏观的相关话题，提供了独特而多维的线索。此外，对制造业数字化转型这类话题感兴趣的普通读者，可以将本书作为有益读物，通过书中真实而深入的视角，以更加生动的方式理解数字化转型的逻辑体系、要点和本质。

作为本书的第一作者，我是该作的最初倡议人和发起者。由于深耕数字化和全球化背景下的三创（创新、创业与创意）管理问题研究，并致力于开发突变逆境中企业破局的底层方法，加之对国内外制造业的深入观察和思考，我深刻地意识到：数字化转型将成为这个时代所有行业都会相继经历的重大事件，而制造业的数字化转型又在这次工业革命中首当其冲，但大多数企业主并未认知到它的本质和实现它的系统性流程。

本书的另外两位作者，金斌和陆雪峰老师，是在博世集团博世生产体系咨询服务部门工作的老同事。博世集团在 2019 年开展对外智能制造和数字化转型的服务，金老师和陆老师因此接触了不少国内企业的咨询项目，如华为的制造体系咨询项目、奔驰福州工厂的智能化工厂规划项目、爱旭太阳能的工厂仿真项目等。两位老师发现，一些企业普遍偏重技术应用，却忽视技术应用对业务的影响，而这也促成了该作的最初定位，即强调业务驱动的数字化转型。金老师和陆老师通过这些年的实践以及与我的不断讨论，最终形成了本书的基本思路：从业务角度切入，以数字化转型要做的事（做正确的事且把事情做对）为线索，通过四章内容将最关键的知识要素和体系呈现出来。

　　本书内容是按照一个完整的企业数字化转型所经历的主要步骤来安排的。如果读者想对工厂的整体数字化转型有较为全面的认知，可以通篇阅读。

　　A 章谈及的是对数字化的认知，以及如何在企业特定的发展阶段明确数字化的战略作用，建议企业的决策者和管理层重点阅读和思考这部分内容。

　　B 章主要讲的是数字化转型的一系列准备工作，相信组织数字化变革的设计者会对这部分内容更感兴趣。当然，企业的决策者和管理者也有必要仔细阅读该章内容，因为该章内容涵盖了一个典型制造企业的运营框架。

　　C 章讲述了数字化转型的实施以及数字化产品的呈现过程。伴随数字化的发展，如今用户体验、设计思维等工具特别流行，不过大多数都是针对终端用户的。本书则从针对工业的数字化产品实践出发，总结了一套更加契合该情境的步骤和路径，因此对架构师和用户体验师来讲，也许能有所帮助。

　　D 章则展望了数字化在工厂中应用的前景，并对变革的风险控制进行了深入的讨论。这部分内容，对于期望把整个转型过程由一种变革转换为独特的新质生产力和竞争力，是不可或缺的。

　　如前所述，除了企业相关的决策者、管理者、执行人员，企业的员工、相关政策制定者、研究人员以及广大读者也会从本书的内容中获得启发和线索。此外，为了使读者能够轻松理解本书中不同知识模块之间的逻辑关系，高效吸收本书的知识体系，在每个章节的起始处均提供了二维码，大家可以扫码快速了解本书知识要点体系、数字化工具箱、准备度测试等内容，并可以付费观看作者一问一答短视频或者进行深度咨询和讨论。

作为新质生产力的体现，数字化和智能制造已经上升为中国的国家战略。可以预见，它会被设定为中国制造的新标签和名片。然而，随着数字化和智能制造的深入，全球都将面临共性的重大挑战和困难。这意味着，仅仅学习过去的经验是不够的，还要"用已知探索未知"。这就涉及该作的另一个定位：虽然它是基于过去多年的经验，经我们系统梳理而成的，但我们绝没有将它视为"盖棺论定的封箱之作"，而是希望与读者朋友们一起探讨：除了传统的业务价值，新时代的企业有没有新的业务价值？如何定义新的生产制造范式？数字化如何支持更高的维度（如产业链）的升级和发展？

最后，衷心期望每位读者都能从本书中获得有价值的内容！

汪　潇

获取本书线上资源

① 本书知识要点体系 | 本书重点知识概览
② 本书数字化工具箱 | 实用表格、模板、书中表格等
③ 准备度测试 Yes or No？| 在线测试"数字化转型准备度"
④ 作者一问一答 | 18 个数字化工厂的常见难题解答
⑤ 作者咨询 | 预约咨询，直通作者

目录

A

数字化转型
的本质

A 章知识要点体系 >>

关于数字化，其实没有一个明确的定义，我们可以确定的是，数字化概念的起源大概可以追溯到 20 世纪初期。在这个时期，电子计算机的发明让数字化技术得以快速地发展，并使其应用范围也得到了极大的扩展。之后，随着信息技术的发展，数字化技术的应用也变得越来越广泛，如在通信、娱乐、医疗、金融等领域。

真正让数字化的概念得到加强的，其实是第四次工业革命（即工业 4.0）。可以这么说，正是在工业 4.0 的加持下，数字化浪潮从原来的互联网席卷到了工业领域，原来的信息化也逐渐演变成数字化的概念。因此，从工业领域智能制造的角度出发，可以更好地理解数字化的来源和本质，就让我们从这里开始吧。

A1

从智能制造看数字化

工业革命往往是指新技术在工业领域被广泛应用，从而带动了工业组织和生产方式的跃迁。一般来说，我们会把工业发展分为四个阶段（见图 A-1），这也是欧洲提出的"工业 4.0"的起源。

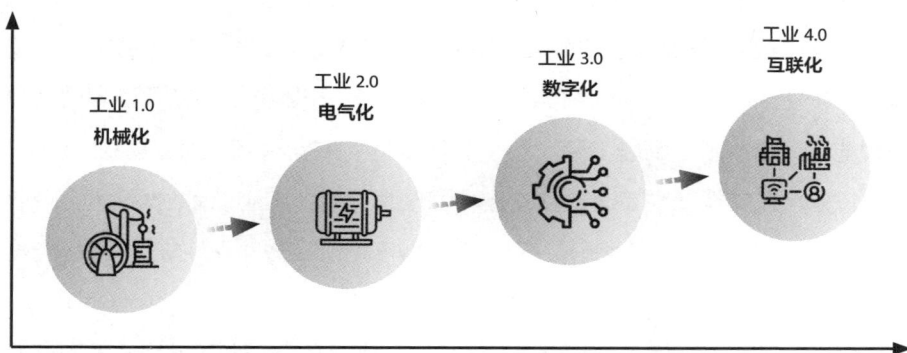

图 A-1　工业发展的四个阶段

工业 1.0，又称第一次工业革命，是指 18 世纪 60 年代到 19 世纪中期主要发生在英国的工业变革。这场革命以蒸汽机的广泛应用为标志，工业组织从手工业生产向机器制造进行转变，生产力和生产效率大幅提高，从而在社会、经济和技术领域引发了一系列变革。

工业 2.0，发生在 19 世纪下半叶至 20 世纪初，是由欧洲率先发起的又一轮技术革命。控制论创始人诺伯特·维纳（Norbert Wiener）提出自动化概念。

第二次工业革命的典型特征是自动化，并以电力的广泛应用为主要特点。工业由"蒸汽机时代"进入"电气时代"。

工业 3.0 是指从 20 世纪 60 年代末期到 21 世纪初期的工业革命，主要以自动化、信息化、数字化、智能化为特点。在这个时期，计算机、自动化控制、传感器、机器人等新技术的出现，使得生产过程更加智能化和自动化，大大提高了生产效率和产品质量。同时，全球化和信息化的发展趋势也促使生产和供应链更加紧密地联系在一起。工业 3.0 的标志性产物包括半导体、计算机、网络、通信技术等。工业 3.0 的发展推动了生产方式的革命，从传统的"人机分工"到"人机协同"，为工业 4.0 的到来奠定了基础。

推动工业 4.0 技术变革的则是物联网、大数据、云计算、人工智能等新技术。在工业 4.0 时代，生产设备、生产流程、产品和服务之间实现了高度互联与智能化，形成了"智能工厂"和"智能制造"的新模式。通过物联网技术，生产设备可以实现互联互通，形成智能化的生产流程；通过大数据技术，企业管理者可以实现对生产过程和产品质量的实时监控与分析；通过人工智能技术，企业管理者可以实现生产自动化和智能决策。

因此，智能制造的出现，离不开技术，特别是信息技术和网络技术的高速发展。

塞氏研究院的魏浩征老师和笔者分享过一个很有意思的活动：他曾经就"自驱型组织"为一家公司做研讨。他在开始时进行了一轮热身活动，让所有参与者随机选定两人，然后参与者通过走动，让自己和选定的两人之间相邻的距离相等。结果出乎意料，尽管有三十多人参与活动，但是所有人只花了二十几秒就达成了目标。而在活动开始前，几乎所有人都觉得如果没有规则，做完这项活动需要花费数倍时间，而且也不一定成功。

如果将上述活动中的自我调节的组织方式应用到工业制造领域中，就会有类似的思考和期望：如果是机器来做这件事情呢？是不是也能达到同样的效果？

没错，促发工业 4.0 的一项关键技术就是物联网。

工业 4.0 的定义是，生产的物理世界与信息技术及互联网的虚拟世界的融合。人、机器、物体与系统通过互联网以及信息通信技术互联，并以一种动态的、实时优化的方式进行自组织的沟通。

这就是智能生产体系。它贯穿工厂生产的全流程，从供应商经物流到客户，形成整条价值链上的全球互联。工业生产能够满足完全个性化的客户需求，达到更高的柔性、更广泛的应用和更优的资源利用，同时保证持续的高质量水平。

这是欧洲对于工业 4.0 的定义，我们可以看到，该定义中"生产的物理世界与信息技术及互联网的虚拟世界的融合"指明了数字化和智能制造的关系：数字化是智能制造的一部分。

而且，这不是一个简单的构建要素。现在有一个很流行的概念：软件定义一切（SDx）。所谓的软件定义一切，是指物理层面的所有东西都是由软件来管控、驱动、配置的，并且是通过网络互联的。

举个简单的例子，20 年前，手机可能只是个物理终端，实现的功能也就是打电话而已；而现在，手机能实现多少功能？支付、聊天、购物，这些不都是通过软件定义的吗？

因此，定义中的这句话"这就是智能生产体系。它贯穿工厂生产的全流程，从供应商经物流到客户，形成整条价值链上的全球互联"，明确地说明了数字化对智能制造的作用，即通过互联网和信息通信技术完成互联。可以预见的是，数字化转型会成为智能制造的主要技术驱动力。

更有意思的是，定义的最后部分"工业生产能够满足完全个性化的客户需求，达到更高的柔性、更广泛的应用和更优的资源利用，同时保证持续的高质量水平"，即智能制造的目的是应对多变的、个性化的客户需求。你也许会思考，为什么客户和市场的需求发生了变化？

答案其实还在于信息技术的发展，造成了市场的多变。所以这个问题必须由数字化来解决。回想一下，十几年前我们要想买一辆汽车，是不是必须到4S店看车？现在呢？在手机上就能选配色、部件，甚至能看到我们所选购的车排在生产线上等待生产。再想一下，以前买的东西出了质量问题，是不是必须抽出时间去售后服务点维修？现在呢？是不是用手机上传图片，客服就能解决一些简单问题？

信息技术发展后，未来市场改变趋势呈现新的特点（见图 A-2）。

| 变幻莫测的市场需求 | 更具个性化的产品 | 更灵活的交货期 | 更短的产品生命周期 | 7×24 小时全球服务 | 社交行为与新的合作 | 新兴多变的商业模式 |

图 A-2　未来市场改变趋势

简单来说，这是一个互相促进的故事：信息技术的发展造成了个体化需求越来越多变，因此制造业急需新的技术手段来应对这些变化，在满足客户质量和交付要求的前提下，还能取得利润、存活下去。而这些"新的技术手段"，目前来看，依旧围绕着信息化和数字化技术展开。所以，在科技树上进一步点亮数字化，几乎成为工业发展难以改变的趋势，也是目前智能制造发展的主要技术路径。

事实上，很多工厂作为智能制造转型的主体，已经率先做出了选择：例如博世集团的"未来工厂"（见图 A-3）。在这个"未来工厂"的三个构建要素（数字化、自动化和互联互通）中，数字化是唯一拥有"数字化愿景和战略"的要素，西门子则更为直接地将自己未来的工厂称为"智能制造的数字化工厂"。

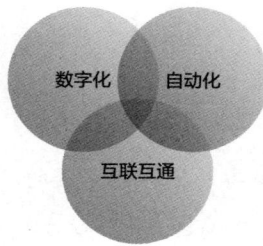

图 A-3　博世集团"未来工厂"的构建要素

简单做一下总结：信息化发展为数字化发展奠定了基础，智能制造为数字化发展提供了助力。

智能制造的实施主体在技术发展路径的选择上几乎都点亮了数字化，而非自动化。

A1-1

数字化和精益制造

在一个关于数字化的论坛上，笔者对参与者进行了会前调查。其中有一个问题："你觉得实施数字化的基础是什么？"占比前两位的答案为：精益和自动化。当谈到这个话题时，有人举手问道："我想问一下老师，我们公司成立时间不长，还没有系统导入过精益，那么我们公司适合进行数字化转型吗？"笔者停顿了一下，问对方："您是不是想问，先要做精益，才能做数字化吧？"对方提高了声音说："是的，现在有好多新名词，我们都不知道怎么去弄呢？"台下响起一片会心的笑声。

这是一个非常具有代表性的问题，如果想严肃对待数字化转型的事情并打算在组织内实施这个变革，就必须搞清楚数字化转型和其他战略、策略、工具的关系。我们经常会听到这样的说法：精益是数字化转型的基础。那么这是不是意味着要想实现数字化，必须先开展精益呢？

要回答这个问题，我们首先要了解"精益是数字化的基础"这个说法的出处。不管是提出工业 4.0 的欧洲，还是提出社会 5.0 的日本，抑或是美国，当这些地区或国家提出数字化转型时，显然不存在上述问题：它们都已经拥有成熟的业务体系和精益改善经验。因此，参照它们的经验，就会得出一个结论：没有精益，就无法搞数字化，即精益是数字化的基础。

与上述地区或国家相比，中国的情况要复杂得多。一方面由于幅员辽阔，行业和区域的发展水平相差很大；另一方面，大量新兴企业迫切地需要实现快速增长，因此对于"弯道超车""中国速度"有着强烈的需求。很多人会想：能不能跳过精益阶段，直接进入数字化时代？如果不能完全跳过，怎么能更快？

要想回答这个问题，我们还得稍微多了解一些关于"精益"的知识。

几年前，国内某通信公司找到笔者，让我们和他们一起挖掘数字化工业应用的机会。我们来到了一家汽车零配件企业，和该企业的老总进行了初步接触。

在双方公司和产品介绍环节后，就是自我介绍环节，笔者之一介绍自己曾担任精益制造顾问一职，对方公司的老总忽然打断了介绍，说道："精益我们已经搞过很多年了，我们请过日本顾问，之前上线5S现场管理法时，让我戴着白手套摸灰尘，对吧？那个什么老师？我请你们来是做数字化的，不是来搞改善的，晓得吗？"然后他转头朝合作伙伴小声嘀咕："你们怎么什么人都拉过来充数，还要推广什么5G在工厂的应用。我看你们建设一下基站，竖好手机天线就差不多了。"

很明显，这位老总对精益一知半解，把精益等同于5S现场管理法、全员生产维护（Total Productive Maintenance，TPM）、品管圈（Quality Control Circle，QCC）等现场改善工具。这种现象绝不少见，笔者经常碰到对精益的理解有些片面的人，简单列举几种常见的看法：精益就是日本人的企业管理方式；精益就是消除浪费，持续改善；精益就是看板拉动；精益就是零库存；精益就是单件流……

这些说法也没有错，每个说法都能反映精益的一部分特征，但都不能概括精益的全部，那么怎么来理解精益呢？

我们可以从两个维度来理解精益：狭义的精益和广义的精益。

由于精益生产最早来自丰田生产体系，因此，狭义上的精益特指生产制造范围内的精益。

而随着精益思想和方法论的传播，精益的应用扩大到更大的范围，广义上的精益覆盖了整个业务体系。例如，精益的生产准备流程（Purpose，Process，People，3P）、增材制造设计（Design for Additive Manufacturing，DFAM）等就扩展到了研发体系，而 PDCA 循环、A3 问题解决、价值流分析、流程重构等又延展到了整个产品周期、市场、销售等领域。

无论狭义还是广义，我们都可以从以下三个层面来理解精益：理念、体系和工具（见图 A-4）。

图 A-4 精益层级构架

精益的理念是指满足客户需求，消除一切浪费。当我们提到精益理念时，其实大多数时候是指我们的愿景和最终目标。比如，很多公司会提到，把精益作为公司的战略之一，这种就是理念层面的提法。

精益体系则是指业务体系如何组织的问题。前面我们提到工业发展的不同阶段，大家还记得吗？

如果要实现大规模量产，分工是前提，而要实现分工，产品标准则是一个基础条件。举个例子，如果分工制造一瓶矿泉水，那么瓶盖生产商生产的瓶盖口径必须符合瓶身生产商生产的瓶口尺寸，所以大规模生产注重产品规格标准，以及随之而来的作业标准和工艺标准。

精益体系最早来自丰田,在那里,精益的起源在生产领域。之后,西方将日本的这套生产方式进行总结,并命名为"丰田生产方式",即精益生产的起源。最为大家熟知的是以准时生产(Just in Time,JIT)和自动化(JIDOKA)为支柱的丰田精益屋(见图 A-5)。精益作为生产体系(图中的支柱)存在时,强调的是实现业务目标(最优的质量、最低的价格、最短的交货期)的一整套架构和机制(准时生产和自动化),而非简单的工具应用(5S、TPM 等)。因此,自 20 世纪 80 年代以来,精益生产体系成为主流生产体系的组织方式。

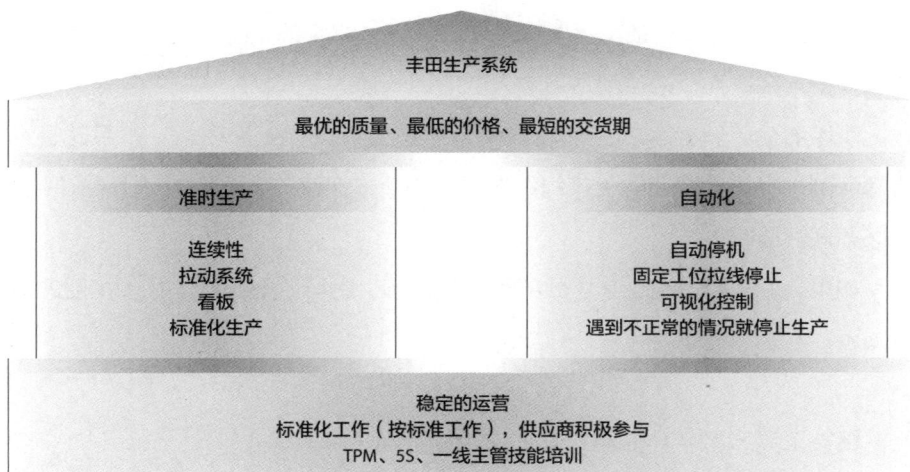

图 A-5 丰田精益屋

如果留意看各大公司和组织的业务体系,那么你就会看到大都会以 ×× 生产体系、×× 制造体系、×× 业务体系为名,这也正是精益至今广为流传的表现。未来随着工业的进一步发展,是否会有新的生产体系的组织方式,目前还无法预测。就现状来讲,精益生产体系即主流的生产体系。

在一场关于数字化的论坛中，有一位业界大咖提出："现在技术发展得这么快，脑机接口都有了，人工智能可以替代很多人类的工作，你却还用几十年前的管理方法，数字化转型怎么能成功？"

这句话既对，也不对。确实，精益生产模式在工业 3.0 时代就已存在。虽然技术发展迅猛，但其生产模式却没有大的改变。若是说数字化转型失败的原因是"内核"太旧，却未免过于武断。

至于精益工具，则是根据体系需要和业务目标而采用的不同方法。因为特定的起源，很多方法带有浓重的日本管理文化和制造体系特征。比如前文提到的 5S，"戴白手套摸设备，不能出现污迹"就是其中的典型表现。因此在应用中，很多人会认为：精益就是日本人做的那一套。

可以看到，精益作为工业发展的一个重要节点，无论理念、体系还是方法都深刻地影响着企业的生产组织方式。因此，理解数字化（特别是制造端）就必须理解精益。

如果我们按照上述金字塔式的框架去理解，就可以得出数字化和精益的对应关系：

» 精益工具 = 数字化应用（如数字点检、电子看板等）

» 精益体系 = 数字化体系（如生产执行系统、仓储管理系统、产品生命周期管理等）

» 精益理念 = 数字化转型目标（如降本增效、提高质量等）

在理解了什么是精益后，我们再回到上面这个例子。

合作伙伴听了客户老总的话，目瞪口呆。会议桌上所有目光下意识地看向笔者。笔者感受到了压力，心中也有一点点火气，心想："自己都不懂，让我过来干什么？"不过，要说很多企业领导者能理解这么多精益和数字化的对应关系，这是不现实的。笔者迅速思索着应对方式：讲工具和数字化应用？明显不是对方想要的。想把精益的全貌告诉他？时间来不及。对方如此直接，可见是个非常讲究效率的人。同时，其似乎对团队过去项目的成果不甚满意。快速思考的同时，笔者几乎是下意识地问道："那么，您对这个项目的期望是什么？"

"这个项目，我要看到下面的人到底在干些什么？整天忙来忙去，也不知道忙个啥！整天说这个精益好，那个数字化好，也没看到结果！"

"嗯，×总，在这方面数字化确实能起到一定的作用，我们精益中也讲透明化，现在我们就是要收集并分析这些数据。倒是可以重点想想怎么利用咱们现在已经实施过的精益项目，这样效率也会高一点。"

通过对话，基本可以确定，对方的实施重点应该是借数字化来重构现有的绩效管理体系。

当我们完整地理解精益的两个维度（广义和狭义）以及三层结构（理念、体系和工具）后，我们将会这样定义精益（制造）和数字化的关系：

> » **精益和数字化都是实现特定业务目标的方法，因此在公司的文化和理念上是一致的。**

B 公司是一家总部位于德国的全球领先的汽车零部件跨国企业，早在 2002 年就导入了精益，内部称为 BPS。到了 2009 年，BPS 遭遇了来自董事会的质疑：我们花了很多钱来做精益，也在工厂内应用了不少精益工具，如看板、5S，但是对业务起到哪些推进作用呢？

自 2010 年起，BPS 开始在全球推行以价值流为核心的系统改善方法论，核心的要点归纳成一句话就是"精益－营运"融合成"一张皮"。不再设有专门的精益组织，而是通过价值流组织将精益纳入制造标准。

到了 2014 年，B 公司作为主要发起企业之一，提出了"工业 4.0"的概念。内部则做了战略调整，将 BPS 的业务体系作为工业 4.0 发展的框架。

我们可以通过这个故事思考以下问题：

如果你已经导入了精益，想一想，初心是什么？数字化转型的目标和精益的目标一致吗？业务、精益与数字化怎样融合在一起？

如果你没有导入精益，更应该想一想，数字化转型与公司的愿景、使命、战略是什么关系？数字化转型如何支持业务目标？

企业的愿景其实很相似，如满足客户需求、实现股东价值、能够持续发展。虽然不同企业在不同阶段有不同的具体目标，但从相对长期的视角来看，不管是数字化、精益还是自动化，都是企业实现目标的战略抓手而已。

» **精益为数字化提供了流程框架，数字化又进一步扩展了流程的边界。**

在数字化出现之前，传统的精益体系强调流程的分工和标准化，比如研发体系、制造体系和销售服务体系是分开的，但它们各司其职，通过高度标准化，实现了流程间各功能部门的协作。而数字化为流程的融合提供了技术上的可能性。

笔者曾经在一家传统的整车厂开展数字化转型战略研讨会，与会者热烈地讨论了现在的市场趋势，如在线选购车型、客户定制化程度很高、客户需求直接能驱动工厂生产等。总经理在休息时，问笔者："老师，你看过很多组织和数字化转型项目了。你觉得我们的整车总装环节能不能和销售部门挂钩，更快地满足客户需求？"

传统的整车生产的组装环节，都属于生产（体系）的范畴，而现在数字化的发展，提供了一种可能性：以价值流动为导向的功能部门打通。在数字化时代，由于信息获得的便利性，客户和制造、研发等部门的联系越来越紧密。因此，数字化发展既会引发打通流程的挑战，也会促进组织和流程边界的融合。

» 精益方法和数字化应用都是赋能工具，共同促进了持续改善的产生。

笔者在一家领先的通信业制造工厂做咨询，工厂每年都会评选"最佳改善奖"。有一次评委找到笔者，说在一个奖项的评选上犯了难。这是一项技术改善，通过一个简单的上料自动化，将机器节拍流程压缩了20%。毫无疑问，站在单个机器的角度，这是一个投入产出比非常好的改善。但问题是，该机器并不是瓶颈工位，所以，站在公司的角度，对整体产出并没有实质上的提升。最后，为了鼓励员工的创新精神，还是给这个改善提名并颁奖了。但是次年开始，工厂对提名的改善审核多了一项指标：对整体的交付、质量提升和成本降低有帮助。

通过以上论述，再回到"必须先导入精益，才能进行数字化吗？"这个问题，似乎就不那么令人纠结了。这个问题暗含了两个问题。第一个问题：现在有和业务目标匹配的流程体系框架吗？如果答案是没有，那么笔者建议：必须先有营运的框架，才能进行数字化。第二个问题：我是先进行框架的优化（精益），还是通过数字化进行优化？其实，无论选择哪个，都不会有显著的区别，因为数字化基本的实施路径是先有营运框架再具体实施，那么这两项选择的差异，即我们是否将"营运"和"数字化"分开。

A1-2

数字化和自动化

我们在前文已经谈到了数字化和智能制造的关系，以及数字化和精益的关系。

简单回顾一下：数字化是智能制造的一部分，而且是非常关键的一部分。近年来，也有将数字化工厂等同于智能工厂的趋向。而精益体系，更多的是指一种理想的业务框架，在实践中，我们更趋向于将精益作为一种数字化转型的实施基础。

在这一节，我们将简单谈谈数字化和自动化的关系。

对于自动化，最直观的表述是机器可以自动上料、加工、下料和传输工件，如此，便实现了全自动化。现实中的情况要复杂一些，自动化与成本、技术成熟度以及生产组织形式紧密相关。因此，把机器设备的主要操作动作归纳成上料、加工、下料、物料传输四大步骤，那么每个步骤的自动化先后顺序就形成了自动化程度分级表（见表 A-1）。

留意这张自动化程度分级表，你会发现，其实自动化的概念是对比手工过程来定义的。

- » 全手工过程，就像你吃完饭了，必须自己把盘子和碗放入水槽，还得自己刷碗，刷干净后将其擦干并放回橱柜。
- » 往上一个等级，有个洗碗机，不过没有传送带，你必须把盘子和碗放入洗碗机，洗完将其拿出来放回橱柜（半自动）。
- » 再往上一个等级，洗碗机将碗和盘子洗好、烘干了自动开门弹出碗，你将碗和盘子放回橱柜就可以了（半自动）。

» 如果有根传送带把碗直接送到洗碗机该有多好（半自动）。

» 顺便拉个传送带把碗送到橱柜吧（全自动）。

表 A-1　自动化程度分级表

自动化程度等级	向设备上料	设备加工	从设备下料	物料传送
1				
2		自动的		
3		自动的	自动的	
自动化向前迈进的一大步				
4	自动的	自动的	自动的	
5	自动的	自动的	自动的	自动的

资料来源：哈里斯，罗瑟．精益实践：创建连续流 [M]．精益企业管理咨询（上海）有限公司，译．北京：东方出版社，2023.

为什么说从第 3 个等级到第 4 个等级是一个跨越呢？因为通常上料后的加工是一个自动处理过程，要把料上到精确位置供下一步处理并不容易，就像洗碗机弹出碗没有问题，弹放在大概位置即可，下一步是人来拿。可是上料是个精细活儿，上到洗碗机能洗干净的位置却要费点劲儿。

从某种角度看，自动化的发展史就是一个"懒人"的进化史。

到了精益生产时代，日本人又提出一个新概念：自働化（自动化）。这是一个带有单人旁的"働"。它原来的意思是指机器具有一定的"人工智能",能像人一样自动发现异常,并且停机。

前文中的"丰田精益屋"(见图 A-5)有两根支柱,其中一根支柱就是"自动化"。当然,早期的"自动化"的技术含量不算高,只要机器能够自动停机就行,不用自动调整配置或更改参数。故障维修的工作,当然是交给有技术的工程师来干。

还是以洗碗机为例,自动化的洗碗机大概就是,洗到一半发现没水了,洗碗机就会停下来,然后发出警报,等你来处理。

所以,自动化发展的下一步就是智能化。对于智能化,你可以理解为机器自动生产,其间发现问题,自动停机,自动诊断,自动修复,自动恢复生产。我们姑且将其称为"一台机器的智能化"。

不过,既然是"懒惰"驱动的自动化进程,那就索性再大胆一点:如果把不同的机器连在一起,它们甚至可以自动接受任务,自动配置所需模块,然后自动生产,自动识别异常……再来一个上面的内循环,最后自动检查和评价任务实施情况,构成"一堆机器的智能化"。

也就是说,自动化的尽头就是所谓的"黑灯工厂"。

要想实现这些功能,就不得不依赖现在的互联网技术了。下面我们看一下智能工厂的架构(见图 A-6)。

实现"自动化"向"智能化"转变的关键技术就是"工业互联网技术",大家经常听到的一些技术名词,如无线电发射技术、可编程逻辑控制器、传感器技术、增材制造设计等,都属于"一台机器的智能化"的关键技术。然后,就是一大堆底层协议、网络适配器等。这些东西的存在都是为了让机器之间可以互相通信,实现上文所说的"一堆机器的智能化"。

不管是一台机器的智能化,还是一堆机器的智能化,对数字化来说,都是一样的,都是"数据采集和生成"的集合体。如果我们从数字化的角度看,

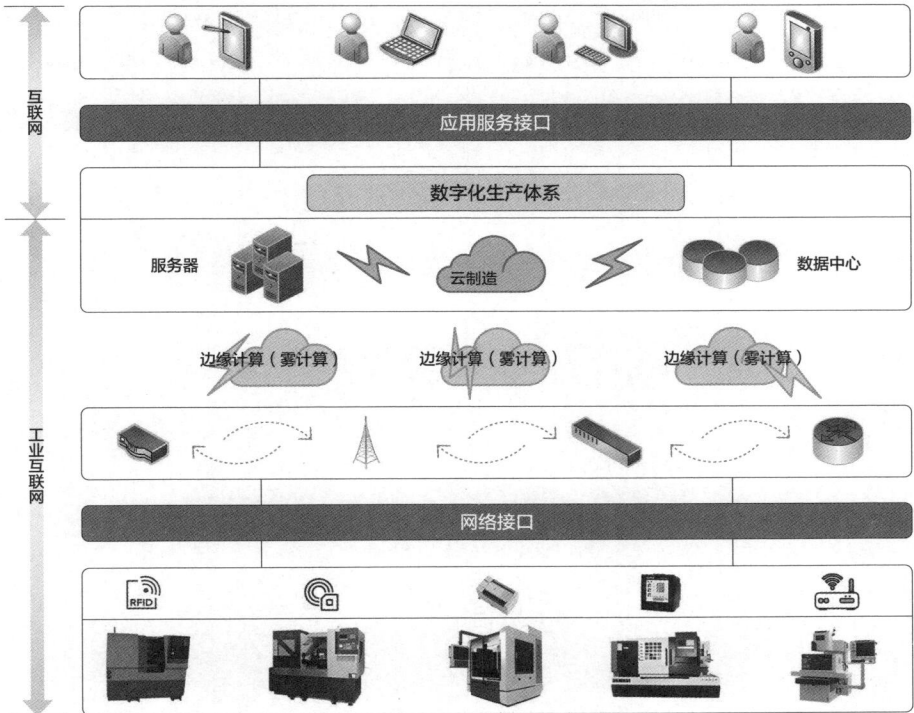

图 A-6 智能工厂构架

资料来源：ChenBa, WanJa, ShuLa, et al. Smart Factory of Industry 4.0: Key Technologies, Application Case, and Challenges [J]. IEEE Access, 2017（6）：6505-6519.

不管是碳基还是硅基的智慧生物，统统都是信息和数字的载体。

所以简单总结一下，"自动化是数字化的基础"，这里的自动化是指自动的元数据生成和采集过程，不要与狭义的自动化弄混。

想一想，我们经常讲的办公自动化（Office Automation，OA），大体就是让数据能留存在系统中，实现无纸化办公而已。难道我们还真指望系统能自动提交、自动流转、自动审批、自动发现异常、自动恢复业务系统吗?

　　总体来说，狭义的自动化和数字化并不互为前提。如果朝着智能化的方向发展，二者可以与具体场景相结合，形成类似于"智能工厂"或"智能机场"的场景。

A2

数字化转型的本质

———————————

有一个客户曾对笔者抱怨说："很多人和我说，你必须进行数字化转型了，可是他们也不知道我的行业、我的产品，甚至连我的公司是干什么的都不知道，怎么就认定要进行转型了呢？"

他说他听过很多说法，如新的工业应用程序、新的商业模式、需要培训适应数字化时代的新人才、机器智能化、产品要上数字解决方案等，这让他非常迷糊：什么才是真正的数字化？难道没有一个清晰的定义来回答他或者像他一样的人关于数字化的疑问？

事实上，市面上有很多关于数字化的定义，让人直犯迷糊。有些定义混合企业数字化转型成功所需具备的一些要素，有些定义说到了数字化的一些特征，但是它们好像又都不一样，有时甚至互相矛盾。下面列举一些常见的所谓"定义"。

» 数字化转型就是对现有业务的数字化。

» 数字化转型的目标就是创建新业务。

» 数字化就是云技术、远程控制技术、数据分析技术的应用。

» 数字化就是公司的变革，不过这种变革不仅仅是技术的应用，这种变革要广泛得多。

» 数字化转型不但是技术的变化，还包括文化、管理和组织结构多方面的变革。

» 数字化转型是关于业务流程、业务模式、业务竞争力和组织方式的转型。

» 数字化转型就是满足客户所需，让客户在任何时间、任何地点，在购买产品或服务的同时能获取信息，得到答案。

» 数字化就是通过数字化解决方案提高客户体验的满意度。

» 数字化就是简化供应链中的中介节点或者改善中介节点。

» 数字化转型应聚焦在信息的实时获取、互联互通上。

» 数字化转型意味着客户购买方式的改变。

» 数字化就是以最快的速度知道客户需求（比如，通过网站和应用程序、大数据分析……），并且以最快的速度予以响应。

…………

这些说法从各个方面都在催促着我们进行数字化转型，有些强调技术，有些强调客户，有些看到了变化对组织产生的影响，有些则聚焦在应该取得的结果上。但是这些说法又让我们心烦意乱，就像前文提到的那位客户，迷失在各种概念中，无法采取切实有效的行动。

造成说法众多的原因，还是我们把太多的希望寄托在一个简单的方法论上。想想我们的新年愿望，有多少真正达成的？当然，这也不妨碍我们每年立下无数个目标，以至于每年的新年愿望达成都是一种奢望。

对于数字化转型，需要根据具体的情况进行定义，这个看起来很难界定。不过，我们还是能够给出一些大范围内的界定，从而让各位能够快速地锚定自己的"数字化转型"定义。

有一点非常重要，就是区分"数字化"和"数码化"。在很多情况下，这两个概念的区分不是非常严格，造成了关于数字化的定义众说纷纭。实际上，区分这两个概念对我们厘清数字化（转型）的定义大有帮助。

关于数码化的定义，最为常见的是指从模拟信号到数字信号的转变。简单举例，就像是早期拍照使用的胶片到现在的数码照片的转变。对公司而言，数码化不仅仅是把有形的物理资产变为数字态，如数字态的机器设备。Brennan 和 Kreiss（2014）指出，只要是能够以二进制进行存储和通信的所有资料，都可以被数码化，如业务流程。

这个定义有力地促进了对于有形资产（如传感器）和无形资产（如业务流程）的数码化。

此外，工业领域一些有影响力的公司对数码化的定义做了延伸：比如思科在 2016 年指出，数码化就是人、过程、数据和物的互联，提供智能的、可实现的行动项来保证业务目标的实现。这个定义指出了数码化的一个重要特征，即数码化更着重于将现有的有形资产和无形资产进行数字化。

现在很多人说的数字化转型方案，其实属于数码化的范畴。比如，电子合同将原有的纸质合同数码化了，减少了工作负担。但是，其本质上并没有带来"业务流程的重构"，因此，从严格意义上讲，这种变化只能被称为"数码化"，而不能被称为数字化转型。

那么，什么是数字化呢？其实很简单，答案就在我们所说的"业务过程重构"上。

数字化概念的提出，最早见于《北美评论》（Brennan & Kreiss，2014）。而数字化业务咨询机构 i-SCOOP 在 2016 年则给出了其关于数字化的理解：数字化意味着使用数字技术和数据来创建销售，改善业务，重构业务流程，而不仅仅是将它们数码化，这样能创建一个数字业务环境。其中，数码化的信息是一个关键。

由此可见，数字化（转型）的概念更多的是和业务目标、业务流程相关联，它将数码化变成了实现业务目标的一种过程和手段，而非目标本身。

笔者曾经遇到一个客户，它是国内的一家汽配企业，最近几年海外扩张业务进行得十分顺利，已经在全球市场中处于领先地位。它找到笔者，表示想做一个关于数字化转型的研讨，为将来的集团化运作打下"未来10年的基础"。

于是笔者写了一份方案，包括数字化转型的重要意义、转型7步法、案例等。结果，对方企业首席数字官的反馈是："老师，市面上关于这方面的材料很多，我们希望的是实际能落地的东西。"他们总经理的反馈更为直接："我希望的不是流程的优化，而是重组。"

因此，类似地，当我们决定为自己的数字化转型下一个定义时，请考虑如下问题：

» 对于数字化转型，你是否清楚到底要转什么？
» 如果你清楚，那么你的同事清楚吗？

A3

数字化转型的视角和驱动力

正如前文所说，数字化转型的范围、定义和实际实施内容，往往随着实施主体的变化而不同。所以，我们在定义属于自己的数字化转型的过程中，需要理解自身的主要视角和驱动力，这样起码可以防止因为没有看到全貌而造成的偏颇。

我们可以参照一下智能工厂的构建维度（见图 A-7），从而理解数字化转型中几个主要的视角。

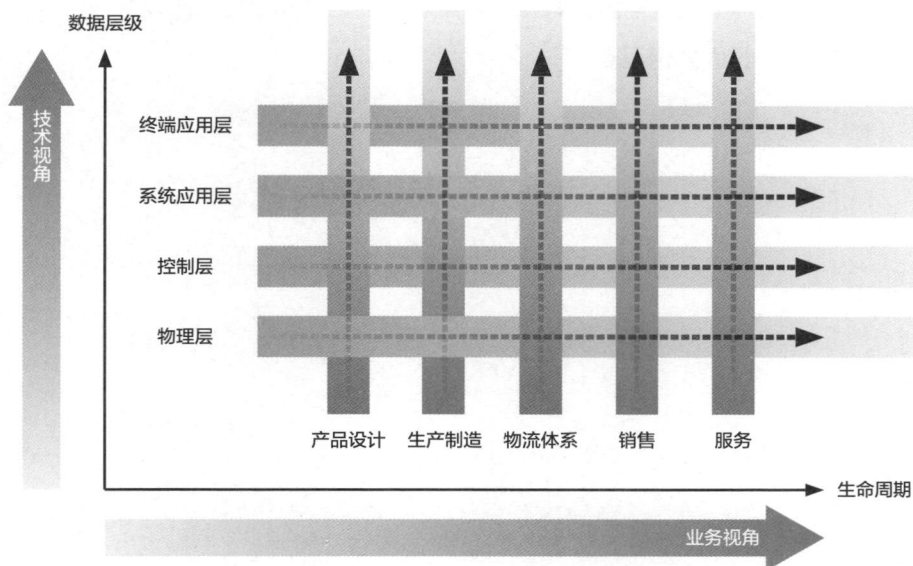

图 A-7　智能工厂的构建维度

A3-1

技术视角

数字化转型的技术视角是指抛开数据的应用场景，单从数据层级的角度看如何构建数字化。通常，从这个视角我们会问自己以下几个问题：

» 数据是如何采集的？

» 要采集什么样的数据？

» 采集的数据放在哪里？

» 数据的安全性如何保证？

» 对终端用户而言，需要的数据如何呈现才能达到浅显易用的效果？

» 用户设计界面如何呈现？

A3-2

业务视角

在前文中我们提到，数字化转型的一个重要特征就是重构业务流程，发现新的业务价值。在工厂，业务的主视角通常是实体产品，又称产品全生命周期。如果我们以公司为转型主体，那么业务的主视角就是业务流程。

笔者作为顾问参与过一家工厂的数字化规划和建设项目，项目第一阶段的负责人是 IT 部门的总监，在他的主导下，项目聚焦在数据中台、数据湖、边缘计算的应用、5G 网络的应用等技术亮点上。比如自动导引车可以实现车间内的精确导航，从而使道路的拥堵率下降了 23%，其采用了边缘计算的机器设备，能够让 30% 的误报警自动得到恢复等。

一年后，工厂来了一位新厂长。在第一阶段项目总结会上，他发言说："虽然这些实践很好，但我想问大家，这个有什么实际意义吗？误报警消除了 30%，工作效率提高了吗？原来工人消除误报警还要具体看一看情况，而现在都让设备自己运作，工人根本不关心机器报警，那我是不是要减少几个人！我觉得这个项目没多少价值，要重新考虑！"

不同视角的碰撞，是变革过程中难以绕开的话题。在数字化转型中，最主要的视角碰撞就是技术视角与业务视角之间的碰撞。

而要解决这个问题，最关键的就是变革的主要发起人需要在转型前对技术和业务两方面都做一个全面的衡量，从而决定转型的主要视角。甚至在很多情况下，我们需要的是一个融合的视角，而不单单是某个主视角。

要想做到视角的转变甚至融合，我们需要了解企业在转型过程中的主要驱动力。

A3-2-1
数字化转型的外驱力

毫无疑问，企业是进行数字化变革的主体，但是，不是所有企业的数字化变革动力都是从内而生的。

> 笔者受邀去一家企业进行诊断和调研，企业负责人第一句话就是问："老师，你有没有办法让我们被评为国家级数字化车间？有的话，你就来；没有把握的话，我们就不用谈下去了。"

一个常见的心理是，进行数字化转型有可能获得政府补贴或其他资助，算下来相当于免费升级了生产线或者竖个大屏，并且还有个现代化管理或产业升级的名头，这不是挺好吗？

笔者还碰到过一些客户，做数字化转型是为了客户审核需要，彰显自己是高端产品，或者通过数字化取得行业领先的认证等。

这种做法虽然也有业务上的考量，但更多的是基于外因，如客户、行业地位等，因此也属于外因驱动型。

毫无例外，以这些外驱力为主要驱动力的数字化转型，对于外显的技术和可视化的要求都很高：

"我们需要一个大屏，颜色要配得好一点。"

"老师，我们得把这个叫驾驶舱，那个叫作战室。"

"项目得拿到 ×× 工厂的认证，拿到了就算成功。"

"我们这个是样板线、样板车间，客户参观看到开心就好。"

"我们采用了低代码数据中台，实现了终端用户的拖拉拽编程。"

有意思的是，通常外因驱动的变革都是以项目为主导的短期行为，而决策者往往也会自诩为"敏捷、目标明确、响应度高、对趋势和市场很敏感"。他们往往相信"选择比努力更重要""抓住机会，一举成名"。

A3-2-2
数字化转型的内驱力

内驱力是指以打造企业长期竞争力为主要目的而产生的变革动力。如果数字化转型从这些方面考虑，则通常会考虑以下问题：

» 怎么利用数字化转型实现我的业务目标？

» 数字化能力怎么转换成我的竞争力？

» 我能利用数字化的浪潮来实现超越吗？

» 我可以通过数字化打通哪些系统 / 人员 / 组织的壁垒？

» 我如何处理精益、数字化、智能化等战略选择？我如何界定它们对公司长期发展的影响？

如果观察以内驱力为主的领导者，我们通常会发现他们具有这些特质：坚持长期主义，对基础性建设的投入相对容忍度高，"只要做对事情，成功是自然而然发生的结果"。

而以内驱力为主的数字化转型，则几乎都指向了转型的最终目的和价值：

» 数字化只是赋能手段，如果能赚钱，这就是一门好生意。

» 数字化的终极目标是为了满足客户的需求，让客户满意。

» 不要看着潮流就上数字化，应该思考为什么要做数字化。

当然，大家都会天然地认为，做一件事情最主要的是内驱力，这种力量才是长期的和持久的，并会在最后带来真正的回报。这点当然没错，特别是将数字化转型定义为一个组织内部策略的时候，只有内驱力才能真正驱动持续不断的改进。

不过，内外驱动力本身是客观存在的，并不存在对错之分。就像性格外向的人和内向的人，二者之间并不存在对错之分，我们只有了解背后的策略选择方式，才能意识到真正的诉求以及采取切实的措施。

用开车来比喻这两种类型的思考方式，有些人注重开车时踩刹车和踩油门的技巧，通常他们并不需要提前观察前面很长的路，因为他们相信良好的技术和及时的反应就可以走好这段旅程。而另外一些人，更注重周围车辆的位置以及跟车策略，他们相信开阔的视野能够让驾驶更顺畅，而无须特意调节。

很难说哪种策略更优，事实上，笔者想强调的是，倘若路况很糟糕，那么高超的车技也难以发挥作用。所以，虽然我们都希望最后是企业内驱力来驱动实现真正的数字化转型，但时不时地练习一下如何利用外部机会（合适的路况和情境）也是必需的。

因此，企业在开始驱动数字化转型时，更合适的方式应该是采用融合的视角，利用市场机会推进数字化，然后苦练内功将变革持续地进行下去。

B

实施时机
和准备度检查

B 章知识要点体系

在上一章中，我们厘清了数字化转型的本质、范围、目标，你可能会迫不及待地想要开始数字化的旅程了。在你充满活力准备出发之前，我们还是要拉你一把，多看看现状，毕竟这种变革不是一个人的旅程，而是一群人的共同旅程。就像登山一样，光有目标和想法，只是一个开始，我们还要了解现在自身所处的位置，才能规划出合适的实现途径。这样虽然看上去少了点冒险精神和说走就走的自由潇洒，不过相信我，在所有实际变革过程中冒出的"坑"绝对多过你的计划，因此，出发前多花点时间做准备，尽可能避免入"坑"，绝对是值得的。

和所有的变革过程一样，我们把数字化转型前所做的准备工作叫作准备度检查（readiness check）。请注意，不要将准备度检查与数字化成熟度评估表、智能制造评估表这些工具相混淆。虽然在实际应用中，它们都是以诊断的名义出现的，并且都涉及一些差不多的问题和打分项，但是它们的使用目的是完全不一样的！

准备度测试

评估表，一般用于描述理想的状态，使用评估表的目的是了解差距，采取措施并逐步达成理想状况。准备度评估，虽然很多时候也采用表格的形式，但你无须采取措施来满足每一个检查项，因为准备度评估的目的，如上面所说，只是让你对未来的变革难度有一个合理的预期。

本章将会从人员、流程和技术三个方面谈到数字化转型实施前的一些准备工作。同样地，这并不意味着你需要满足所有条件才能开始转型，这只是提示你做好变革的合理预期，从而让你的旅程更加顺畅而已。

《《　B 章数字化工具箱

B1

人员准备度

在深入考虑数字化转型的各种实施和构建要素之前，先问各位一个问题：你如何看待数字化转型？数字化转型是一个项目，还是一种变革？

世界领先的公司都毫无例外地将数字化转型看作一种长期的变革，驱动公司的持续改变，以此适应多变的市场。数字化进程绝不会一蹴而就，它可以由一个个项目来驱动，但是从整体上看，它将是一个长期的持续过程，最终的目标是数字化完全融入日常的工作。

如果站在这个层面看待数字化变革进程，我们就会知道，人是整个变革中最关键的因素。在深入讨论其他准备要素之前，我们一起来看看人和组织的要素。

B1-1

关于"人"在数字化转型中的几个误解

» **误解** 1：只要找来有能力的人，就没有问题了。

　　某家公司的 HRBP（HR 部门中负责和业务对接的人，HR 的业务伙伴）M 找到笔者，说 HR 部门准备在业务部门开一场研讨会，主题是"HRBP 如何更好地融入业务？"研讨会前做了一个小调研，其中有一个问题：你觉得 HRBP 在哪方面可以更好地帮到你？结果大部分业务部门给出的答案是：你们找到对的人就行了。M 对笔者说："老师，你看应该如何开展？他们妥妥地把我这个 HRBP 当成 HRS（HR 的服务部门，负责招聘、签订劳动合同等服务性工作）了。

　　很多业务的管理者和领导者确实存在这样的认知：只要有所需的资源，什么事情都能干成。这个说法倒也没错，但现实情况是手上并没有所需的全部资源。而且，即便你有一手好牌，也难免会失败。

　　笔者有一位日本导师，名叫堀切俊雄。有一次他在某公司的精益管理会议上说："我搞不懂你们这些经理为什么总喜欢罚款，比如 5S 做不好要罚款，质量有问题要罚款，好像用钱能搞定一切问题。如果能以罚代管，那么招一批保安来当经理不是更省力吗？为什么要你们呢？"

　　事实上，与"只要我有很多钱，就可以搞定一切"的想法类似，"如果我找到一个有能力的人，就可以搞定数字化"的想法也是不切实际的。这种想法可能遇到的第一个问题就是我们并不一定拥有这么多的资源；而且在大多数情况下，数字化转型是需要每个人亲自下场的。

如果我就是很厉害，有大量的资金和资源可以投入其中，是不是就可以了呢？

如果各位读过约翰·科特（John Kotter）那本著名的《冰山在融化》一书，就会知道要想顺利地进行变革，必须经历以下八大步骤（见图 B-1）。

图 B-1 科特变革八步法模型

其中的第一步就是"创立紧迫感"，而这依靠外来的"空降兵"很难实现。如果没有这种变革的紧迫感，即便拥有高超的技术能力，也无法顺利地发挥。对外来人员来说，"我是很牛，可是我为什么要在这里投入这么多的精力来干这件事情呢？"

所以在变革中，"另起炉灶"的方法不仅受资源的限制，而且由于新人对公司变革的准备度不够，往往容易招致失败。只有依靠现有资源，找出人人参与的方法，才有望取得成功。

再极端一点，你找到的"能人"也恰巧与你拥有同样的紧迫感，就可以了吗？转型不是一个人的成功，而是一群人的成功，我们如何保证这位"能人"能和现有的人打成一片？所以，要找到这个人，还需要公司保持开放的文化氛围。那么，当你有了开放的文化、愿意配合的人员，还需要把希望寄托在某个人身上吗？

数字化转型是一种变革，参与人的态度非常重要，特别是在开始时，这种重要程度远远超过技术能力。在这个过程中，你要打造自己的梦之队，而不是雇佣军。

» **误解 2**：我们公司现在的这帮人不行，我只能自己搞点东西出来。

P 公司这几年发展迅猛，总经理决定在长江三角洲地区新建一座数字化标杆工厂，用来区分之前珠江三角洲地区的老旧工厂。在工厂规划时，他对笔者说："这座工厂的管理和业务完全独立，我们想通过外招人员把它打造成标杆工厂。原来 × × 的那帮人不行，老师你是从大厂出来的，帮我留心一下，有合适的高管介绍给我啊。"

新工厂开业时，果然集聚了一群新人。可是，由于没有做任何交接，新工厂的产品质量很快出现了问题，业务难以为继，在重重压力下，只能将产品放到老工厂去做。而在新工厂开业的一年后，大部分高管都辞职了，只有个别的高管转入管理办公室等这些"支持性"部门。

很多人喜欢"田忌赛马"的策略，想通过彼此间的竞争促发更优秀的表现。然而，我们必须意识到，这会造成资源的浪费。如果是在组织外部，如遴选供应商，通过这种策略"优胜劣汰"，是可以理解的。但在企业内部，这种竞争应该是"运动员式"的竞争，比的是谁"更高、更快、更强"，而不是互相使绊子，或者完全封闭起来各自为战。

数字化转型的一个方向，指向的是互联互通。我们在上一章中也提到过，这是由数字化的特性决定的。所以，在数字化转型方面，尤其要警惕"搞小圈子"。

麦肯锡公司 2019 年的一项调查显示，55% 的灯塔工厂 [1] 都在与大学或其他教育机构合作，以便获取知识和人才。同时，有 71% 的灯塔工厂都在通过打造内部学院和能力中心进行能力建设。

在企业内部，数字化转型几乎必然带来"部门墙"的坍塌。因为转型的终极目标是建立一个"以客户为中心"的价值流系统，而"部门墙"的存在会阻碍价值的流动。所以，在选择转型的"样板工程"上，一般都会以"价值流"为最小单位。价值流的概念，可以类比为现在流行的最小可行性产品（Minimum Viable Product，MVP，即能带来完整客户体验的产品）的概念。

举个例子，你整天在外面忙，想为家庭做出一点贡献，于是，想给家人做一顿饭。一种做法是，你把"核心"部分做了，烧了 4 道菜。可是，买菜、洗菜、配菜和刷碗这些活儿你都没干，甚至因为多烧了菜，你的家人还得多刷碗，多花时间买菜和洗菜。你说他们乐意吗？

"价值流"差不多就是这个概念，要么不干，要干就让客户有舒适的体验。

这样的话，你就得考虑买菜、洗菜、切菜、烧菜和刷碗的全过程，这

---

[1] 灯塔工厂：由达沃斯世界经济论坛和麦肯锡合作开展的项目，遴选具有榜样意义的"数字化制造"和"全球化 4.0"的示范者，代表全球制造业领域智能制造和数字化的最高水平。

个就是最小可行性产品（服务）以及相应的最小客户价值。如果你一个人忙不过来，可以找人帮忙。这时，你们在一起的目的可不是互相埋怨算奖金，而是协调好，把饭菜做好。

麦肯锡提出：灯塔工厂是数字化转型的最小可行性产品，包含人员、业务、管理、技术（工业物联网、数字系统）。我们可以看到，在这样的模型中（见图 B-2），数字化转型的场景囊括了所有的功能部门。

规模化单元
灯塔工厂创建了整个企业工业物联网运营系统的最小可行性产品，可复制推广到整个企业。

人员系统

通过工业物联网学院提升员工技能，为他们未来开展工作做好准备。敏捷数字工作室改善敏捷运营模式

业务流程

利用数字孪生仿真和改进"增强型一线员工"（augmented operalor）、机器人，以及精简自动化流程

管理系统

通过数字业绩管理（整合了人工智能、个性化数字看板和报警系统）创建一个真实的数据来源，去除决策中的多余步骤

工业物联网/数据系统

现代化的工业物联网基础架构和数据模型有助于实现现实世界（如生产车间传感器）与 IT 系统间的网络连接，其带来的敏捷度可在几周内添加用例（技术民主化）

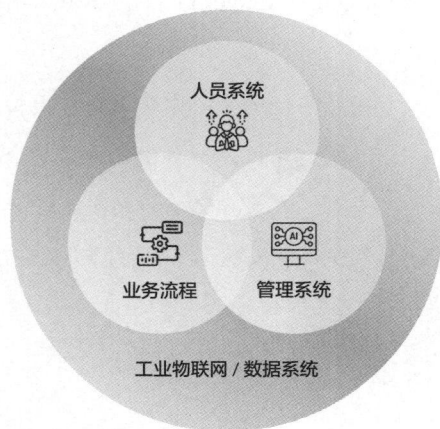

图 B-2   灯塔工厂图

资料来源： 2019 年世界经济论坛与麦肯锡联合撰写的《全球"灯塔工厂"网络：来自第四次工业革命前沿的最新洞见》。

　　博世集团则采取了类似的策略（见图 B-3），试点阶段是以极具代表性的洪堡工厂（少量，多品种）和布莱夏赫工厂（大规模量产）的某条生产线开始，扩展到供应商和客户（端到端价值流），最后将成功经验推广到全球生产网络。值得注意的是，即便是最小的生产线试点，也包含了计划（客户订单）、原材料供应（厂内物流）、生产（设备、技术、质量）和交付（发运）这几个部门。

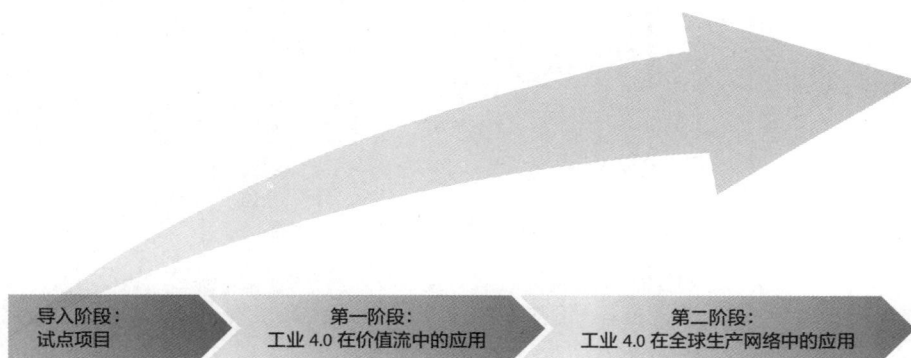

| 导入阶段：
试点项目 | 第一阶段：
工业 4.0 在价值流中的应用 | 第二阶段：
工业 4.0 在全球生产网络中的应用 |

图 B-3　博世工业 4.0 发展阶段

资料来源：博世集团发布的《工业 4.0 发展历程》。

　　博世集团总结的成功经验：项目之所以能够顺利开展，是因为早在 2012 年，价值流组织就成为生产体系的标准配置。所谓的价值流组织（见图 B-4），就是打破部门壁垒，由一个人担任价值流经理，负责整个价值流的质量、成本和交付。

　　数字化转型的目标指向"价值流动"，但是这里有一个问题：即便设置了

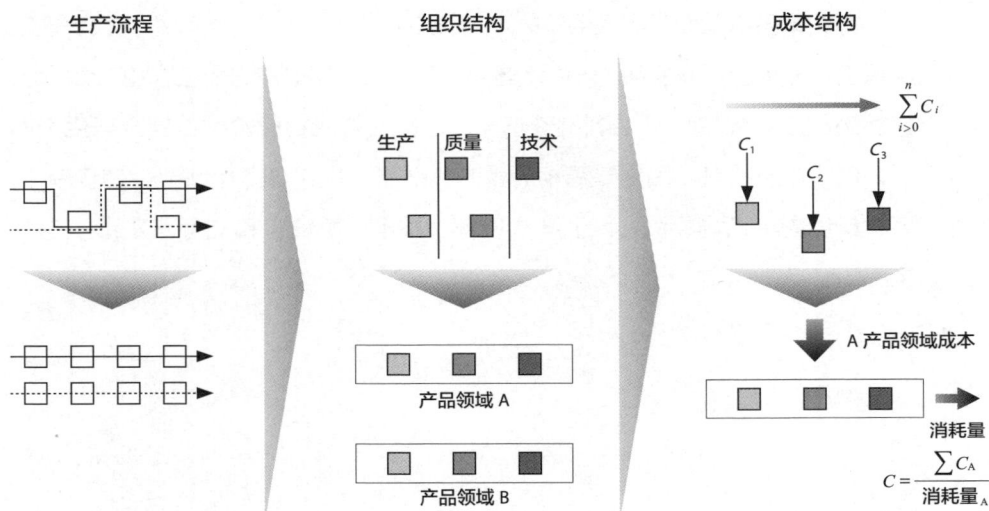

生产流程　　　　　　　组织结构　　　　　　　成本结构

$$\sum_{i>0}^{n} C_i$$

生产　质量　技术

C_1　　C_2　　C_3

A 产品领域成本

产品领域 A

产品领域 B

消耗量

$$C = \frac{\sum C_A}{消耗量_A}$$

图 B-4　价值流组织

价值流的结构和框架，各环节的相关人员也不能马上转变以前的思维方式。所以，有些人可能很快就会发挥出巨大的价值，有些人则不断地开始拖队友的后腿，这些都是正常情况。因此，在变革中拥有团队动力学经验的人就显得非常重要。他们能够充分利用自身经验将价值流中的人融合在一起，从而形成真正的团队。

» **误解 3**：数字化转型交给项目组做就行了。

笔者曾经在一家世界 500 强公司工作，自 2004 年起，担任该公司某工厂的精益经理。当时，主要绩效指标是确保工厂在每年的精益评估中拿到高分。

有一次，大概是在正式评估前一个月，笔者忽然发现有一个生产车间迟迟没有做"拉动看板"（精益的一个工具，用看板来取代生产排产），于是找到车间负责人，问他："为什么你没有按计划实施看板啊？"

车间负责人说："我们现在产量爆棚，我排班都排不过来，每天晚上都睡不着觉，做梦都是在出货，你现在和我说这个？"

"下个月就要审核了，拿不到分，就是你的责任！"

车间负责人涨红了脸，沉默了一会，说："你们都是在瞎搞！反正我交不出货立刻滚蛋，拿不到分无所谓，你看着办吧！"

我们的沟通不欢而散。最后，到底是交货的事情大于评审，拉动的事情不了了之。不过，之后笔者再去找那位车间负责人，他总是一副"你做你的，我做我的"的样子。

再后来，集团公司也发出疑问："我们养了很多精益改善人员，可是，他们对业务的帮助到底是什么？"于是，精益就不再作为一个单独的组织存在，而是分散到各个业务部门，为业务的实现助力。

毫无疑问，很多变革在起步阶段都是需要特殊资源支持的。为此，成立项目组、设定样板区、打造成果、总结经验、鼓舞士气，这些都是应该做的。但是，我们迟早会面临一个问题：实现数字化转型之后呢？项目之所以被称为项目，是因为它有明确的开始时间和结束时间，并且有明确的项目目标。在项目结束后，我们怎么办？把数字化项目组转为数字化部门，还是就地解散？

数字化转型以项目开始，但是项目的结束不是数字化转型的终点。我们必须把项目的成果、新的业务流程和工作方式转移到业务部门，这一点才是真正重要的。然而，现实中因为有了项目组，上面例子中"你做你的，我做我的"的情况绝非少见。我们需要让业务部门明白：最终，这些事情都是业务部门需要做的，因此，绝不要为了一时的方便，忽略了长远的影响。数字化是趋势，是新的工作方式，是新的业务模式，它会影响每个人。

» **误解 4：** 大家都应该喜欢变化，大家都会拥抱变化。

　　虽然我们不停地用各种故事来描绘"这世界唯一不变的就是变化"这个事实，但也不得不承认，绝大部分人都是不喜欢变化的。剩下的少数人，也绝不会无条件地拥抱各种变化。

　　笔者的导师罗兰·伯克尔（Rowland Burckle），是个非常善于变化的人，他在 10 年间换了 6 份工作，并且在 3 个国家留下了足迹。而且，他对每份工作都全情投入，不存在混日子的情况。

　　有一次笔者问他，为什么能那么好地适应新工作。他回答说，选择新工作时有 3 个因素，分别是工作类型（自己的兴趣）、工作区域（朋友的圈子）和工作能力（是不是自己熟悉的领域），起码保证一个是不变的，这样才能享受工作，而不至于有太大的压力。

　　变革管理中有一个说法：当你和人们说明"什么是变化的"，那么你应该同时说明"什么是不变的"。

　　P 公司要实行质量改善，做了初步诊断，发现公司产品质量差是由缺少过程检查造成的。然而，要直接推行过程检查，困难重重。公司展开了几轮培训，道理大家都懂，就是不想实行。

　　项目组进行了策略调整，宣布质量将会被纳入绩效考核，那么要想拿到这部分奖金，顺理成章地需要评价班组的质量情况，而要评估其质量情况，是不是需要有过程检查的清单？就这样，P 公司顺利启动了这个项目。

　　接下来的事情就简单了，项目组继续推行问题解决的方法，从逻辑上就通了：原来是老师要我们做，现在是老师帮我们想办法，如何拿到奖金。

　　在上面的例子中，项目组反复强调的是，做事方式会变，但是公司好了大家都有好处这一点不会变。

　　我们要准备好，投入一定的资源和时间来允许变化的发生，要有一些同理心。你的项目组也需要明白，数字化进程不单单是技术的植入，更多的是人的心智模式发生改变：要考虑到如何帮助各个部门实现共赢，而不是一方踩踏另一方的零和游戏。

B1-2

需要准备的事项

前面我们讲了在准备阶段常见的一些"意识"上的误区。当然,意识上的准备只是第一步,是对心理预期的调整,我们还需要一些具体事项上的准备。这些基础工作将会在具体规划前提供一些基本的线索。

B1-2-1
理解流程－结构关系图

我们将会在下一节详细介绍流程的准备度。这里我们主要借用流程这个概念来思考:在一个具体的情境下,人员的职责和角色之间的关系如何,以及是否存在潜在的冲突。

想象一下这个场景,假设你去某地旅游,是不是会去游乐园、博物馆、纪念品商店等不同的景点?这些景点和去往景点的道路,构成了我们旅游的实际载体。类似地,在公司和组织中,可以把景点和道路看作流程。

在旅途中,这些景点和道路是由不同的责任方来管理的,可能是政府、私人公司,也有可能某个景点是由多方合资一起管理的。所以,一项非常重要的准备工作,就是弄清楚找谁买票,在工作中,就是弄明白权利归属。

比如,B 公司定义的数字化工厂的范围(见图 B-5),包含从供应商采购到发运给客户为止的所有流程,包含的功能部门有:质量、制造、内部物流、生产控制、精益生产、工厂运营、外部物流和维护管理。一张清晰的流程－结构图可以明确部门的主要职责，从而最大限度地避免内耗。

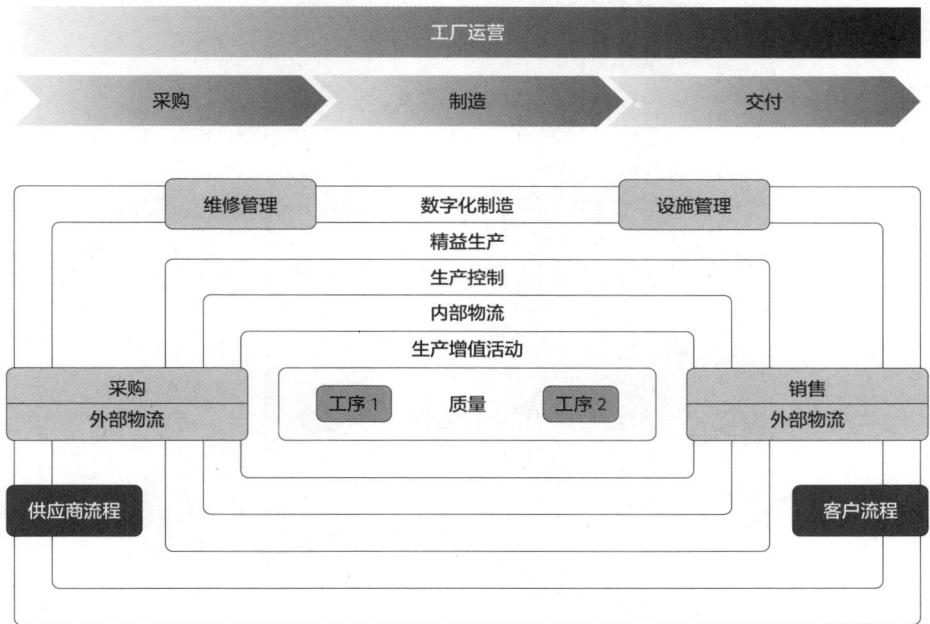

图 B-5　B 公司定义的数字化工厂的范围

　　P 公司根据业务需求，做了组织结构变化后的流程 – 结构图（见图 B-6 ）。我们从中可以看到，该公司的工厂和 B 公司的概念不一样，实际上分成了两个部分：供应链（包含外购和前道的自制件），以及后端组装测试和发运过程。事实上，这也体现了 P 公司对应的价值理念：后道生产主要是满足客户的需求。因此，通过事业部（Business Unit，BU）的设置与销售相对应，前道生产（供应链）则主要聚焦在成本和内部交付上。

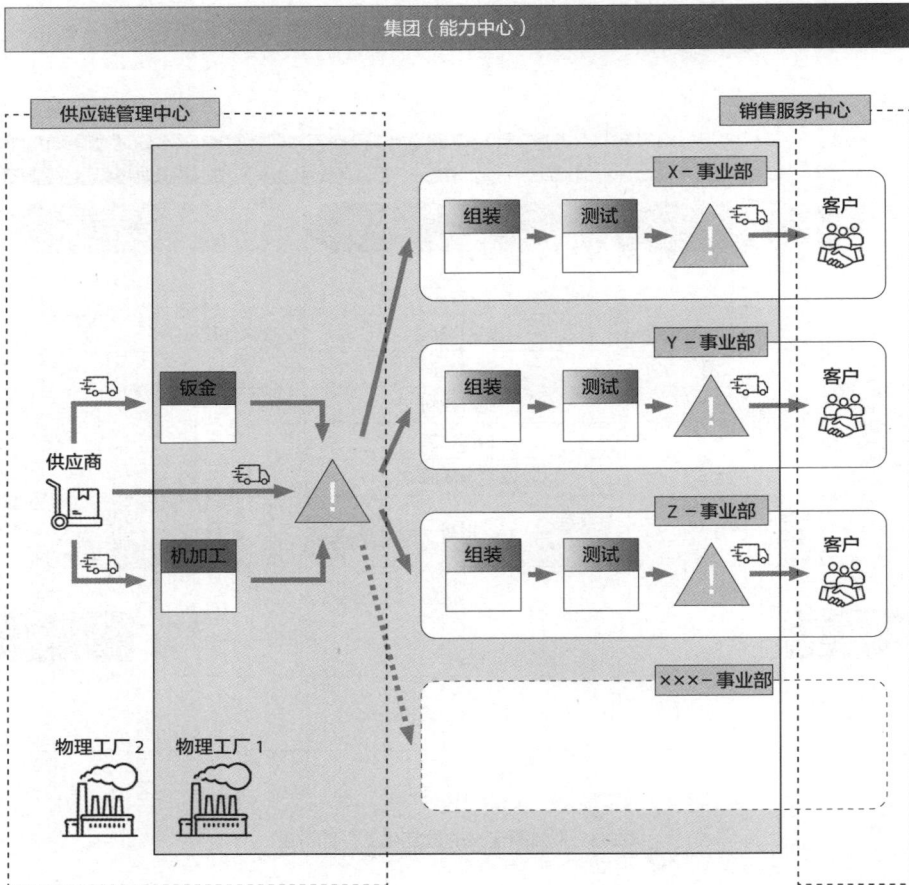

图 B-6　流程－结构图

　　所以，在准备阶段，了解流程－结构图是一个非常重要的步骤。传统的组织结构图通常能够揭示一部分职责范围，但是每个公司的情况不一样。比如，有些公司的财务部就负责成本管控，而有些公司的财务部只有出纳和会计人员。单靠一张组织结构图，其实并不能真正了解公司内的管控情况和职责划分。而画出流程图并将职责范围直接标注在流程图上，是一个好办法。

在准备阶段，我们要进一步思考：当我们开展数字化转型时，我们很可能会改变流程–结构图。而这些改变带来的影响，是我们需要预先准备应对的。

1. 流程未发生重大改变，但是结构发生改变

我们举个例子，比如，图 B-7 是一个简单的工序流程。由于工序 1 做得比较快（10 秒），工序 2 比较慢（12 秒），所以工序之间必然存在一些在制品。那么这种状况下的库存，应该由哪个部门负责？

很多公司会让物料部门负责这类库存，管理者认为："物料部门嘛，所有物料都是它们负责。"但是我们仔细想一想，这样合理吗？因为两个工序的不同步，可以说这些是必然会产生的库存。那么，是不是应该由生产部门来负责这个库存呢？

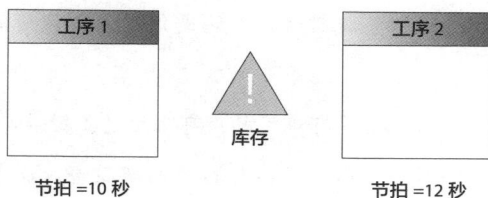

图 B-7 工序流程

所以，当画出流程–结构图后，我们会发现在流程的归属上有很多不合理的现象，或者流程归属缺失的现象。比如，采购部门被卷入催原材料的事务，而没有精力做采购单价的年度降价计划；计划部门不好好规划主计划和资源需求（如人员需求、物料需求等），而是在生产排程（谁或者哪台机器什么时候做什么，做多少）这些事情上纠结；财务部没有用心管理成本，而是忙着核算员工工时和薪金发放。

2. 流程发生重大改变，造成原有的组织结构发生变化

我们都知道，在数字化的时代，VUCA[①] 是常态。因此，很多人力资源方面的专家都在呼吁建立敏捷组织来应对环境的多变性。所谓敏捷组织，一个很重要的特性是组织结构不再是固定不变的，而是根据业务随时发生改变。可以想象，忽然之间，你的目的地从成都变成了哈尔滨，很显然，你的旅行路线和游览的景点都会发生重大改变，从而造成（组织）结构的改变。

某传统整车厂决定进行数字化转型，召开了一次数字化转型研讨会，会上讨论了技术的趋势。与会者一致认为，现在和客户接触的方式已经发生了重大改变，通过数字化的在线订单系统，整车制造厂已经可以和客户进行直接接触，而不是仅仅依靠以前的代理模式。由此，有人提出，在新车型上，是否可以跳过 4S 店，直接开直营店进行销售？毫无疑问，这在技术上是没有难度的，有难度的是模式的改变，和由此带来的"人"的问题。最后，由于是工厂召开的研讨会，这条建议超过了工厂的决策范围，被搁置在了一边。

在数字化转型过程中，我们会越来越多地面临两难境地：我们需要依靠现有的人员进行变革，可是变革的内容往往会"砸掉这些人的饭碗"，或者损害这些人的现有利益。所以，你必须对转型过程中面临的挑战有足够清醒的认识。

---

① VUCA 是易变（Volatile）、不确定（Uncertain）、复杂（Complex）和模糊（Ambiguous）的英文单词首字母组合，它描述了企业在展望当前和未来的状态的情景，表明了企业在制定战略或计划时的边缘性。

B1-2-2
理解动态情况下的业务贡献和业务价值

在数字化时代，我们必须意识到，多变的市场促使业务价值的重塑周期大大缩短了。在这种情况下，组织要做好的一个准备就是理解通常的业务价值，并能快速地适配到变化的情境中来。对于下面这家公司所处的发展阶段，快速和敏捷成为主要的业务价值。

2020 年，笔者刚从工作多年的一家汽车部件公司离职，进入一家当时规模尚小的光伏电池片工厂做咨询。令笔者印象深刻的是客户厂房建设的速度，真可谓"一夜之间，拔地而起"。在汽车行业，建一个厂房通常需要以年为单位计算，而在那里，都是按月甚至按天算的。从客户公司的研发大楼俯瞰，自打下地基开始，到第 4 个月的时候，笔者已经在厂房的临时办公室给员工做培训了。他们的员工说："我们董事长的要求是，用百米冲刺的速度跑马拉松。"

笔者的同事给这家公司做良率改善的项目，他经常说："看看，机器设备进来时基本条件都不具备！皮带轮张紧度都没人调！这样怎么不会发生碎片呢？！"

抱怨归抱怨，速度终究带来了成果，公司利用快速量产甩开了竞争对手，并且让自己的技术路线抢先占领市场，实现了对股东价值的回报，营业额也从 2020 年的几十亿元达到现在的近 900 亿元。

但是，对于下面这家公司所处的发展阶段，质量更为最重要。然而，它却因追求速度，而忘了质量。

国内某锂电池制造企业要做一个新产品导入的流程复盘和经验教训总结，遇到的情况和上面的案例正好相反。公司想进入两轮车（电动自行车）锂电池的市场，公司上下信心很足："我们已经是知名大厂，技术实力雄厚，而现在的两轮车电池生产都是从铅酸电池过来的，一句话，没得比！"公司高层给出的策略也是要快！两个月内实现量产！

为了体现雄厚的实力，产品规划部顺理成章地规划了全自动生产线，以及自动导引车全自动运输系统。当然，在场地上没有预留任何可操作的空间。结果，由于时间紧，在质量的规划模块上出了一个小纰漏：之前公司做的都是诸如笔记本电脑和手机的锂电池，所以传输系统用的真空吸盘数量不多，吸力也不大。这次是个大家伙，虽然考虑到了增加吸盘数量，但是数量不够，只能加大吸力，这就造成了产品的形变。而锂电池是通过极耳和对齐保证功率的，产品的形变造成了良率的下降。

结果是连锁式的：良率下降→需要人工检验→占用物流通道→自动导引车无法发挥作用→人工搬运→人力成本增加。最后，这条生产线原计划70人，现在变成了200人！

显然，不同的公司在不同阶段主推的业务价值并不一样。即便是同一家公司的某个时期，所有领导层对业务价值的认同就会一致吗？

» 做研发的认为产品是公司的最终价值体现："创新可是第一驱动力哦！"
» 做制造的认为制造才是公司真正的增长曲线："不信可以看丰田！"
» 做销售的认为市场为王："不是说好了'一切为了客户，为了客户的一切'吗？"
» 经营层关心研发 – 制造 – 销售服务的全流程打通："这样才是创造价值！"
» 执行层关心绩效指标能不能达成，部门能不能发展。

» 基层关心干多少活，拿多少钱（"只要干活就是创造价值，即使返工也是"）。

而造成这么分裂的原因，就是"屁股决定脑袋"。坐在那个位置上，就会为那个位置上自己的所作所为寻找合理性，让自己的工作有价值。

由此可见，有一个一致的业务价值认知并不是一件容易的事。而数字化谈的是融合，所以数字化转型要求一个一致的（注意，不一定是始终正确或合适的）业务价值观。

好消息是，就大多数公司现有的业务框架来讲，业务价值还是在合理范围内的。表 B-1 列出了一家企业主要的功能部门（一级部门）和业务价值与核心流程之间的关系。我们需要做的是不断地在组织内澄清：哪些是我们的业务价值？为什么？

表 B-1　主要功能部门（一级）和业务价值与核心流程之间的关系

一级业务部门	业务价值	核心流程
研发（平台）	新产品和新市场	从创意到新产品概念
工艺（工程）	产品在本地市场的应用适配，制造成本	新产品导入
营运	交付，制造成本，质量	供应商到客户的订单流程
供应链	物流成本，制造网络协同	供应链网络和管理
售后和服务	客户服务，品牌，问题解决	售后和服务流程
销售和市场	获取新客户，维持客户关系	客户管理，市场宣传

B1-2-3
理解数字化和绩效考核

　　虽然我们希望每一个人的转变都是自发的、内驱的、与公司的价值观保持一致的，但实际上，这只是一个"永远无法达到的理想状态"。想象一下，你要爬一座山，天上的星星可以指引方向，但很显然没有必要爬到星星上（尽管也不大可能）。

　　在精益生产中，库存是最大的浪费，有一个名词叫作"零库存"。于是，很多人就把"零库存"作为一个工作目标。实际上，库存一方面是浪费；另一方面也是交付所必须具备的缓冲。最直观的解释是，库存的产生是由于"进"和"出"的不平衡造成的。所以，只要两个系统之间存在差异，就一定会产生库存。如果你硬要坚持不产生库存，就会产生隐性的资源浪费问题。比如，让客户等着你的芯片被生产出来。

　　所以，与其保持"不要看到库存"的机械思维，还不如采取更为合理的态度："我们需要多少库存？是不是超过了必需的量？"

　　同样的道理适用于人的转变。天上的星星（理想状态）是"每个人都自发、主动、积极拥抱的数字化变革"；抵达实际的山顶（工作目标）却只需要"大部分人能朝着这个方向跟着走就行，与自不自愿无关"。变革管理有一个经验法则：如果你能争取到80%的人追随（注意，不需要支持，盲目追随就可以），那么变革大概率会成功（见图B-8）。

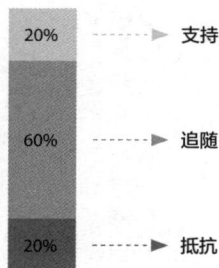

20%	⤑ 支持
60%	⤑ 追随
20%	⤑ 抵抗

图 B-8　变革管理中人员意愿比例图

那么，如何让大部分人追随呢？一项重要的准备工作是制定绩效和激励体系。

1. 绩效考核，衡量什么

有这样一个典型的场景：两位生产经理同时实现了下个月产量增产的目标，一个加班 30 小时，另一个没有投入额外的时间，只是解决了车间的一些问题，比如设备停机时间减少、到现场处理问题的时间缩短。

在这种情形下，应当如何评价这两位生产经理的绩效？相信大家一定会选择第二位经理进行表彰，给予更好的绩效。原因就是他使用了更少的资源达到了同样的目标。

你的选择没错。什么是绩效？"绩"是成绩，是结果；"效"是效率。什么是效率？用最少的资源获得最大的成绩。所以，在数字化转型中，我们不但要对结果进行衡量，也要对实现结果的效率进行考评。这是在数字化转型中搭建绩效考核时需要注意的地方，而数字化也为这种绩效考核体系提供了技术上的支持。

2. 数字化绩效考核，用 KPI 还是 OKR

最近 OKR 很火，经常有人说，他们公司采用了 OKR 的考核方式。言下之意，公司和创新的距离更近了，经典的 KPI 则遭到了摒弃。甚少有人会自豪地说，他们主要用 OKR 来考核。

我们先来看下什么是 KPI，什么又是 OKR。

» KPI 是关键绩效指标（Key Performance Indicator）的英文缩写，用于度

量和评估组织或个人的绩效。KPI 是一种可量化的指标，通常与特定业务目标相关联。

» OKR 是目标与关键结果（Objectives and Key Results）的英文缩写，是一种目标管理和绩效评估方法。在 OKR 中，目标是明确的、具有挑战性的描述，而关键结果是与目标关联且可衡量的具体指标或成果。

由此可以看出，KPI 是结果指标，OKR 是结果指标 + 目标。换句话说，如果你的 KPI 之间是有联系的，那么本质上 KPI 树和 OKR 没有什么区别，大可放心地使用。

图 B-9 是某工厂成本 KPI 的树状结构，当然，你也可以认为这就是 OKR。

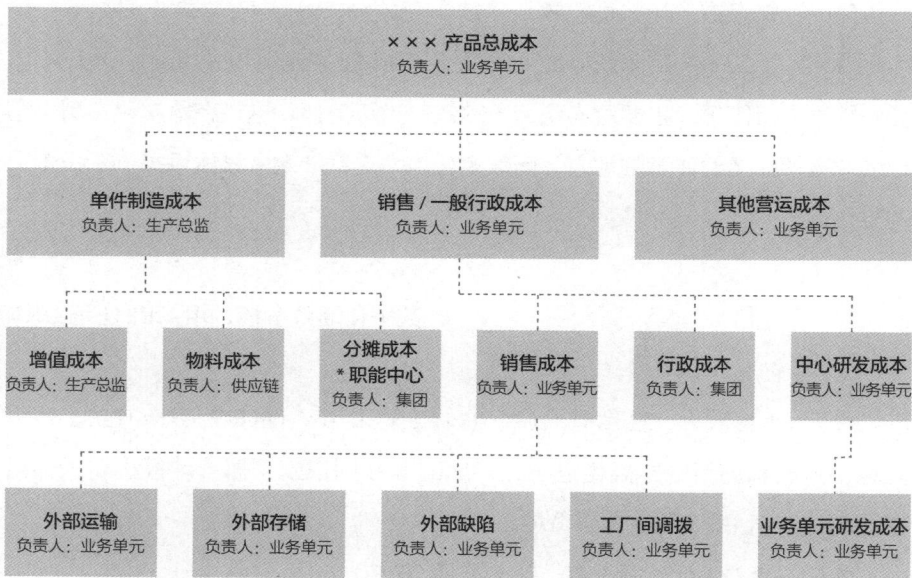

图 B-9　成本 KPI 树状结构图

实际上，数字化转型的一个重要方面就是在关键绩效指标之间建立联系，从而为决策提供路径支持。可以设想，图 B-9 中每一个数据都是透明的，那么假设我是产品负责人，而我要把产品 A 降本 2 分钱，是不是可以一层层分解，即决定在哪个节点，由谁负责达成这个目标？

KPI 树的应用是数字化转型的核心，我们将会在下一节谈及更具体的应用。这里，我们知道了，KPI 树和责任人（部门）为我们提供了变革的基础和驱动力。所以，准备好你的 KPI 树（OKR），它应当覆盖你的业务价值，并有数学模型能够分解，且与组织的层级相联系。

3. 数字化为绩效考核提供了技术支持

笔者指导过一个外资整车厂在国内的高潜人才项目，项目组想开发一个软件，将工作中的变更管理过程数字化。在立项报告中，项目组指出：我们将通过该软件的敏捷开发，减少工作表格的人为填写，降低出错率，减轻班组长的工作负荷，从而提升人效，为公司的降本增效目标做出贡献。

在立项会议中，Z 经理对此提出了异议：为什么班组长减少填写内容，就能增加人效呢？会不会大家因此都不关心现场发生了什么，反而降低了班组长的能力？

Z 经理的担忧具有一定的代表性，当我们享受科技或信息为我们带来便利的同时，也不免会担心：我们的价值在哪里？节约的时间会真正用在更有价值的地方吗？

最后，项目组的立项被评为"C"级，这意味着他们需要重新修正立项的目的，清楚地回答这个问题：数字化的变更管理系统对降本增效意味着什么？

笔者和项目组讨论了他们的业务需求，项目组的想法是将原来线下的流程通过 OA 流程搬到线上，从而实现"数字化"。笔者问项目组长："你通过这个数字化是不是能够更系统地看到更多的东西？"他回答说："后台可以看到变更单发布后接单的时间，以及进一步采取行动的时间。"笔者进一步问道："如果有两个人，一个反应很慢，另一个反应很快，你怎么评价他们的效率？"项目组长若有所悟，说："我们的软件可以使相关人员的工作绩效变得透明，也可以提供问题重复发生率的反馈，通过这个反馈，可以衡量相关人员的绩效水平！我这就和 HR 去谈一下。"

B1-2-4
理解数字化的管理层级和组织结构

早在 2014 年，笔者作为 B 公司的组织发展专家参加了集团总部在德国举办的"工业 4.0 论坛"，论坛中有一个研讨会的议题是工业 4.0 对于人的影响。当时提到的一个非常重要的方面就是"黑灯工厂"和自动化、智能化机器的普及，会严重影响产业工人的就业。

2020 年，笔者在一家公司做"业务财务一体化"的研讨时，向与会者阐述了 KPI 树如何从财务指标分解到业务指标。听完后，公司的董事长忽然说道："这个数学模型很重要，我们要把这个作为公司运作的基础。想一想，所有决策都能分解到操作层面，还需要这么多管理干部干什么？！这，就是我们的'遵义会议'！"

国内的企业家在这方面要直白得多。不过，这位董事长道出了一个数字化的愿景以及对应组织结构发生的改变：未来，经营层会根据变幻莫测的市场环境，判断并输入目标状态。组织内，所有的分解工作自动进行，目标被分解为具体任务，有序地分配人员和智能化的机器设备。现场的工作人员分析和解决问题，并将结果反馈给经营层。对比现在的"黑灯工厂"，你觉得"黑灯公司"离我们还有多远？少人化甚至无人化是数字化和智能制造发展的必然趋势，而组织结构的扁平化也是大势所趋。

B1-2-5
理解数字化转型的能力模型

在人的方面，我们还要准备一个数字化转型过程中组织的技能模型。通常，一个完整的技能模型要包括：角色、角色的（工作内容）描述以及所需的具体能力。所以，要定义属于自己的数字化能力模型，我们首先要了解数字化转型中可能需要哪些角色。请注意，下面所罗列的角色并不意味着是一个全新的职位，在大部分情况下，由企业其他职位的人兼任。

» **数字战略师**（Digital Strategist）。数字战略师负责制定和执行组织的数字化战略。他们深入了解市场和行业趋势，将数字技术与业务目标相结合，制定组织在数字化转型中的决策和方向。数字战略师负责评估新技术和业务模式的潜力，并制订相应的实施计划（解决"这项技术或业务能不能上？上了有啥大用？"的问题）。

» **变革管理专家**（Change Management Specialist）。变革管理专家负责管理和引领数字化转型带来的组织变革。他们能够识别和解决组织内部的阻力和问题，推动组织成员的变革思维和行为，促进数字化转型的顺利进行。变革管理专家还能设计和实施培训计划，帮助员工适应新的工作方式和技术工具。

» **用户体验设计师**（User Experience Designer）。用户体验设计师关注并改善用户在数字化产品和服务中的体验。他们对用户进行深入的研究和洞察，了解用户需求和期望，并将这些信息转化为设计原则和解决方案。用户体验设计师负责创建直观、易用和令人满意的用户界面和交互设计，以提升用户的参与度和满意度。

» **数据科学家**（Data Scientist）。数据科学家是数据分析和机器学习领域的专业人士。他们通过探索和分析大量的数据，识别数据中的模式和趋势，并构建预测模型和算法。数据科学家能够为数字化转型提供深度的数据洞察和预测能力，为组织提供基于数据的决策支持。

» **技术架构师**（Technology Architect）。技术架构师负责设计和规划数字化转型所需的技术架构和系统。他们了解各类技术，并评估其在组织中的适用性和可行性。技术架构师与业务团队合作，将业务需求转化为技术要求，并确保系统的可扩展性、安全性和一致性。

» **数据抓手**（Data Miner）。数据抓手是精通数据管理和分析的专业人士，他们能够从组织内外收集、整合和处理大量的数据，并将其转化为有意义的洞察和启发。

根据角色，我们可以大致列出数字化转型中比较重要的能力。

» **技术能力**。数字化转型离不开技术的支持。组织需要具备一定的技术能力，包括熟悉并掌握相关的数字技术和工具，如云计算、大数据分析、人工智能等。此外，还需要对信息安全和隐私保护有一定的理解和应对能力。

» **数据分析与洞察力**。数字化转型需要依托数据进行决策和创新。组织需要培养数据驱动的文化，并具备数据收集、整合、分析和解读的能力。通过深入洞察数据，组织能够理解顾客需求、市场趋势以及内部业务运营情况，从而做出精准的决策和创新。

» **敏捷创新与灵活性**。数字化时代，市场环境瞬息万变，组织需要具备快速适应和创新的能力。敏捷创新意味着建立灵活的组织结构和工作流程，以便能够快速推出新产品和新服务，满足市场需求的变化。同时，组织还需要培养员工的创新思维和实践能力，鼓励他们积极探索和尝试新的解决方案。

» **顾客导向与用户体验设计能力**。数字化转型需要将顾客置于核心地位。组织需要深入了解顾客需求、行为和偏好，通过个性化和定制化的方式提供优质的产品和服务。具备良好的用户体验设计能力可以增强用户黏性和忠诚度，从而促进业务增长。

» **领导力和组织文化**。数字化转型需要一支具备前瞻性、创新性和执行力的领导团队。领导者应该能够制定清晰的数字化战略和目标，并引领组织朝着这个方向前进。同时，培养适应数字化转型的组织文化也是至关重要的，包括鼓励开放沟通、跨部门协作、自主学习和持续改进的价值观。

以上所有"人"的能力都是从组织视角来看的。数字化转型也应该鼓励组织内的每个人都做好转型的准备。那么，个人需要做好哪些准备呢？

» **适应新技术和工具**。数字化转型往往伴随着新的技术和工具的引入，如大数据分析、人工智能、云计算等，组织成员需要学习和适应这些新技术与工具，掌握相关的技能和知识。

» **学习和发展数字化能力**。数字化转型要求组织成员具备数字化能力，包括数据分析、信息管理、技术运用等方面的能力。个体应该通过培训、学习和实践不断提升自己的数字化能力，以适应数字化转型的需求。

» **培养创新和解决问题的能力**。数字化转型往往需要创新思维和解决问题的能力。组织成员应该培养自己的创新能力，鼓励自己尝试新的方法和思路，并具备解决问题的能力，能够灵活应对数字化转型过程中的挑战和扫除障碍。

» **加强团队合作和跨部门协作**。数字化转型需要跨部门的协作和团队合作。组织成员应该加强团队意识，与其他部门和团队紧密合作，形成更好的协同效应，实现数字化转型的共同目标。

» **掌握数据驱动思维和决策能力**。数字化转型强调数据的价值和驱动力，组织成员应该掌握数据驱动的思维方式，并具备基于数据进行决策的能力。他们需要理解数据的意义和应用，并能够从数据中提取洞察和趋势，以支持组织的决策和创新。

» **提高数字安全意识**。数字化转型带来了更多的数字化风险。个体需要提高自己的数字安全意识，了解数字安全的基本知识和最佳实践，保护组织的数据和信息安全。

» **接受变革和持续学习**。数字化转型是一个变革过程，组织成员应该具备开放的心态并接受变革。组织成员需要理解变革的目的和意义，并持续学习和更新自己的知识与技能，以适应变化的需求。

B1-3

本节自我诊断表

　　本节从人的意识、组织结构和人的激励等几个方面谈及了数字化转型中关于人员方面需准备的事项。需要明确的是，无论在流程、技术等相对"硬"的方面如何投入，也绝不可忽视与人相关的那些"软"的方面。在一个技术和硬件的获得变得越来越简单的时代，一群有热情、有谋略、有能力的人才是组织真正的竞争力所在。

　　作为总结，我们给出一张简明的检查对照事项清单：

» 数字化转型的战略和目的清晰吗？这些目的和策略是否在组织中广为人知？

» 决策层有没有提供长期而坚定的数字化转型承诺？

» 经营层如何看待数字化转型？他们是否认为数字化是业务不可或缺的一部分？

» 管理层是否支持数字化转型？

» 组织结构和业务流程是否匹配？角色和职责是否明确？

» 在所有的业务流程场景中，是否都定义了流程的责任人？流程执行环节中的对应责任人没有遗漏？

» 有没有衡量数字化转型的关键绩效指标？这些关键指标和业务的关键指标的关系是否紧密？

» 业务的关键指标有没有形成标准的数据结构？

» 是否准备了数字化转型所需的人员培养和培训的预算？

» 数字化转型中人员的角色定义以及能力模型是否清晰？

  » 数字化应用中有没有提供足够的数据来评估使用者的绩效？

　　如果你回答"是"的问题不超过 3 道，那么很明显你还有很多准备工作要做；如果在 4 ~ 8 道题之间，那么你基本上已经可以规划具体的数字化转型项目了；如果超过 8 道题，那么你和世界级水平的公司，至少在人员方面，已经相差不大。数字化必然会进一步增强你的公司在这方面的竞争力，构建更为有效的"护城河"。

B2

流程准备度

"不搞数字化转型得死，搞数字化转型死得更快！"笔者经常听到工厂的老板这么说。其中，"不搞数字化转型得死"反映了企业家的危机意识：数字化是大趋势，客户需求、市场环境、供应链生态等都迫使企业跟上新技术变革的步伐。比如，以后所有的订单不再使用邮件或电话通知，而是通过一个数据系统按日滚动更新，工厂要登录系统得到订单信息；发货频率会按天计算，客户卸货码头时间窗口缩短到小时。为了满足这些需求，工厂不得不使用与客户订单数据交互的信息系统，引入更加灵活、准确的排产方式，生产计划准时率要提升，发货和物流路线要精确计划和可追踪。如果不能满足以上要求，就可能逐渐丢失客户。而为什么"搞数字化转型死得更快"呢？因为转型需要投入，是大量资金的投入，如果投入得不到相应的收益回报，自然就维持不下去了。

搞不搞数字化转型似乎变成了看似两难，实际上只有唯一选择的问题，因为这是大势所趋。那么，如何避免"搞数字化转型死得更快"呢？按照经典的冰山模型（见图 B-10），看不到的问题往往比看到的问题多得多，所以当你决定投入精力和时间去解决看得见的问题时，必须先了解和解决海面之下的问题，或者说你应该考虑这些隐藏问题后再投入预算。很大程度上，这些隐藏问题被包含在流程中。

下面我们会分四个小节来讨论数字化转型与流程的关系。

» **B2-1 流程概述**：什么是流程，对流程的误解，流程建设与数字化的关系，流程的分层和不同层级的数字化概念。

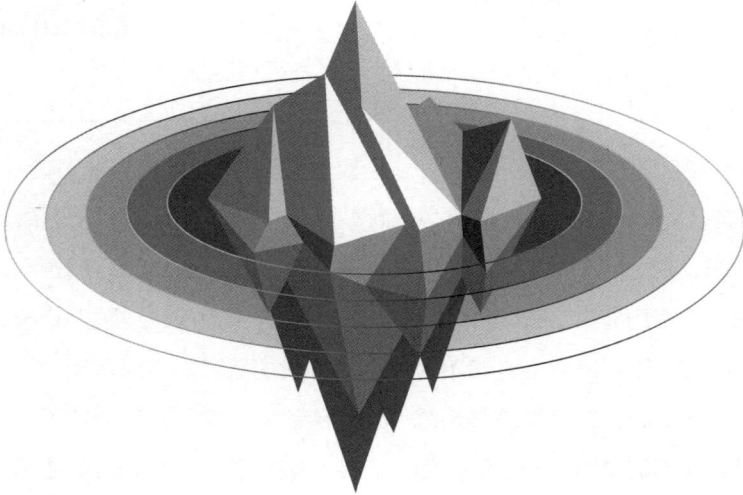

图 B-10   冰山模型

» B2-2 **流程精益化**：为什么要优化流程，流程优化原则和方法以及对数字
化的影响。

» B2-3 **流程数字化**：什么是流程数字化，流程数字化遇到的问题，数字化
对流程的要求。

» B2-4 **自我检查问题**：你的工厂数字化转型实施前流程准备程度。

B2-1

流程概述

当我们和很多企业负责人谈论工厂数字化转型的技术问题时，大家都会很感兴趣。比如，利用自动化立体式仓库提升空间利用率，通过安灯系统（ANDON）[①]提升现场问题解决速度等。但是当谈话进展到如何实施时，就不得不谈到在建立这些数字化应用前，进行流程规划所需要投入的费用。而一谈到流程，老板们就不太感兴趣了。

我们什么流程都有，你看 ISO 9000、TS 16949，还有什么 ISO 14000、ISO 18000……我们有一堆的流程，你和我谈什么流程？我不喜欢流程。有什么做不下去了，就有人和我说流程怎样怎样。我们现在仓库面积不够用了，你帮我规划一个自动化立体式仓库，能放下未来两年的东西……最好能省下几个人，自动化立体式仓库嘛，肯定能省人的。

这里丝毫没有要贬低这些企业家的意思。我们遇到的这类企业家大多数是企业的初创者，这些成功的企业家基本上是坚定的个人主义者。他们相信自己的直觉和判断，通常都能够用很短的时间、很少的资金或人员做出超乎常人想象的事情。这种近乎超人的足智多谋，是大多数成功企业家的特质。但是当公司规模达到一定程度时，个人在公司中的影响力就会被削弱。"现在我说的话都出不了办公室"，这是一位上市公司老板发自肺腑的感叹。他的企业发展迅

---

① 安灯（ANDON）：一种问题升级响应解决的系统工具方法。

猛，以一年新建一个大型工厂的速度扩展。即便这样，也很少有老板愿意思考流程的问题，反而会对流程有不同的误解。

B2-1-1
对流程的代表性误解

» **流程是在团队缺乏合作精神时才需要的，没有人喜欢流程。**

这个观点在处于欣欣向荣成长阶段的公司中比较常见。公司里的员工都相互认识、熟悉，彼此信任，大家能通过简单的口头交流达成共识，然后迅速行动，能包容错误，继而快速改进。表面看来，似乎没有流程，但其实流程已经存在，只是以一种不可见的方式存在，没有形成文档。当不断有新的成员加入时，问题就会显现。

所以流程是客观存在的，只是它的表现方式在初创阶段是看不见的"潜规则"，而非看得见的"显规则"。广义来看，流程在个人层面是做事的方式、人生观的具象体现；流程在公司层面则体现为业务处理方式，是协调人和事的规范。无论你喜欢还是不喜欢，流程都在。规范的流程就像古人所说的"道"，是天地万物运行的规则，运用这些规则来完成某项事务，可以理解为"流程"。流程，在一定程度上就是规则的具体表现和运用，甚至如同庄子所说的"盗亦有道"。

跖之徒问于跖曰："盗亦有道乎？"跖曰："何适而无有道邪？夫妄意室中之藏，圣也；入先，勇也；出后，义也；知可否，知也；分均，仁也。五者不备而能成大盗者，天下未之有也。"

以上，"圣、勇、义、知、仁"是"道"，而盗跖团伙的流程体现在"妄意室中之藏、入先、出后、只可否、分均"这些实施环节中。无流程而能成大企业者，天下未之有也。因此，对于"流程是在团队缺乏合作精神时才需要的，没有人喜欢流程"这样的误解，是由于忽略了隐形的流程。

» **流程会扼杀创造力。**

这样的认知具有很强的误导性，仿佛流程就是创新的敌人。最著名的案例可能就是贝尔实验室的辉煌和衰落了。在很长一段时间内，贝尔实验室的辉煌被归功于宽松的工作环境，能让研究人员按兴趣和专长选择研究课题，自由地交流和讨论。其后来的衰落被归咎于：

这种科学家天堂般的好日子，随着资本力量的介入，渐渐成了过去。进入 20 世纪 80 年代后，华尔街的势力开始插足贝尔实验室，引入了业绩考核，大量的科技人员从研发部门被调到业务部门。

——巨龙，察网专栏作家，《贝尔实验室的盛衰启示录》，2016-11-22

这段话里的"业绩考核"几乎是管理的代名词，管理和流程在公司实践中又很相近。今天我们客观地看待贝尔实验室不复辉煌的原因，归根到底是资金的投入不足，或者说从中长期来看，科技投入产生的成果转换成的利润不足以支撑其持续发展。但仔细想一想，真是需要优化一下管理流程。毕竟贝尔实验室是工业实验室，钱来自企业，也要为企业创造价值。因此，造成"流程会扼杀创造力"这种误解的原因可能是把来自更高层级阻碍创新的根源简单地归咎于流程。

» **流程限制了自由。**

流程会限制人的自由发挥，大家做事被流程束缚住了。这也是一种常见的误解。但这只能归咎于不合理的流程，而不应该就此全盘否定流程。你可能也遇到过上班高峰时段十字路口的红绿灯坏了的情景，在没有交警指挥的情况下，绝对会堵成一团。红绿灯和车道引导线形成了十字路口基本交通通行规则，所有人遵循规则有序通过就是通行的流程。如果其中一个基本规则失效，那么这个流程就无法正常运行，大家自由发挥，每个人都有自己优先通过的考虑项，最后所有人都只能堵着。

自由是相对的，自由来自规则。在一家公司里，你的自由发挥也需要被限定在特定的范围内，如符合公司的价值观、满足业务需求及保证公司和同事的正当利益。而这些限制的具象化体现就是明晰的流程。因此，造成"流程限制了自由"这种误解的根源是将不清晰、不明确的流程等同于所有流程。

» **流程会降低效率。**

这个误解可能会让流程背上"形式主义"的锅。诚然，具有不透明、复杂、职责不明等问题的流程是造成互相推诿、搪塞和"跑断腿"等现象的一大根源，但是仔细一想，这恰恰不是流程不好，而是流程不够好！

B2-1-2
流程是什么

华为公司对流程有这样一些认识：

» 业务流是客观存在的，不论是否用业务流程来描述和定义。业务流天然存在，所有业务部门都工作在业务流或者支撑业务流的活动中。

» 流程是业务流的一种表现方式，是优秀作业实践的总结和固化，目的是让不同团队执行流程时获得的成功具有可复制性。越符合业务流的流程越顺畅。

» 在 IT 中跑的是固化的流程，本质上跑的是业务。IT 就是承载业务作业
流程并实现业务数据自动传递和集成的使能器。

—— 习风《华为双向指挥系统——组织再造与流程化运作》

所以，流程是天然存在的，从实践的角度看，它与业务是一体的，谈流程就是谈业务。我们举一个大家都熟悉的典型业务场景来理解流程——汽车4S 店。

我们站在 4S 店负责人的角度来看他的业务中有哪些基本问题需要解决：

» 卖什么车？卖给谁？怎么赚钱？赚多少钱？
» 提供什么样的服务？给客户提供什么样的体验？如何让客户满意地付钱？
» 店面装修采用什么风格？工作人员的仪表着装怎么样？休息区怎么布置？
提供什么样的茶歇和餐食？

我们先就这些问题分析一下 4S 店"业务"和"流程"的关联性（见图 B-11 ）。

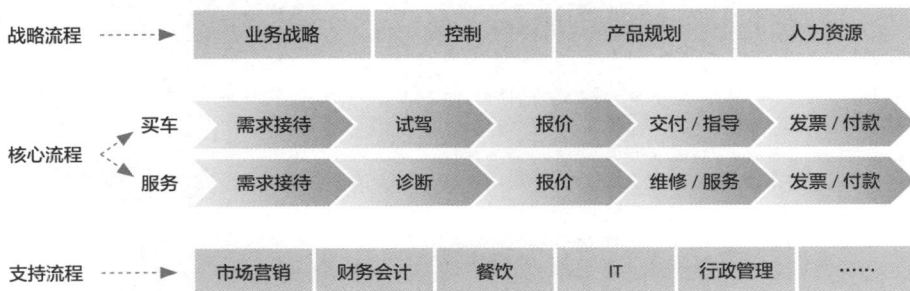

战略流程 ----►	业务战略	控制	产品规划	人力资源

核心流程	买车	需求接待	试驾	报价	交付/指导	发票/付款
	服务	需求接待	诊断	报价	维修/服务	发票/付款

支持流程 ----►	市场营销	财务会计	餐饮	IT	行政管理	……

图 B-11　汽车 4S 店业务流程图

» 第一类问题都与业务战略有关，会涉及所有业务流程的交互（如战略制定、公司规划），是创造性的、高附加值的顶层规划，并且要确保目标导向的结构。对 4S 店来说，销售超级跑车和普通家用车的战略流程是截然不同的。

» 第二类问题与客户直接相关，属于核心流程，是具有高附加值份额的业务流程。它们表明了公司的本质，通常是竞争力的关键，并形成了从客户愿望到客户感知交付或服务的增值过程。4S 店里最典型的一个例子是买车到交车的流程、维修和保养服务流程。

» 第三类问题虽然和买车没有直接关系，但也必不可少，还会给核心流程相关的业务带来一定的影响，是支持性流程。

一家公司或工厂也非常类似，其流程也可以分成这三类。我们在本书中重点讨论的是数字化工厂，所以聚焦在工厂运营的核心流程上，也就是订单到交付的流程。典型工厂的核心流程如图 B-12 所示。

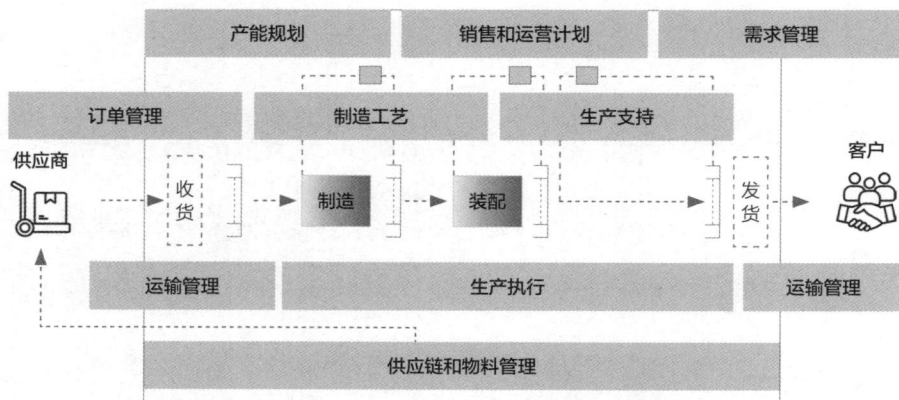

图 B-12　典型工厂的核心流程图

» 产能规划：规划中期产能，包括内外部供应商、工厂（设备、人员），保证客户交付的稳定性。

» 销售和运营计划：平衡客户需求和供应链能力，满足中期客户交付。

» 需求管理：客户订单、行为预测、竞品和市场分析等。

以上三个流程关注客户和市场对产品需求的变化预测，形成中期的能力来满足交付。

» 供应链和物料管理：定义物料计划、生产计划、物流控制和仓库管理等流程。

» 订单管理：供应商采购管理，包括预测、数量、交付周期等。

» 运输管理：主要指外部运输，包括从供应商处采购的原材料运输和成品运输。

以上三个流程可以归纳为供应链和物流管理，即关注物料的流动。

» 制造工艺：把产品从设计图纸转换成实际产品需要的技术和流程，如新产品导入等相关工作。

» 生产执行：把原材料转换成客户需要的产品的流程。

» 生产支持：为生产过程顺利执行提供支持，如设备维护流程、质量检验流程等。

这三个流程可以定义为广义的制造流程，即关注增值的过程。

上面谈到的流程中后六个（供应链和制造）流程形成了狭义的工厂核心流程。比如，博世集团建立了公司级的制造和物流平台（CMLP）——一个技术和组织平台，提供物流及制造区域的标准数字化应用。

B2-1-3

流程等级和数字化：从业务流到工作流

看到这里你可能会心想：这个所谓的运营核心流程不是喝一杯茶的时间就能制定出来吗？它不是放之四海而皆准的大框架吗？这有什么呀？

一方面的确如此，这些流程本身就是从工厂日常业务中提取出来的典型，大同小异在所难免；另一方面，如此大流程背后的含义本身并不简单。第一，流程必须界定清楚边界、责任人以及衡量标准与执行过程；第二，流程之间必须相关联，信息能共享和流通（结合以上两点，我们在下一节会详细谈谈"何谓好流程"）；第三，这个层级的业务流程是高等级的，即从执行角度看，必须细分，把业务流程（Business Process）分解成工作流（Workflow），如表 B-2 所示。

表 B-2　业务流程与工作流对应关系

	目的	层级	颗粒度
业务流程	根据设定的战略目标和商业模式分析并设计工作流程	承接公司战略和商业模式的概念与规范	流程内工作细化到对应责任部门或责任人
工作流	定义执行工作流程的步骤和规范	可操作的工作步骤和活动，关联支持技术方法	工作步骤细化到使用的输入——处理过程——输出以及执行时用到的表单和工具等

我们以一个客户订单接收的工作流为例（见图 B-13 ）。我们从中可以看到，一个可执行的工作流需要包括以下内容。

谁 （负责人）	客户服务人员	销售员	供应链文员	计划员	销售员
做什么 （工作步骤）	订单可行性 评估	计算 报价	在信息系统中 录入订单	计划 排产	确认客户 订单
怎么做 （使用的工具）	软件应用 "产品配置器"	工作表单 "报价单Excel表"	软件系统 "订单管理"	软件系统 "计划管理"	工作表单 "订单确认函Word文档"
输入／输出 （数据）	产品信息 数据库	报价单.xls	订单和计划数据		确认函.doc

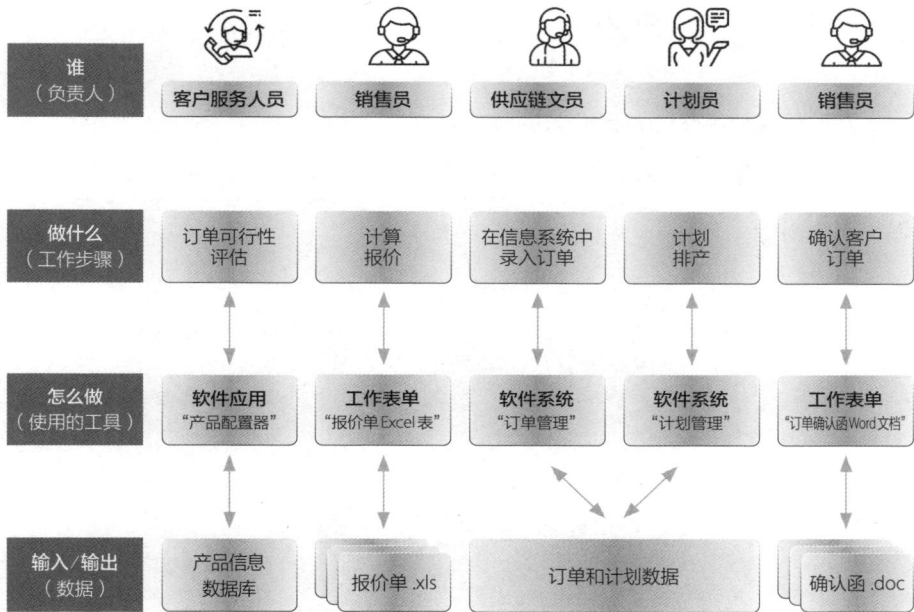

图 B-13　订单接收工作流示意图

» 谁来做：定义具体岗位或者关联具体的人。

» 做什么：每个人需要完整完成的工作任务。

» 怎么做：使用的工具（软件应用、表单、标准格式文档等）。

» 输入／输出：完成工作需要的信息以及输出标准格式化的数据。

提醒一下，这个案例（见图 B-13）是一个典型传统工厂的流程，但不是一个理想的数字化流程。其中存在的信息媒介中断问题是可以被优化的（比如，产品信息导出为数据库格式、报价单导出为 Excel 格式、订单确认函规范为 Word 文档），这个我们会在后面的章节讨论。

我们总结一下本节的内容：

» 流程是客观存在的，是业务的体现。

» 流程是分层级的。从战略到业务到工作流，对应不同的数字化方法（见图 B-14 ）。

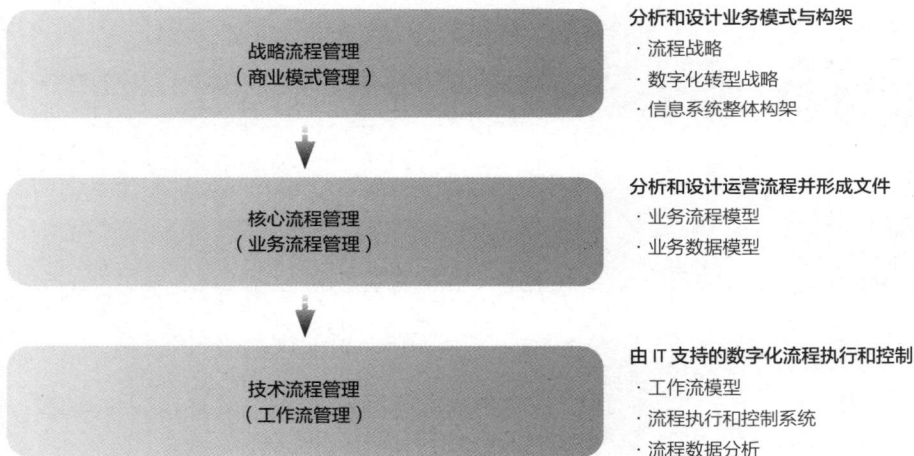

图 B-14　流程分层及对应的数字化方法

» 数字化工厂实施需要把流程清晰定义到工作流，并明确流程间的关系，避免形成流程孤岛。

B2-2

流程精益化

工厂离不开流程，所以数字化工厂建设也离不开流程数字化。那么，在谈流程数字化之前，流程本身应该达到什么样的要求呢？

在实施企业资源计划（Enterprise Resource Planning，ERP）的顾问中广为流传一句话，"垃圾输入，垃圾输出"（Garbage in, Garbage out），甚至专门有个缩写 GIGO。数字化工厂应用也类似，如果没有优质的输入数据和清晰的处理流程，就得不到期望的结果。

我们以咖啡店为例，描述一个流程的典型工具是 SIPOC 流程图（见图 B-15）。

咖啡店操作				
供应商（Suppliers）	输入（Inputs）	过程（Process）	输出（Outputs）	客户（Customers）
· 咖啡和食品原材料供应商 · 咖啡机维修服务	· 咖啡豆 · 水 · 奶 · 机器工作时间 · 员工	· 咖啡订单 · 收款 · 做咖啡 · 客户得到咖啡 · 客户享用咖啡	· 完成咖啡服务订单 · 完成订单收款过程	· 任何来到店里想要点咖啡喝的人

图 B-15　咖啡店的 SIPOC 流程图

一个流程必须包括如下要素。

» **边界**：供应商和客户，即流程的起点和流程的终点，同时也是这个流程和其他流程交互的接口。

» **输入**：执行这个流程必要的信息和资源。

» **输出**：流程执行后得到的结果。

» **执行过程**：输入信息经处理形成结果的过程。

一个流程必定能完成一项完整的功能。在数字化应用中，我们把最小单位的流程称为"原子服务"。几个关联的原子服务可以组成更高级的应用，几个关联应用集合形成应用软件系统，不同的应用软件系统整合在一起形成应用平台。所以流程是整座数字化工厂的基础之一，通常自上而下规划数字化工厂的构架和平台，而实施时一定是自下而上的。

如同牛鞭效应（Bullwhip Effect），当信息流从最终客户端向原始供应商端传递时，由于无法有效地实现信息的共享，使得信息扭曲而逐级放大，这导致了需求信息出现越来越大的波动。因此，如果初始的流程没有规划好，那么后面的数字化成本就会升高，运行不畅，甚至完全用不了。

B2-2-1
何谓好流程

关于这个问题好像没有绝对的答案，用工厂普遍使用的语言来说，好流程就是精益的流程。精益流程符合以下 9 个特征：

» 100% 增值活动。

» 100% 输出信息，满足使用要求。

» 第一次就提供正确的输出。

» 整个流程顺畅持续地单向流动：无向前查询、确认信息等动作。

» 面向用户：流程由实际使用者决定其形式和方式，而不是由流程提供者按自己的意愿、便利来制定。

» 并行处理所有非顺序关联活动（减少流程时间）。

» 审批零延迟。

» 工作量和工作输出均衡。

» 100% 透明。

以上9条是精益流程的标准，那么和这9条不一致的就是可以改善的地方。下面是供应链视角下从订单到交付的流程泳道图（见图 B-16）。

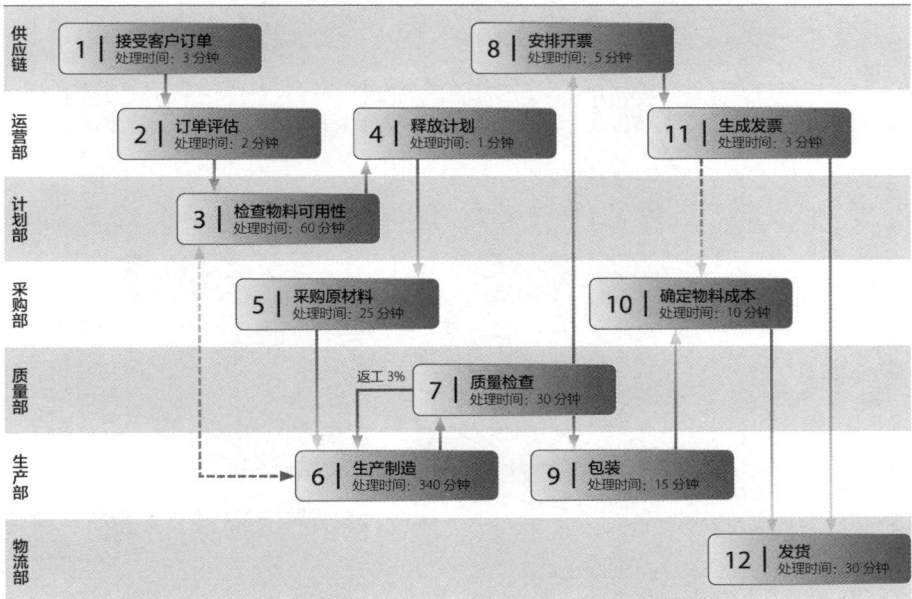

图 B-16　订单到交付的流程泳道图

　　这个流程怎么样？建议你花 10 分钟做一下这项练习：对应上面提到的精益流程的 9 个特征，你来看看这个流程有哪些地方需要改进？（下面列出了一些参考点）

_____

_____

_____

　　这样的问题没有标准答案，下面列举一下典型的几个改进点。按照精益的好习惯，先把问题用不同图标可视化出来（见图 B-17 ）。

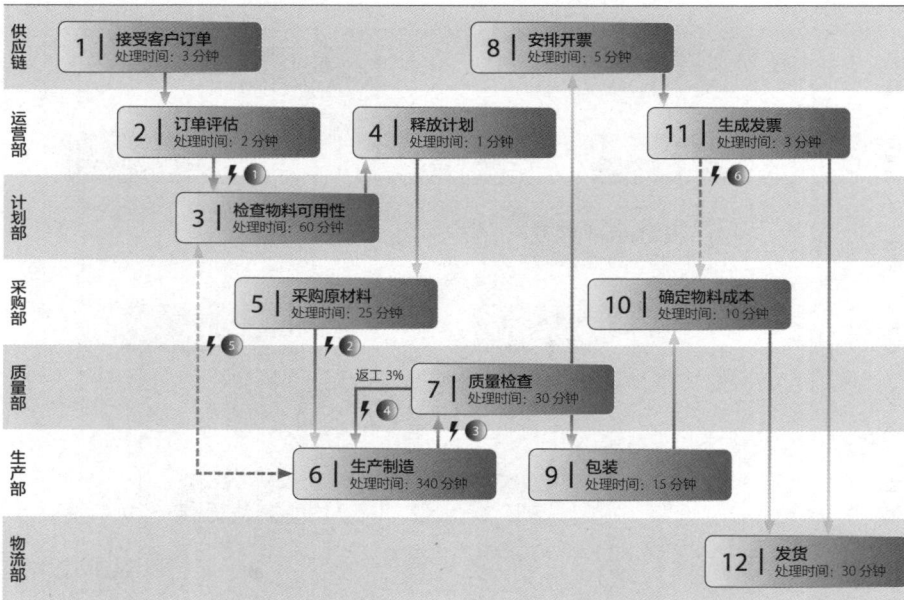

图 B-17　订单到交付流程泳道图－改善示例

图 B-17 中的闪电标识就是一些可改进的机会点。

1. 不增值和浪费的步骤：订单评估、释放计划、质量检查、安排开票。这些步骤可以通过 IT 系统实现自动化。另外，接受客户订单、检查物料可用性、采购原材料、确定物料成本、生成发票这些流程应该尽可能实现系统自动处理，案例中的情况是不增值，但当前需要人员干预。所以整个流程中对客户增值的就是生产制造、包装和发货。其他流程应该尽可能简化和自动化。

2. 从原材料采购到生产之间的物流信息不明确，没有 100% 透明。

3. 质量检查是精益中的浪费，应该一次做对。

4. 产品存在 3% 的返工，不符合零缺陷的精益原则。

5. 生产过程中有物料短缺风险，需要反向核实物料可用性，流程不顺畅。

6. 生成发票和物料成本之间反复确认。流程不顺畅，信息不透明。

B2-2-2

流程优化的方法

借用托尔斯泰的说法，好的流程都是相似的，不好的流程各有各的不好。工厂中最典型的问题就是"各人自扫门前雪"，发展到极致变成了厚黑学中的"锯箭法"。究其原因就是部门墙，从自己部门的利益出发构建流程，对自己部门负责而不是对客户负责。这个问题往深了讨论会涉及公司文化、价值观、组织形式等无形的东西。但是流程是这些无形东西的具象体现，是可操作、可分析、可优化的。

借用精益生产工具"快速换模"（Single Mimute Exchange of Die，SMED）中"消除、简化、区分内外部作业、并行作业"的基本方法，在流程优化中扩展出了 8 个方法（见图 B-18）。

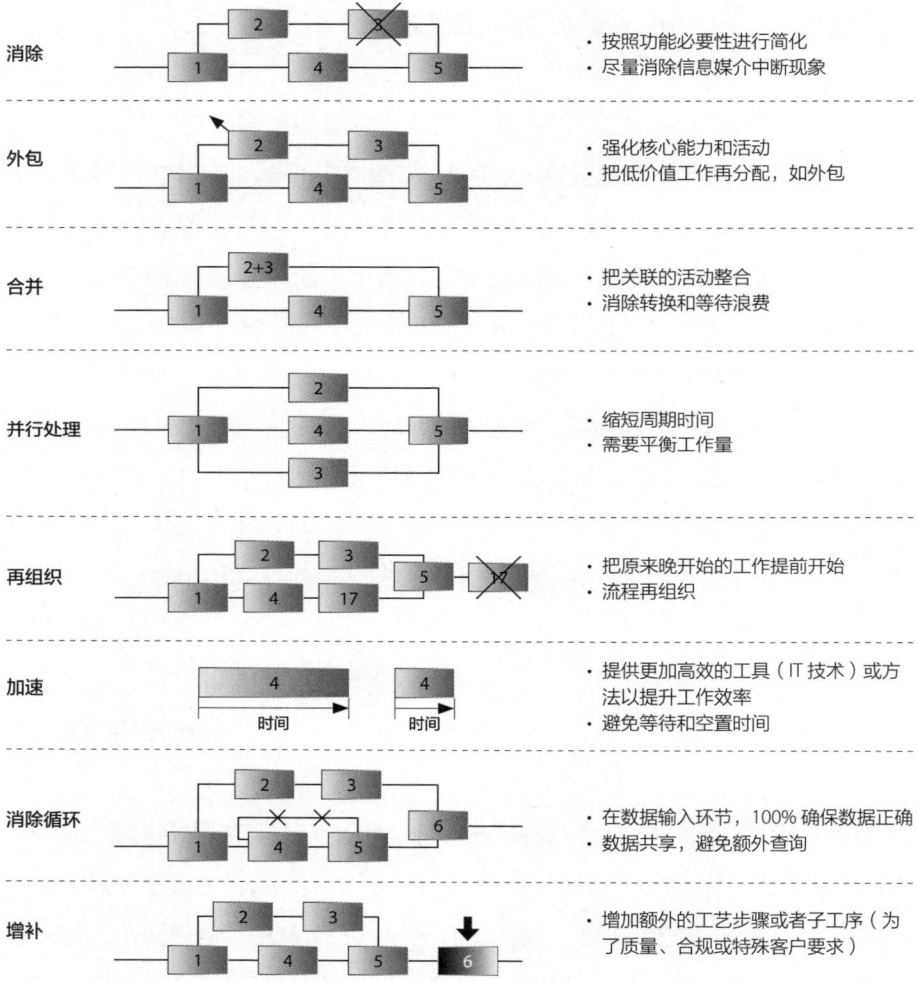

| 消除 | · 按照功能必要性进行简化
· 尽量消除信息媒介中断现象 |

| 外包 | · 强化核心能力和活动
· 把低价值工作再分配，如外包 |

| 合并 | · 把关联的活动整合
· 消除转换和等待浪费 |

| 并行处理 | · 缩短周期时间
· 需要平衡工作量 |

| 再组织 | · 把原来晚开始的工作提前开始
· 流程再组织 |

| 加速 | · 提供更加高效的工具（IT 技术）或方法以提升工作效率
· 避免等待和空置时间 |

| 消除循环 | · 在数据输入环节，100% 确保数据正确
· 数据共享，避免额外查询 |

| 增补 | · 增加额外的工艺步骤或者子工序（为了质量、合规或特殊客户要求） |

图 B-18　流程改善方法示意图

资料来源：基于 Knut Bleicher 所著的 *Organisation Strategien - Strukturen - Kulturen* 一书绘制。

　　业务流程优化的 8 个方法和上面提到的精益流程的 9 个特征互相对应，就有了流程改进的目标和如何改进的方法。但我们需要意识到，数字化一方面会带来效率提升，另一方面也会带来新事物引入时的变革冲击。所以我们要牢记：一个业务流程的好坏，取决于一线流程执行人员的评判，而非流程制定者。

因此在一个阶段性优化后，我们还需要关心一下流程的以下 3 个特征。

» 可执行性：流程中任务与组织结构及人员职责、能力、工作量之间的匹配度。

» 可迭代性：流程仅仅体现了当前业务活动的最佳实践，所以流程要保持灵活性，能迭代优化。

» 可管理性：流程要有目标指标，并对过程监控，可追溯过程和结果，包括有效期和流程负责人。

我们以扁鹊三兄弟的故事总结一下本节内容。

> 王独不闻魏文王之问扁鹊耶？曰："子昆弟三人其孰最善为医？"扁鹊曰："长兄最善，中兄次之，扁鹊最为下。"魏文侯曰："可得闻邪？"扁鹊曰："长兄于病视神，未有形而除之，故名不出于家。中兄治病，其在毫毛，故名不出于闾。若扁鹊者，镵血脉，投毒药，副肌肤，闲而名出闻于诸侯。"
>
> ——《鹖冠子》

民间传说扁鹊的大哥名叫"扁雁"，二哥名叫"扁鸿"。在现实商业环境中，企业管理者都喜欢"扁鹊"型顾问，救火救急，妙手回春，符合"英雄"的设定。但是，成为"未有形而除之"的扁雁才是上策。对于企业进行工厂数字化转型而言，流程梳理和优化是"其在毫毛"的事情，它不仅能提升效率和降低成本，更能大大降低数字化的复杂度、成本和失败风险。

B2-3

流程数字化

————————————————————

　　几年前，笔者去一家中外合资工厂谈论数字化项目。这家公司的产品定位高端，利润丰厚，品牌形象非常好。其工厂负责人自豪地介绍道："我们现场全部实现了无纸化。"到了车间现场，笔者发现确实无纸化了，所有的作业指导书和表单全部是电子文档，工位上有电子终端，配着手写笔。笔者当时非常犹豫这个算不算是数字化的应用？本质上除了用 PDF 文档取代打印纸，好像其他和原来的流程完全一样。文档查看还是手动翻页，记录还是手写。

　　笔者迟疑了一下，问道："为什么做这个项目？当时出于什么考虑？"负责人的回答很有意思。他说，这是环境健康安全（Environment, Health, Safety, EHS）部门发起的项目，因为总部要求环境友好，减少纸张浪费，推行绿色工厂项目。而 EHS 部门发现，现场作业指导书、检查表单以及其他各种单据非常多，而且更新打印频次很高，于是就开展了这个项目。

　　上面这个无纸化的项目，出发点不同，可能评价不同：从节约纸张和减少消耗的环保目的来看，这是个好项目，但是从数字化应用或流程数字化角度看，这个项目就不能算成功了。

　　那么，办公自动化（OA）算不算流程数字化？ERP、PLM[①]、MES[②]算不

————————————————————

① PLM：Product Lifecycle Management，产品生命周期管理。
② MES：Manufacturing Execution System，制造执行系统。

算流程数字化？　Excel 表格的宏处理算不算数字化？流程执行中使用"拖拉拽"的低代码平台算不算数字化？

B2-3-1

何谓流程数字化

可以肯定的是，流程数字化不仅仅是用 PDF 代替纸质文件（无纸化），而是需要整合应用程序，重新组织营运方式以及部署系统或应用软件，从而实现提升流程执行效率、降低成本、提高灵活性、降低错误率等业务价值。

流程数字化也不仅仅是安装一些软件、数字系统等 IT 应用，并宣传实现了数字化，但实际工作中员工依旧使用原来的电子表格工作，并且为了维持系统运营给别人看，不得不向系统中额外地输入数据。

流程数字化包括以下内容。

» **人员思维方式的转变。**

一家新能源产业公司的信息自动化负责人和笔者说过一个观点，数字化就是要让人具有数字化思维，这是一切的核心。比如，任何一名员工做自己的日常工作时，遇到填写纸质的表格就想办法将它变成 Excel 电子表；如果表格中的数据计算是重复的，就想办法将它变成宏处理；再想着把宏处理表格做成小应用，如使用低代码平台……当然不是每个人都有这样的技术能力，但每个人都有这样的思维时，就可以去寻找资源加以实现。

笔者觉得这非常有道理。其中的一个逻辑问题是：到底员工先有了数字化思维然后引入数字化应用，还是先要有数字化应用然后培养数字化思维？是先有蛋还是先有鸡？

　　对于这个问题我们不纠结，在这里需要牢记和强调的是流程数字化转型中不能忽略人的思维和意识的同步转变。

» **业务流程和信息技术／数字技术的深度融合。**

　　流程数字化要求新技术和业务的整合（见图 B-19）：以流程为导向规划数据模型和技术需求，以数据驱动流程决策，以技术赋能流程执行。

　　传统的 IT 应用系统也是流程优化的一大"推手"，如仓储管理系统（Warehouse Management System，WMS）、高级计划与排程系统（Automated Planning and Scheduling，APS），但在实现过程中流程规划和系统规划是分开处理的。目标流程的设计是业务部门的事情，IT 部门使用 IT 系统来"尽可能地"满足流程需求。

流程

流程数字化

IT 技术　数据

图 B-19　流程数字化的要素

但是 IT 系统的基础是数据建模，而不是流程建模，因此系统部署过程中会因为各种"技术原因"扭曲流程，最后业务部门得到的是一个似是而非的系统。这也是不少中小企业上了 ERP 系统，却连物料计划都跑不出来的一个重要原因。现在，流程数字化必须找到一种流程与 IT 相融合的方法，而 IT 部门的角色在数字化时代，也必须由支持部门变成流程设计和执行的一个有机组成主体。

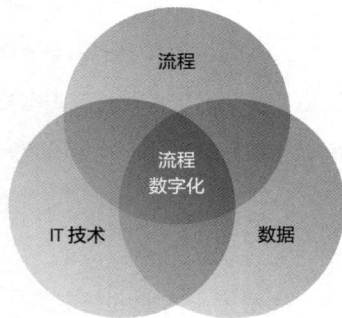

» **最佳业务流程的固化和展现。**

《中国制造执行系统（MES）应用研究报告（2021 版）》的数据显示，MES 项目实施的成功率只有 52%。笔者曾和一家非常知名的咨询公司里负责 MES 实施的项目经理讨论了这个话题。以下是场景再现。

笔者：到底是什么影响了 MES 在不同工厂实施的效果？是因为 MES 本身的局限性吗？

项目经理：我们的产品被世界上众多制造业 500 强企业应用，特别是在离散制造行业，有很多企业用得非常好，这证明我们的系统是优秀的。

笔者：各个企业的工厂都有不同的业务模式、工艺流程和管理方式，你们会为其量身定制吗？

项目经理：会做一定程度的定制，但基本上是标准产品。我们的系统中设定的流程是最佳实践。工厂要上我们的系统，应该改变自己的流程和以前的管理模式，向最佳实践靠拢。

笔者：那到底是 MES 为人服务，还是人为 MES 服务？

项目经理：你的这个说法有点激化矛盾啊！其实不管是 MES 还是人，都是为业务服务的。经过众多企业验证的 MES 呈现的是最佳实践。如果在哪家企业实现不了，基本上是那家企业的流程和变革管理出了问题。

笔者：你的说法给我的感觉有点像为了结项目款推卸责任啊！你们的系统实施工作中会包含企业流程优化吗？

项目经理：这就是个问题。一般国内企业中和我们对接项目的要么是 IT 部门的人，要么是工艺部门的人。通常，一开始会大张旗鼓地成立一个项目组，但是业务部门的人参与热情不高，也可能他们日常工作太忙，拉过来开开会，初期提功能规格需求时不知道提什么。这样的话，我们就按照标准模块上，中间他们时不时提出一些额外的要求和问题，也是东一榔头、西一棒槌，影响项目进度。所以很多客户中 IT 部门的人本身也不太愿意总是改，进度也是他的考核指标。而且业务部门对服务器、数据库、数据模型、工作流设定、参数配置、软件界面等也没有兴趣。

笔者：所以你们没有使用类似业务流程管理（Business Process Management，BPM）这样的工具进行全面的流程梳理？

项目经理：第一，我们软件里的就是最佳实践流程，所以企业要做的不是梳理，而是把自己的流程按照软件标准改造；第二，公司老板一般也不愿意掏这个钱啊，老板用我们产品的逻辑不就是认可我们产品是最佳流程吗？为什么还要额外掏钱进行流程梳理优化？

笔者：你说得好像挺有道理的。那么，如果有的大型企业需要按它们的流程定制呢？你有什么建议？

项目经理：首先，我不建议定制开发一套自己的系统，这里涉及维护、更新和安全等方面的问题，除非是上百亿、千亿规模的企业，自己能培养一个稳定的软件团队。其次，我们也可以为客户定制开发系统后交付给客户。如果这么做，价格肯定非常高，开发周期也很长。不过就像你说的，我们会从流程梳理和优化开始。也就是说，我们会总结这个客户工厂的最佳实践流程，并把它固化到系统中。

…………

从与这位业内人士谈话中，我们可以得出以下 3 点启发。

» 为了最大限度地实现流程数字化的价值，必须将信息技术与精心设计且有效的流程（即最佳实践流程）相结合。用技术把糟糕的流程进行数字化只会得到糟糕的数字流程。

» 在相对成熟且标准化程度较高的行业，最佳实践流程可采信标准软件中固化的行业最佳实践（注意：这个应用软件或系统最好是行业内的标杆产品），然后企业按照这个软件要求"倒逼"管理流程的改变。这个流程数字化的成功不是软件功能上线运营的日期，而是企业流程变革完成的日期。这两个日期可能相差一两年，而最糟糕的情况是一直不能实现。

» 在新兴产业或者差异化较大的行业，最佳实践流程应该来自企业内部业务流程的总结、提炼和优化。在数字化时代，IT 和业务部门会融合，低代码平台和生成式人工智能、云服务等使得应用开发的门槛大大降低，中小企业也能实现适应自身业务特点的流程数字化或数字化流程（特别提醒：有人会用企业的特殊性作为借口，把不合理的流程作为企业特色进行固化！记得参考前面的精益流程特征！）。

总之，流程数字化需要改变现有的流程，隐含了管理的变革、人员意识甚至组织结构的更新。流程数字化是新的数字技术和最佳实践流程的整合形式，能帮助企业和客户在提升效率与灵活性中受益。数字化流程不仅必须由高级管理层人员进行战略规划，也必须在一线的基层员工中实施应用。

B2-3-2
流程数字化实施过程中的矛盾

矛盾一：规划期望与实施效果

显而易见，发起流程数字化项目的肯定是高层管理者，特别是创业者。他们是一群特别精明强干的人，在花钱启动一个项目时必定充分计算过项目的收益：经济上的收益，如降低成本（精简人员、减少库存等）；效率的提升，如提高设备利用率、提高产量、节约用地面积等；间接的收益，如提升客户体验满意度（潜在订单增加）、提升公司形象（吸引人才）、提升员工满意度（留住人才、简化工作）等。

现实中的不少情况是项目结果完全背离了设想，仅有少数企业实现了部分目标。因为实际执行流程的员工会消极抵制，继续使用原来的方式做事；一线员工认为管理层的任何变革都是在变相地增加工作量！背后的问题是信任危机——源自对同一问题的对立视角。比如，生活中父母不断地"投喂"女儿，希望女儿更胖一点、更结实一些；年轻的姑娘就想着怎么样少吃一些，能更瘦一点、更苗条一些（见图 B-20）。父母从来不会觉得自己的女儿太胖了，而姑娘从来不会觉得自己太瘦了！彼此不信任对方的判断和审美。

图 B-20　看待问题视角对比图

尽管数字化解决技术方案供应商几乎不会谈及变革管理技巧、员工信任和文化建设等问题，但是员工实施新流程的意愿对项目能否取得预期结果发挥着决定性作用。化解规划期望和实施效果之间矛盾的关键点是要充分理解人性，做好变革管理过程：不仅要使员工转变思想，还要让员工产生自驱力；能让员工愿意"生活"在新流程中，也能够"生活"在新流程中。

矛盾二："我给你一个新方法……"与"谢谢！我太忙了"

笔者看过一幅漫画，画面中三位工人艰难地推着一辆方形车轮的矿石车，其中一位工人想给矿石车换上两个圆形的车轮，但是那两位推车的工人都拒绝了："不用了，谢谢！我们太忙了……"（见图 B-21）不仅仅是流程数字化，很多其他的改善或变革类项目都适用这样的场景。在工厂中推行数字化这种新技术对工作方式带来的冲击更契合这幅漫画体现的场景。我们会在推行过程中遇到礼貌的拒绝者、怀疑论者和在舒适区里的"躺平者"。

（刘嘉琪 绘）

图 B-21 变革类项目在实践中遇到的阻力示意图

再谈谈那两位推着方形车轮的工人。他们没有认识到圆形车轮的好处吗？假如他们非常清楚其中的益处，那么为什么要拒绝呢？有可能存在如下因素。

» 有更加迫切的目标。"活下去"的压力大过一切。比如，订单供不应求，客户天天挤在仓库门口等着提货。这时的生产部门怎么可能去搞什么数字化安灯和问题解决流程？很可能直接说"谢谢"了。

» 员工习惯了，形成了舒适区，得过且过，不相信新东西，认为有风险。比如，供应链计划部门的人都是 Excel 电子表格的忠实拥护者，他们都相信自己的表格和公式，通过 Excel 表连接和处理各个系统的数据。笔者遇到的一位物料计划员说她不相信 MRP 系统里跑出来的物料需求："这么多年了，Excel 表里的逻辑很清楚。虽然导入、导出数据麻烦一点，习惯了也还好。"

» 知道新的东西是好的。但是有些员工的想法是反正忙活一天就拿一天钱；引入新流程或新工具，搬运的东西多了，对自己也没好处。

破解这样的矛盾，一方面需要选择项目实施的时机，比如，不能在"客户交付最忙的季节"去开展"优化生产计划—均衡排产"这样的流程优化项目；另一方面，项目团队一定要有具备一线实际应用经验的员工，让其早期就了解和融入流程开发过程，最好还能将其意见融入流程，因为没有人会反对自己。最后，新流程也需要同步的新管理方式，甚至文化变革。

矛盾三：遵守流程与灵活变通

当企业把流程规范化、文档化时，一个基本的出发点就是希望员工遵守流程——这样员工就可以不用事事请示汇报，等领导批准，自主地按规则开展工作。导入新的数字化流程更是为了提升流程的明晰度和效率。但现实的矛盾是员工要么不愿意实施新的数字化流程，要么在以新流程开展工作遇到问题时不愿意寻找完善该流程的方法。大家会忽视流程，或者干脆"创造性"地应用新流程，所谓灵活变通。

　　责任当然不完全归咎于执行的员工，新引入的流程往往是不完美的，员工甚至不得不找到创造性的方法来变通流程，以确保工作能顺利完成。并且随着企业的不断发展，业务和组织会变得更加分散、灵活甚至全球化，这时企业高层的标准与在不同状态工厂中的适用性冲突就会增加，而数字化技术会加剧这种冲突。比如，集团统一的采购平台、供应商管理平台，一旦数字化就会被固化；而这些平台被应用于不同的工厂时必定会出现"创造性的偏差"——为了能适应本地情况而开展工作。因此数字化流程似乎总是"用不好"或"不好用"。

　　针对这个流程和变通的矛盾，我们这样理解：这种对标准流程的变通不完全是坏事。虽然员工遵循描述性的规则和流程很重要，但找到创造性的替代方法来处理问题也能帮助改进流程，特别是在新流程引入阶段——员工既可以遵守新引入的流程，也可以在需要时创造性地变通这些流程。其中的关键点是需要有一套管理"创造性变通"的流程方法（如敏捷管理），以便回顾变通发生的过程：为什么要变？是什么在妨碍执行标准流程？变了什么？结果怎么样？对其他关联流程有什么影响？数字化流程的负责人通过了解这些事实，能把"创造性的变通"变成不断完善新流程的机会。要避免的糟糕情况则是：大家各做各的，没有途径或负责人来总结改进；执行的人抱怨流程不好，流程负责人抱怨执行不到位。

B2-3-3
流程数字化对流程的要求

　　在数字化时代，数据将成为企业的核心资产，而企业的业务和管理活动是由流程连接的，因此流程是数据流的逻辑载体。流程数字化中的数据在企业内的流动可以分成管理体系的目标纵向对齐、供应链（订单到交付）的流程横向拉通以及产品全生命周期的集成三个方面（见图 B-22 ）。

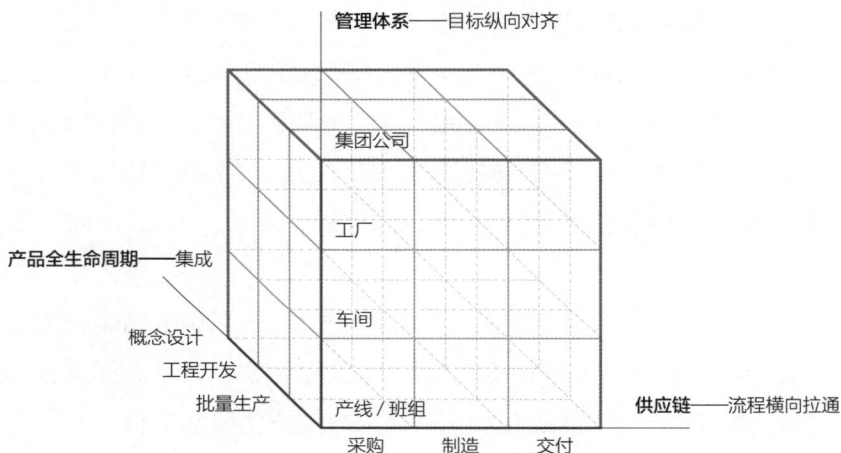

图 B-22　数字化工厂的流程体系

目标纵向对齐——数字化管理体系

我们来看一个工厂案例。

有一家生产医疗器材的工厂，某个产品型号车间内有 10 条同样的生产线，因为客户需求的增长，需要提升 20% 的产能。工厂的基本信息如下。

» 生产部门每周工作 5 天，每天 3 个班次。

» 车间内共有 10 条同样的半自动生产线，不同产线间最大节拍差异为 6%（最快的生产线和最慢的生产线之间）。

» 过去 6 个月产线的综合利用率为 65%：

· 12% 的损失来自生产线设备故障；

·18% 的损失来自等待物料；

·5% 的其他损失（员工请假、质量问题）。

» 供应商零件准时交付率为 95%。

…………

工厂负责人召集各个部门负责人下达了任务，各部门两天后提出了解决方案。

» 生产部提议：可以周六加班一天，1/5×100%=20%，加班一天的产量能满足产能需求。如果领导同意，就和员工沟通，下一周就可以实施。当然周末加班要支付 2 倍工资。

» 设备工艺部门提议：最好再投入 2 条生产线，产线方案都是成熟的。如果加紧点，3 个月就可以安装到位，车间现场还有空间，能放得下。

» 物流部门提议：缺物料等待生产的问题确实有，但我们现在在严格控制库存成本，正在和集团供应商发展中心一起提升供应商的供货能力。我们发现造成生产线缺料的主要是 2 家供应商，我们和供应商协商建立供应商管理库存（Vendor Managed Inventory，VMI）系统，应该可以改善 12% 左右的缺料情况。其他还要大家一起努力。

如果你是工厂的负责人，会如何决策？产能提升 20% 这个目标可以通过很多路径实现，在上面的例子中，显然各个部门只从自己部门的角度而非工厂全局的角度出发。那么有没有不加班、不增加设备投资的方法呢？其实我们不难发现，是可以找到可行性方案的，举例如下。

» 工艺节拍优化提升 5%（有这个可能，毕竟快慢之间有 6% 的差异），可以通过优化工装、作业方式等实现。

　　» 生产线综合利用率提升 18%，由 65% 提升到 83%，其中：

　　　· 设备停机率降低一半，由 12% 下降到 6%；

　　　· 缺料等待减少 12% 左右。

　　由此初步估算应该可以提升 23% 左右的产能，但是需要跨部门间的合作，比如：

　　» 生产部门需要参与设备自主维护[①]和计划保养。
　　» 生产部门需要加强问题反馈速度，协助解决问题。
　　» 工艺部门需要重新核定节拍、优化工艺，生产部门的员工要积极参与。
　　» 物流部门要改进内部物流供应，计划和物料之间要加强协调。

　　我们从上面的案例可以大体看到管理中目标的分层分解、达成经营指标有不同的路径。如果部门之间存在"孤岛"，那么得到的就不是一个最优的方案（如生产部门加班的提案），虽然达成了产能目标，但会损害成本目标。所以，我们需要对齐指标，要综合质量、成本、交付等环节来推行流程优化。

　　数字化工厂中纵向的管理维度，就是要实现业务指标间的分层对齐（见图 B-23）。

　　数字化工厂中需要一棵树——关键绩效指标树，它既体现了数据模型的数学关系，也体现了管理模型的逻辑关系，是工厂运营管理数字化的神经主干。典型的关键绩效指标树是分层结构，以成本指标分解为例。

---

① 自主维护（Autonomous Maintenance）：全员生产维护（TPM）支柱之一，是指将基本维护职责（如清洁、润滑等）赋予设备操作人员，由操作人员定期保养设备，以减少设备异常停机时间。

图 B-23　业务指标分层结构图

» 第一层：总成本分解（见图 B-24）；
» 第二层：增值成本分解（见图 B-25）；
» 第三层：人员成本分解（见图 B-26）。

　　下面三张图是工厂中运营指标分解案例的一部分。在理想状态下，纵向对齐或垂直集成定义了一种工厂运营的状态。在这种状态下，工厂各个层级的流程和支持流程的数字化系统都集成到可交互操作的信息网络中，从而实现无缝的数据交换、分析和决策。这将实现更好的沟通、灵活性和运营效率，甚至能促进组织结构的简化、扁平化，消除上传下达的中间层。因此，在工厂建立了逻辑明晰的关键绩效指标树后，领导者能得到希望实现目标的最佳路径。在前述案例中，每个部门提出的建议都是实现一个单一的产能目标，而忽略了成本

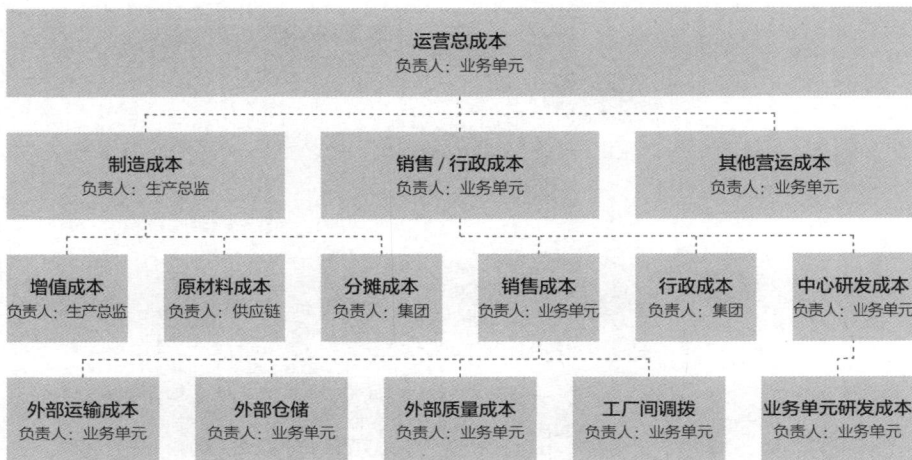

图 B-24　总成本分解图

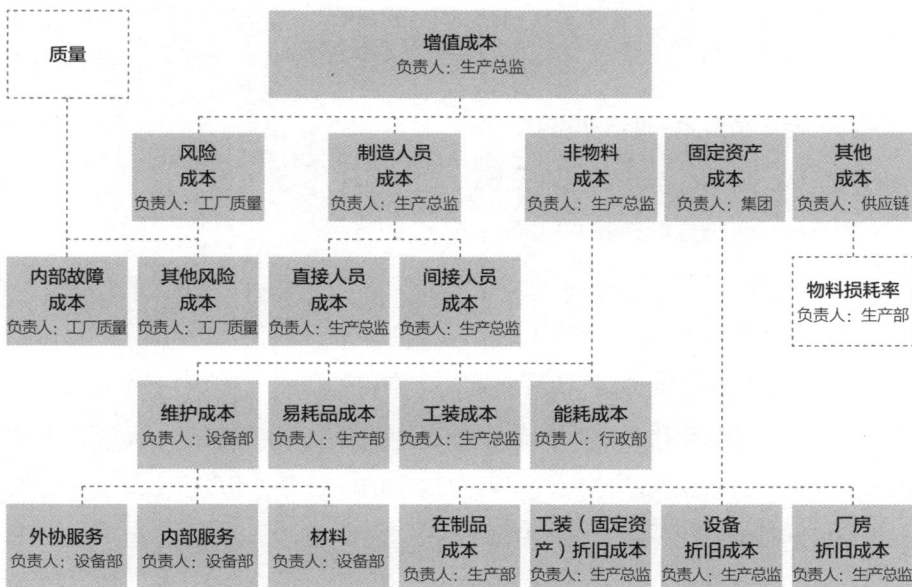

图 B-25　增值成本分解图

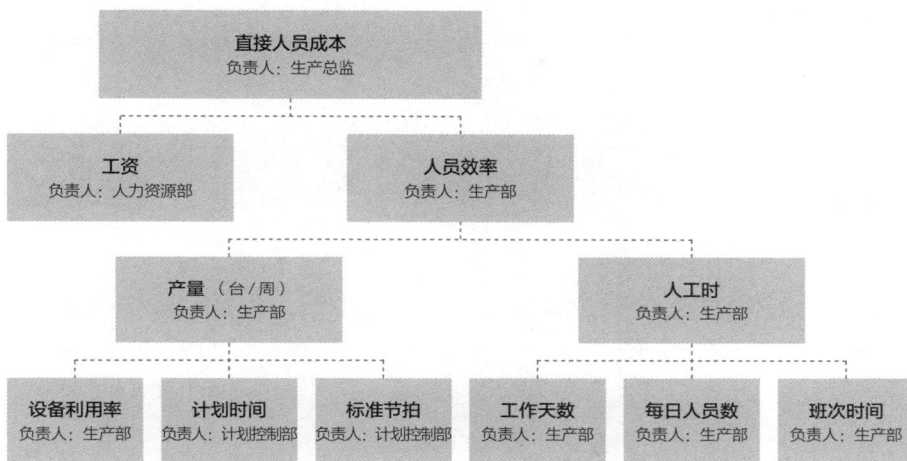

图 B-26 人员成本分解图

的影响。提升产能的最终目标是增加销售额，最低要求是保持利润率不变，更优的选择是提升产能的同时提升利润率。也就是说，简单地增加班次或增加投资都不是最优的选择。因此，领导者可以在分析指标间的关系后，从全局出发得出更优的解决方案。

流程横向拉通——数字化供应链协同流程

与管理体系的纵向对齐相比，横向拉通在数字化工厂实施中谈论得比较多，需要消除流程孤岛、打破部门壁垒、共享数据等。

一个传统工厂中的价值流图和部门通常分段对应，部门之间存在隔阂——部门墙（见图 B-27）。

横向拉通是指整个价值链上的流程与利益相关者的信息互通，建立信息共

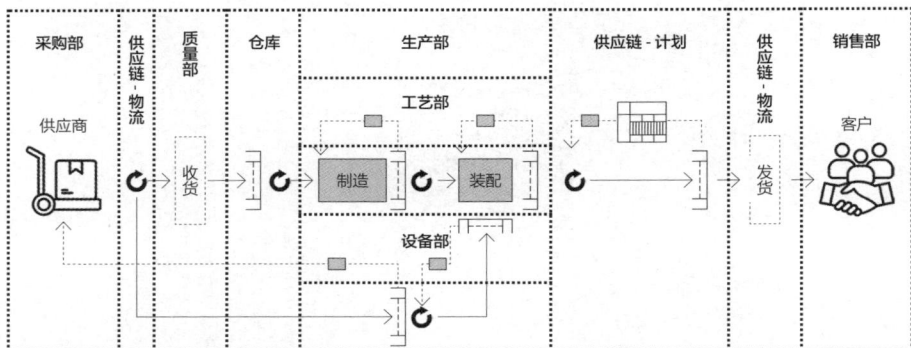

图 B-27 传统工厂的"部门墙"

享、数据交换和分析的数据平台或应用，包括：需求规划、采购、物流、生产和工艺，以及供应商、业务合作伙伴和客户。横向拉通或者流程水平整合，甚至会打破公司内外部的界限。随着流程和系统变得更加透明与数字化，企业的内部流程与其供应商和合作伙伴的流程相融合，所有流程参与者都能够在整个价值链中协调和优化他们的流程、任务和决策。价值链流程的横向拉通除了能实现更高的生产效率和更短的交付周期，还可以促进新业务和运营模式的创新。

产品全生命周期集成：数字孪生[①]

产品全生命周期流程，不仅集成了某个产品生命周期中涉及的人员、流程和系统，还明确了如何在产品生命周期的不同阶段收集、管理和分析数据。在这个阶段，不仅需要整合产品从概念、研发、样品到量产、销售、服务的过

---

① 数字孪生：以数字的方式为现实物体创建高度仿真的虚拟模型。

程，而且需要整合运营管理中的其他流程。按照西门子数字化转型轮舵的描述，产品生命周期价值链、业务交付价值链和资产运营价值链都将围绕工厂生产实现整合（见图 B-28）。

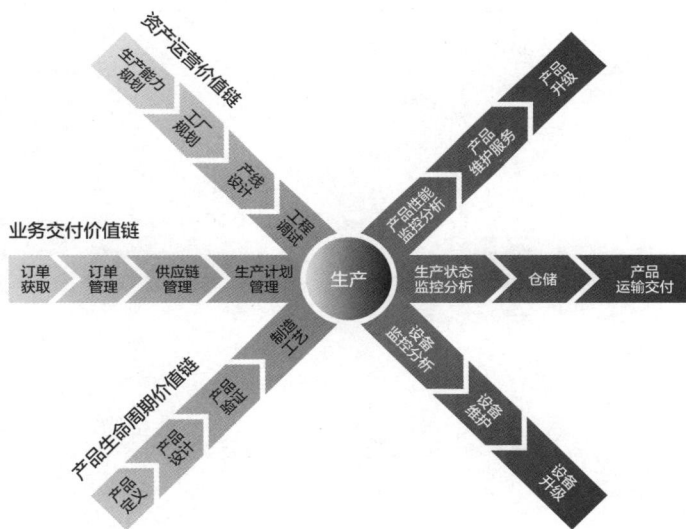

图 B-28　西门子数字化转型轮舵

资料来源：2020 年西门子物联网服务事业部公开发布的《明晰路径，推动企业数字化转型：dTAT 数字化转型掌舵者指南》。

谈到这，我们能展望工业 4.0 描述的最高阶段——虚拟物理融合系统。企业可以创建出流程和资产的"数字孪生"，消除物理限制，"把昂贵的分子和原子的运动转换成便宜的电子运动"，使工厂的运营在数字系统中实现优化，进而反馈最优方案，改进现实工厂。这样，企业可以大大缩短开发周期，更加快速和灵活地推出新产品，提升客户体验满意度。

B2-3-4
流程进化的不同阶段

我们刚刚一步步地抬头仰望了星空，现在回到脚踏的大地上。要想实现数字化工厂，需要流程方面的梳理和准备。按照数字化工厂对流程的要求，我们将其划分为以下 5 个阶段（见图 B-29 ）。

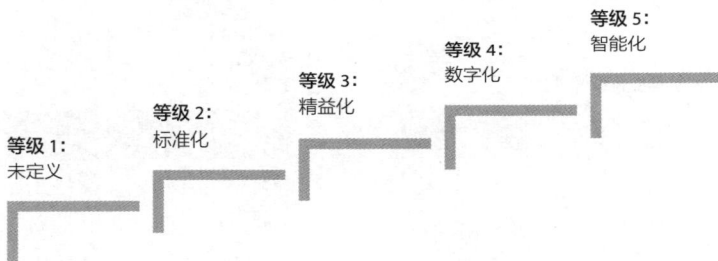

图 B-29　流程数字化成熟度等级示意图

（1）**未定义**：没有文档化的流程，大家通过"潜规则"工作。

（2）**标准化**：定义的流程，形成了正式文档，有培训，有记录，大家部分参考执行。

（3）**精益化**：优化的流程，透明、简洁、符合精益流程的 9 个特征。

（4）**数字化**：数据驱动的业务，信息共享、互联互通，效率和灵活性提升，部分流程自动化。

（5）**智能化**：决策和自优化，数据资产的价值应用。

针对工厂流程所处的不同等级，笔者按照对数字化工厂项目的经验提出以下建议。

» 如果你的工厂处于等级 1，那么先别开始数字化项目，找个流程体系专家或精益专家把流程定义出来。这不仅仅要符合 ISO 9000 标准的要求，准备一级手册文件和二级业务流程文件，还需要更深入一步，把三级流程文件作业标准、四级文件表单形式都定义清楚，甚至进一步细分。一切要按能够清晰描述业务运营和日常工作活动为准。

» 如果你的工厂处于等级 2，若没有特别急迫的理由，可以寻找精益流程专家做一做流程的优化梳理。如果需要开始数字化项目，那么你可以从某个小的点开始，但也要记得在项目初期补上流程优化的课。

» 如果你的工厂已经处于等级 3，那么你的工厂已经做好流程数字化的准备了。但是，你也别忘记在项目实施过程中持续关注新技术带来的流程改进机会点。

最后总结一下关于流程和数字化的内容：即使构建了数字化的流程体系，也必须通过合适的运营模式实现其价值；掌握数字化技术只是企业在数字化过程中的一项必要能力，数字化的成功更多地取决于以下 4 个因素。

» 员工新思维；
» 文化变革；
» 敏捷管理；
» 方法和流程模型随着业务的发展而不断适应与进化。

只有考虑到这些关键因素，数字化才有可能成功！

B2-4

本节自我诊断表

如果你想快速了解自己工厂的流程状态,下面是一些简单的自我检查的问题,只需回答"是"或"否"(如果一个问题中有若干提问,只要其中的一个回答是"否",最终答案就为"否")。

(1) 流程是否清晰、完整?每个流程都有可视化的流程图吗?

(2) 是否已经确定了有几个核心流程?核心流程是否体现了我们主要的业务活动?

(3) 核心流程是否在指导日常工作?

» 我们现在是如何做事的?

» 我们有背离流程的情况吗?如何记录的?

» 我们有对记录的背离情况改进的方法或制度吗?(如优化流程)

(4) 所有核心流程是否都进行了审查和批准,对工作具有约束力吗?

(5) 每个员工是否都能方便地查询和使用流程?

(6) 流程的每个步骤中涉及的每个员工是否都进行了培训?有培训记录可查吗?

(7) 是否定义了流程执行合规性检查的频率、方法和负责人?

(8) 是否定义了对背离核心流程的问责制度?

(9) 是否会至少每年回顾更新一遍流程?

(10) 企业是否一直都能得到我们期望的结果(业务目标、员工满意度、项目结果等)?

　　如果以上 80% 的问题你都回答了"是",就表明你已准备好了流程数字化转型之旅;若回答"是"的问题在 50% ~ 80%,你也许可以开始数字化项目,但是在此过程中一定要关注流程的优化。如果只有不足 50% 的问题答案为"是",那么你需要尽快补上流程这一课。

B3

技术准备度

先看一段媒体的报道：

> 全世界汽车生产的四大工艺都是冲、焊、涂、装，第一步将钢板冲压成小零件，然后把小零件焊接成大部件乃至整个车身；而特斯拉一体铸造是把冲压改为压铸，前两步合成一步，直接铸造出大部件。这不仅改变了传统的汽车制造四大工艺，更是从思维上对传统造车方式的改造。
>
> 最先采用该技术的 Model Y 后车架原本由 70 个零件冲压、焊接而成，而一体化压铸把它变成了一个零件，制造时间从 1～2 小时缩短至 45 秒到 2 分钟。制造过程减少了 300 台机器人，同时缩短了生产线，节省了 30% 的占地面积。人工方面，主流汽车工厂焊装车间要配 200～300 名工人，一体式压铸车间只需要 20～30 名工人。特斯拉称，一体化压铸技术将给 Model Y 节省约 20% 的制造成本。
>
> 也就是说，零部件的 70 合 1 有多方面的优势：可以让车身轻量化，节省成本，提高效率，缩短供应链，缩短整车的制造时间和运输时间，减少人工和机器人，提升制造规模。
>
> 刘宝华 《特斯拉为什么要做一体式铸造的车身？》
> ——澎湃新闻·澎湃号·湃客 - 汽车商业评论

我们提炼一下这段报道中特斯拉汽车工厂涉及的技术变革。

» 产品设计实现了简单化、模块化。从 70 个零件变成了 1 个，保持了同样的功能。

» 制造工艺技术开发了一体化压铸技术和设备。

以上两点奠定了整个制造方式转变的基础。在这两个核心技术升级的情况下，结合信息技术，就实现了数字化工厂的技术整体迭代。当然在产品设计这一块还有材料技术的革新，但这不属于我们讨论的范畴。

"工欲善其事，必先利其器。"在数字化工厂建设的情景下，这个"器"就是技术。实现数字化工厂中的产品，主要涉及三个方面的技术——产品结构设计、工艺实现技术和数字化技术，简单说就是产品、制造工艺和数字化技术三者的整合（见图 B-30）。

理论上，数字化工厂是三个技术应用的糅合。现实情况是，在推动工厂数字化转型过程中，软件公司和自动化设备提供商是最具有动力的。但其弊端也显而易见，它们往往从自己的利益出发，把需要系统整体优化才能达成的结果片面地表

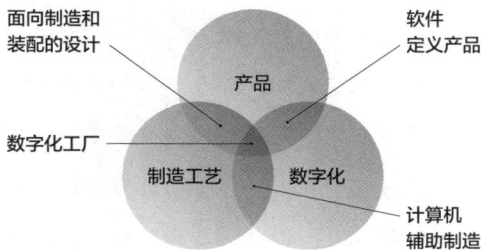

图 B-30 技术整合关联图

述为用了它们的产品就能取得的结果。所以，往往是以轰轰烈烈地开始，一地鸡毛收场。这方面的经验教训我们会在后文中进行总结。这里强调一点：工厂数字化转型是一项系统工程！

B3-1

技术关联：产品技术、制造工艺技术和数字化技术

几年前，笔者与一家生产高铁核心部件的企业合作，客户想建设一条自动化的装配线来生产品类繁多的气动、电动阀类产品。在经过几个月对产品结构、产量、客户订单行为等方面的分析后，得到的结论是按照投入产出比，最可能的方案是需要针对不同产品族类建设几条精益柔性手工生产线，可以增加一些自动化和数字化的应用达到产品追溯、流程防错等目的。

"按照你的结论，最灵活的方法就是人工装配？"客户负责人问。

"是的。基于现在的产品设计、客户定制化需求和订单波动，人工装配线是最合理的方法。当然，是精益的柔性手工线，与你现在作坊式的装配单元相比，是有提升的。"

该公司的产品是从国外引进技术、国内消化吸收后生产，但是这些产品分别来自德国、法国、日本的不同公司和设计理念。出于非常高的安全性考虑，在国产转化的过程中，大家非常保守，导致产品的结构设计可制造性较差。因此，结构复杂、装配顺序混乱、装夹定位困难，再加上是面向项目订单的制造，导致小批量、多品种的订单特性。综合以上因素，只有人工装配才是最合适的选择。

笔者接触过很多想要进行智能化、数字化工厂建设的制造业客户，看了他们的现场和产品后，在大多数情况下，笔者会建议企业负责人先练练"内功"，从基础做起。不过，如果碰到的客户方是信息技术部门的人，这样的建议通常会被无视。因此，笔者一般会将以下两条不同的路径提供给企业负责

人——真正的老板，而非某个部门负责人或职业经理人。

第一条路径是改善型发展，先抓现场和流程的标准化，然后优化、改善和推行精益化，并在达到一定成熟度的基础上逐步推行数字化；第二条路径为突击型超车，选定一个产品，组建一支队伍，包含设计、工艺、生产运营、物流等整个价值链，充分授权和投入，建立一个标杆工厂（包含标杆的产品、标杆的工艺与标杆的管理流程）。

第一条路径的投入和风险较小，但是实现的周期长。第二条路径的实现周期可能更短，但是投入和风险较大。笔者对于选择哪种路径没有偏向性，这需要企业负责人从自我认知和发展定位两方面综合考量。但有一点是肯定的，没有一条神奇的转型路径能够做到投入少、风险小且周期短。有意思的是，大部分企业领导者会选择第二条路径里的一小部分——建立标杆车间！从表面看，这是个事半功倍的选择，且有可能起到示范引领作用；然而，从变革管理和文化影响上看，笔者对其效果持保留态度。

制造是一项系统工程，从产品设计到制造再到交付，形成一条价值链，并且工厂数字化转型有其内在逻辑，所以要想取得预期的收益，整个系统所有环节的协同提升和优化必不可少。

现在，我们来看看一个产品是如何诞生的？

» 从客户需求出发定义产品规格，从市场定位和盈利方式出发定位制造系统。

» 按需求规格通过功能展开进而确定功能模块，这一步非常关键！标准化和模块化是一个关键的支撑点，从而实现成本可控和满足客户需求多样化之间的平衡。

» 产品结构设计、材料选择与工艺流程开发协同进行（Collaborative Product Process Development）。这时既要从按制造系统要求的可制造性出发，考虑面向制造的设计（Design for Manufacturing，DFM）；同样也需要从满足产品设计简洁优雅的角度，思考如何为了设计而规划制造。这是一个核心步骤，大部分企业在这方面都非常薄弱。

» 把产品按照规划的制造系统，通过生产、物流等运营管理生产出来，交付给客户。大多数企业非常擅长做后半句话的事。

» 产品实现客户价值，持续改善，通过市场反馈持续改善产品和工艺流程，形成系统闭环。

整个过程如图 B-31 所示。

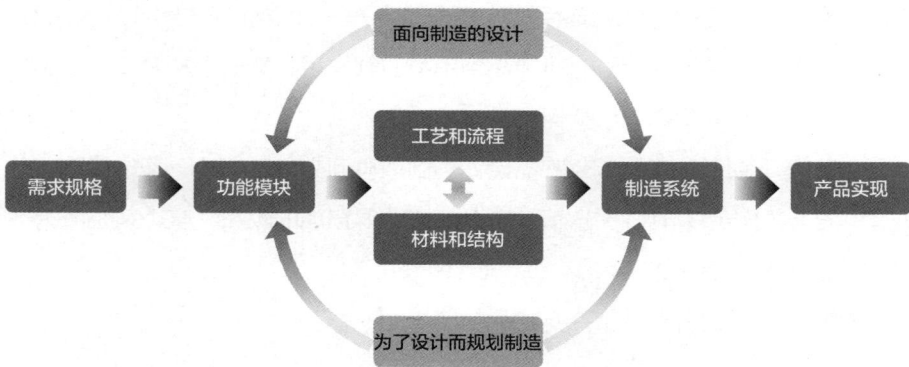

面向制造的设计

工艺和流程

材料和结构

为了设计而规划制造

需求规格 → 功能模块 → 制造系统 → 产品实现

图 B-31　产品设计和制造系统整合图

回到数字化工厂这个主题上，我们要强调一下内容定位：这里谈的不是产品设计要怎样才能实现数字化时代的产品或技术，也不是制造工艺在"卡脖子"技术上取得突破性进展，这些都超出了本书的讨论范畴。本书围绕工厂的数字化转型，将一切谈到的问题都限定在如何建设一个数字化工厂，即达到自动化、数字化和柔性生产的要求。这虽然不是实现"遥遥领先"的全部要件，却是实现它的先导要件。

因此，对产品、制造工艺、数字化技术的应用和要实现的目标，本书给出了如下定义。

» **产品技术**：决定产品的功能、结构、材料，主要目标是使产品具有所需的功能、质量和性能，满足用户需求。

» **制造工艺技术**：决定产品的制造和组装步骤与方法，目标是实现高效、优质、及时的产品交付。

» **数字化技术**：把"原子/分子运动转换为电子运动"，目标是通过处理数字信息推动整个产品价值链的效率提升、成本降低和灵活性增加。

图 B-32 简单介绍了这三者之间的关联：顶部是产品生命周期流程，描述了从客户需求、产品诞生至产品回收的全过程；底部列举了典型的数字化技术，包括信息技术（如大数据和分析、云、信息安全、仿真等）和工艺技术（如增材制造、自动机器人等）；中间部分则结合了数字化技术在产品生命周期中的应用，比如增强现实和仿真在产品设计阶段的应用、增材制造和大数据分析在工艺规划阶段的应用等。总体而言，产品技术和制造工艺技术是基础，通过数字化技术的赋能实现产品价值链的优化和提升。

深入理解一下这三者之间的关系，如果不把三者当成一个系统来考虑，往往就会陷入一系列"数字化陷阱"。如果你高度认可了产品、制造工艺和数字化技术是一个协同的整体，那么可以略过下面这段绕口令式的陈述，直接进入下一章节。

首先，产品技术对制造工艺技术和数字化技术的要求是驱动后两项技术发展的根本因素。随着产品技术的不断进步和更新，整个流程对制造过程的要求

客户需求	产品设计	工艺规划	制造系统整合	生产	服务和回收

数字化制造工具

· 产品数字模型 · 增材制造工程 · 增材制造编程	· 流程和系统模块定义 · 工具设计 · 结构装配仿真 · 三维布局设计	· 生产线设计 · 物料流分析 · 标准时间测量 · 人员和班次模型 · 人因工程 · 作业指导	· 生产仿真 · 设备和机器人动作仿真 · 工厂整合 · 自动化仿真 · 供应链整合 · 数字化	· 实时工厂仿真 · 数字孪生 · 敏捷计划和排程 · 运营管理	· 服务运营 · 报告和分析

工业4.0技术

横向和纵向系统整合

增材制造　增强现实　自动机器人　大数据和分析　云　信息安全　系统集成　物联网　仿真

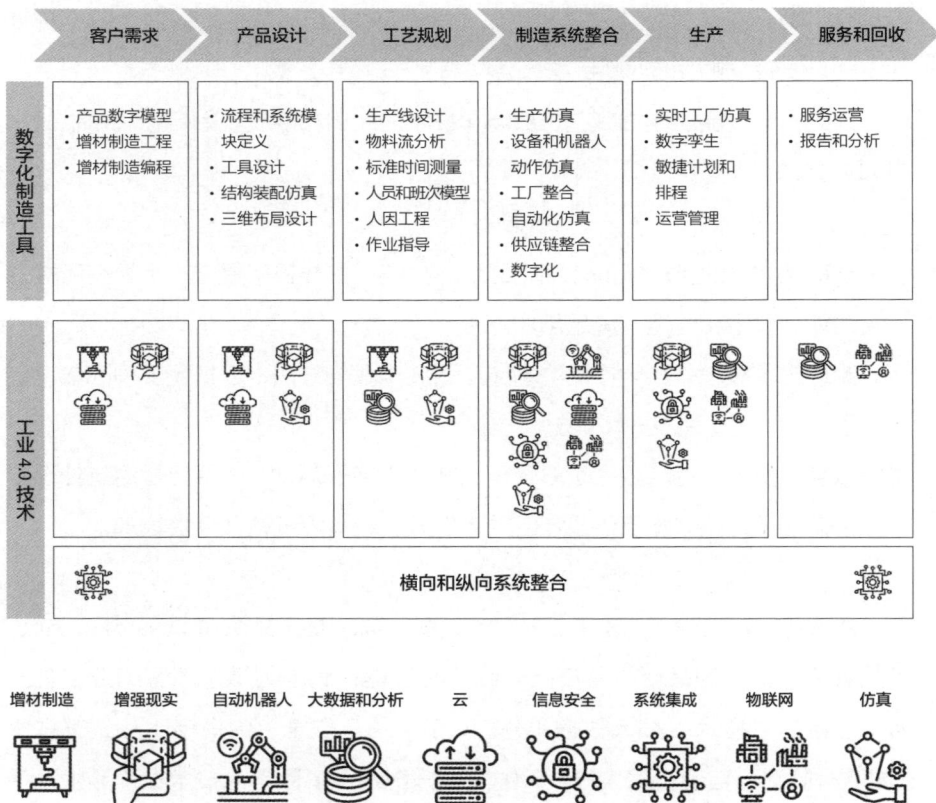

图 B-32　数字化技术和产品技术、工艺技术的整合

也在不断提高。产品技术的改进和创新，需要制造工艺技术和数字化技术的支持与配合，以实现产品设计和生产的要求。

其次，制造工艺技术对产品技术和数字化技术的发展会产生直接影响。制造工艺技术的改进可以提高产品的质量和生产效率，为产品技术的升级打下基础。同时，制造工艺技术的数字化转型可以提供更多的数据和信息，为数字化技术的应用奠定基础。

最后，数字化技术对产品技术和制造工艺技术的发展起到重要的推动作用。数字化技术的引入可以提供更多的数据分析和决策支持，帮助企业实现智能制造。通过数字化技术的应用，企业可以优化产品的设计和生产过程，提高产品质量和生产效率。

所以，产品技术、制造工艺技术和数字化技术之间形成了一个相互融合、相互促进的关系，它们共同推动着制造业的发展。企业只有充分考虑产品技术、制造工艺技术和数字化技术之间的关系，进行有机整合和创新，才能实现符合工业 4.0 时代要求的智能制造，或者稍稍低调一点，符合数字化工厂的要求。

B3-2

产品技术：标准化和模块化

为什么要建设数字化工厂？关于这个问题，每个企业可能都有不同的答案，但总是绕不过要提升效率和降低成本。加上当下客户需求多样化，又必须增加灵活性这个选项。

我们从同一功能产品的差异化大小和单一品种的需求量大小两个维度出发，简要地总结制造系统发展的历史。制造系统的发展大体经历了四个阶段（见图 B-33）。

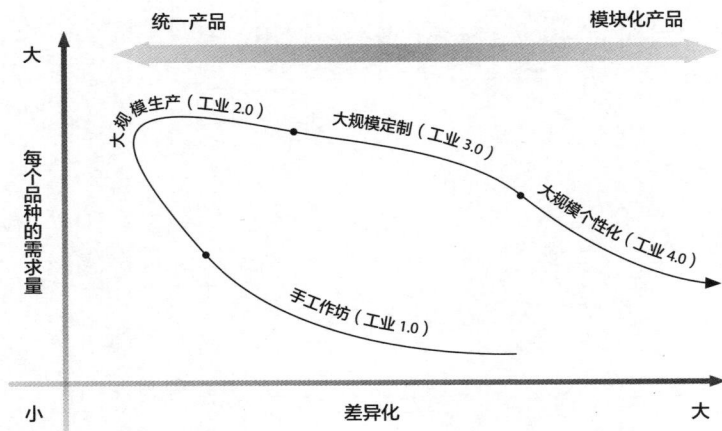

图 B-33　制造系统发展图

下面粗略对比了制造系统发展史上四种生产方式的优劣势（见表 B-3）。其中，○代表参照大批量生产的基准线，＋代表相对优势，＋＋代表显著优

势，－代表相对劣势，－－代表显著劣势，－/○代表相对劣势或等同基准线，
○/+代表等同基准线或相对优势。

表 B-3　四种生产方式的优劣势对比

	效率	成本	灵活性
手工作坊	－－	－－	++
大批量生产	○	○	○
大规模定制	－/○	－/○	+
大规模个性化定制	○/+	○/+	++

　　说明一下，这个对比是一个基于 20 多年制造业实践者的经验而做的，并
不严谨。如果你基于以上对比得出结论：数字化工厂要实现的大规模个性化定
制就是"以大批量生产的效率和成本优势，实现手工作坊的灵活性"，从本质
上讲，这个结论非常正确。

　　那么，一个产品设计要符合什么样的基本条件才能适合数字化工厂生产？
或许有人会说任何产品都可以，不过如果和以前的生产方式对比没有竞争优
势，显然这个方向就不太对了。

　　我们通过一种思想实验探讨这个问题。假设有一家数字化工厂就像哆啦 A
梦（机器猫）的神奇口袋一样，但不像哆啦 A 梦那样能够确切地感知你的大
脑里想要的东西。所以你想要什么，必须尽可能精确地告诉它，否则它就会随
机给出一个它认为你想要的东西。

　　假设你现在想要一把在厨房烹饪时用的剪刀，并且你的大脑里想的是图
B-34 中这样一把剪刀。

图 B-34　烹饪时所用的剪刀

　　你打算怎样向神奇口袋数字化工厂描述，得到这样一个符合你要求和想象的产品？

» 从功能上讲，在厨房烹饪时用的剪刀不仅要能剪断鸡骨头，还可以刮鱼鳞。所以，该剪刀必须厚重结实，而且尺寸肯定要比剪纸的文具剪刀大很多。

» 从使用环境看，它会频繁接触水，最好能防锈。而且剪完食材肯定要清洗，所以最好能分解开来，避免卫生死角。

» 因为要用它剪断骨头之类的硬物，所以用的力比较大，而且有油，因此这把剪刀最好有防滑的手柄，符合人体工学设计。

» 尽可能美观大方。

» 价格要实惠！（忘了说，神奇工厂每吐出一个产品，都会自动从你的银行账户上扣掉对应的金额！）

　　…………

相信，你再列 200 项也不可能足够精确地描述出你想要的且可制造的剪刀。所以，这时你就需要试试产品开发工程师的方法。

> » **精确的图样**。具体包括：成品结构和各个零件的图样，包含所有的尺寸和公差；选用的不同材料。（请务必提供材料的标准标号，如刀身使用型号 410 不锈钢，神奇工厂有所有标准标号的材料；如果是非标准标号的材料，那么必须注明所有包含元素的含量！）
> » **准确的物料清单**（Bill of Material，BOM）。比如这把剪刀由 5 个零件组成。

另外还要注意：

> » **用尽可能少的零件**。显而易见，这是为了减少前两项必要工作的工作量。
> » **尽可能使用标准材料或标准零件**。这不仅可以降低成本，还可以减少工作量，保证质量。
>
> …………

至此，我们得到了满足数字化工厂制造的最基本要求项。如果你觉得这些毫无用处，那么请一定到自己工厂的现场花上几小时看看真实的情况。在笔者的经历中，公司引入了价格不菲的 SAP[①] 系统，但最后连物资需求计划（Material Requirement Planning，MRP）都运行不起来的情况不在少数。其中一个主要原因是物料清单不准确。至于图样错误、工程变更满天飞，更是常见情况。这导致供应商跟不上企业的变化，不能对变更进行及时的反应，于是收

---

① SAP：System Applications and Products，是 SAP 公司的企业管理解决方案软件名称。

到的物料和最新的图样总是对不上，车间为了赶上交货期紧急返工便成为常态。在这样的状况下谈论工厂的数字化转型，步子迈得就有点太大了。

　　在最基本点上建立了明确的概念后，下面的内容就直接明了了。结合上面的思考结论，再加上一些必要的辅助条件，我们总结出符合"大规模个性化"生产要求的产品结构设计，具体如下。

» 定义产品模型和产品架构。
· **简化结构**，**最小化**组件数量；
· 使用**标准**组件，设计**标准化**；
· 尽可能**减小产品尺寸**、减轻**重量**和减少**包装**。

» 将产品分解为功能模块和子模块，从而定义**模块化**组件；考虑功能模块化、可重构性、可扩展性、成本等方面。
· 模块化组件通过**组合配置**以创建各种不同的产品，满足个性化定制要求；
· 使用**标准**材料；
· 尽量**减少产品中的材料种类**；
· **工艺易于实现**，**可制造性、可装配性强**。

　　强调产品设计的重要程度是怎么都不过分的，因为 70% 以上的成本是由设计阶段决定的，甚至能达到的最高质量水平也可能在设计阶段就决定了。尽管持续改善是精益生产的法宝，但是运用这个法宝所能取得的效果是有上限的。当然，实际产品开发中也有敏捷开发，通过快速迭代实现产品水平的提升。然而，这里要强调的是，产品设计对未来制造系统的规划和数字化工厂的实际运营会产生巨大的影响。因此，下面再举几个例子，以帮助你清楚理解"为了数字化工厂设计的产品"的要点。

B3-2-1
简化的结构

产品设计应尽可能简洁而有效，零件数量和产品质量有紧密联系（见图 B-35 ）：零件少，零件几何形状简单，工艺步骤少，以降低生产过程中制造和装配的难度，以及对高精度设备和工人的依赖。这不仅能降低成本，还可以提升质量。

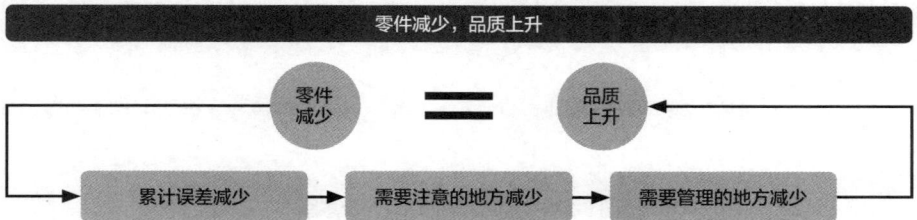

图 B-35　零件数与质量关系

资料来源： 三木博幸.成本减半［M］.赵晓明，译.北京：东方出版社，2016.

· 案例一：优化连接设计（见图 B-36 ），重新设计部件连接方式以提升装配效率，降低成本。

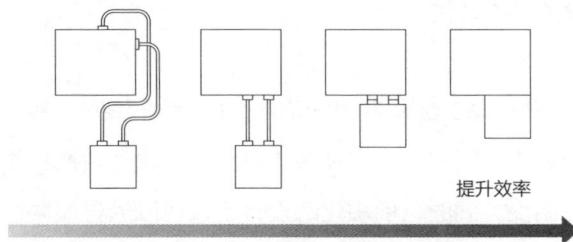

图 B-36　优化连接设计示意图

资料来源： 基于 Geoffrey Boothroyd、Peter Dewhurst、Winston A. Knight 所著的 *Product Design for Manufacture and Assembly* 一书绘制。

· 案例二：电机驱动简化设计示意图（见图 B-37）。

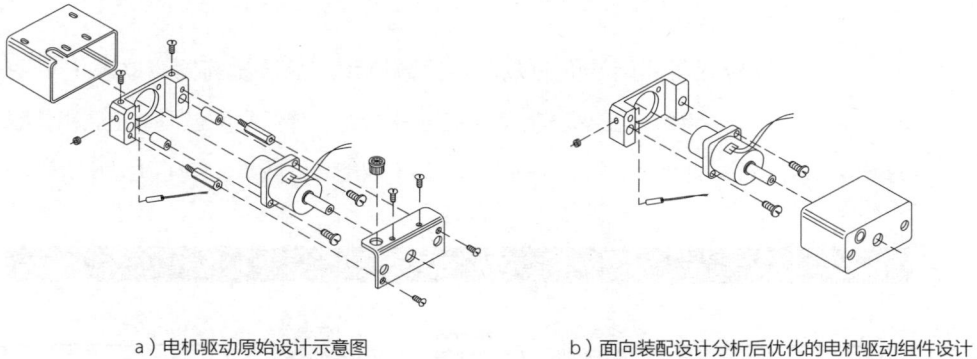

a）电机驱动原始设计示意图   b）面向装配设计分析后优化的电机驱动组件设计

图 B-37 电机驱动简化设计示意图

资料来源： 基于 Geoffrey Boothroyd、Peter Dewhurst、Winston A. Knight 所著的 *Product Design for Manufacture and Assembly* 一书绘制。

B3-2-2
零部件标准化和模块化

　　产品设计应遵循标准化原则，使得零部件能够在不同产品之间共用，降低制造成本和库存成本。同时，采用模块化设计可以快速替换和更新零部件，提高生产效率和灵活性。同时，模块化的设计不仅可以通过模块组合满足个性化定制的灵活性，也可以使产品更易于升级和维护。比如下面两个大小不同的瓶子，使用的瓶盖是一模一样的（见图 B-38）。两个瓶盖是一个物料号。虽然很简单，但是也能充分反映标准化和通用的理念。

图 B-38　瓶盖标准化设计照片

　　关于模块化开发，比如一辆汽车可以分成不同模块，然后实现并行开发。其最低要求如下。

- » 有独立的功能。
- » 能单独测试。
- » 清晰地界定了和其他模块连接的接口标准。
- » 模块接口不能轻易改变，而模块内部设计可以不断优化。

B3-2-3
可加工性考虑

　　产品设计应该考虑加工工艺的可行性，应选择易于加工和加工成本较低的材料。例如，选择常见的金属、塑料等，以便在生产中能够快速、高效地进行加工和成型；避免使用形状特殊或过于复杂的曲线，以减少加工过程中的困难。同时，在产品设计中要考虑加工设备和工艺能力的限制。

图 B-39 给出了减少零部件复杂度降低制造难度的例子。

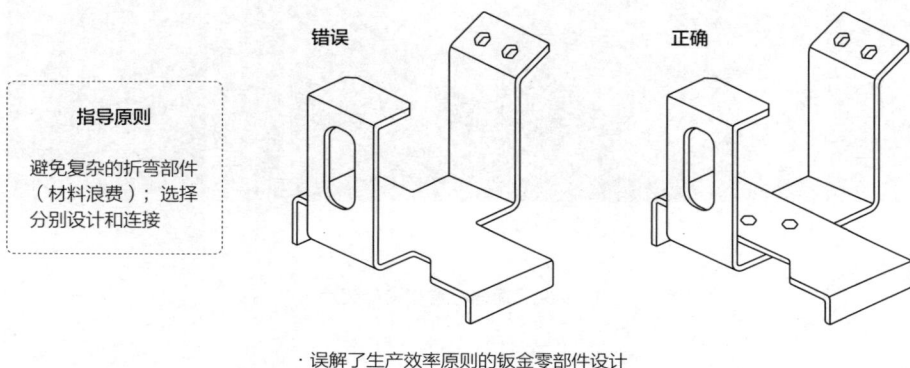

错误

正确

· 误解了生产效率原则的钣金零部件设计

图 B-39　钣金设计示意图

资料来源： 基于 G. Pahl、W. Beitz 所著的 *Engineering Design* 一书绘制。

B3-2-4
充分考虑装配工艺

产品设计应依据装配工艺和步骤进行优化，简化装配操作，减少装配时间和工具需求；同时，还应考虑装配顺序和零部件之间的配合关系，减少装配中的误差和调整。

图 B-40 给出了通过设计降低装配难度的例子。如果安装弹簧的底座零部件是直角平台（见图 B-40a），那么弹簧不能通过重力自然安装到位，需要精确对准或微调，影响装配效率。一个便捷的解决方案为：把台阶改成倒角（见图 B-40b）。

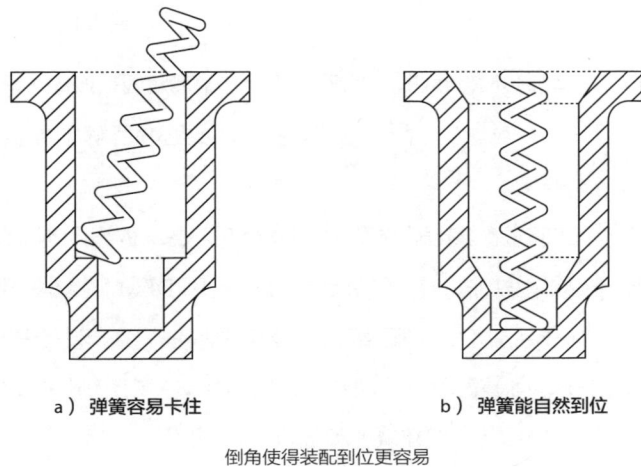

a）弹簧容易卡住　　　　　　　　　　b）弹簧能自然到位

倒角使得装配到位更容易

图 B-40　设计影响装配的示意图

资料来源： 基于 Geoffrey Boothroyd、Peter Dewhurst、Winston A. Knight 所著的 *Product Design for Manufacture and Assembly* 一书绘制。

B3-2-5

可测试的设计

　　产品设计应考虑产品的测试和质量控制要求，预留测试接口或装置，以便在生产过程中进行质量检测和调整，确保产品符合规格和标准。

　　这是一项非常重要的注意事项：成本最低的方式首先是避免错误，其次是在测试中及时发现错误并纠正，然后是在其后工序中发现错误，比较糟糕的情况是在做成成品后的检测中发现错误，最糟糕的情况是到了客户那里并在客户使用时发现错误。

　　结合模块化这个概念，需牢记：一个模块代表一个功能，这个功能必须能被独立测试。

　　可能还有很多关于产品设计和优化的要点，但从能够满足数字化工厂制造的角度看，这些是最基本的要求。下面我们简单聊聊面向制造的设计（DFM）和面向装配的设计（DFA）的要点。了解这些要点也就了解了更复杂 / 更时髦的敏捷开发的基本要素。

总的来说，面向制造与装配的设计（DFMA）是一种设计理念，在实际项目中会衍生出一套流程方法，但理念是基础。应用 DFMA 就是强调在产品设计的各个阶段，对产品加工、装配直至后续维护等进行综合设计和优化，以提高产品的可制造性、可装配性、可维护性等。DFMA 在应用中被分成了两个大的领域：面向制造的设计（DFM）和面向装配的设计（DFA）。

1. 面向制造的设计

面向制造的设计，强调在产品设计阶段就考虑其可制造性，包括产品的结构、材料、制造过程等各个方面，目的是设计出易于制造和装配的产品，降低产品成本、缩短产品开发周期。比如，简化注塑产品的结构，可以大幅度降低磨具费用、工艺时间、材料成本等费用，同时缩短产品制造周期。

面向制造的设计面对的是制造工艺流程，而每一种制造工艺流程都衍生出专门的一些原则和方法，所以又可以细分成：

» 面向机加工的设计（Design for Machining）

» 面向注塑成型的设计（Design for Injection Molding）

» 面向钣金加工的设计（Design for Sheet Metalworking）

» 面向磨具铸造的设计（Design for Die Casting）

» 面向砂型铸造的设计（Design for Sand Casting）

» 面向粉末金属加工的设计（Design for Powder Metal Processing）
  ……

由于实在太多了，就会说DFX，即为X而设计。X代表任一制造工艺技术。诚然，X的内容如此之多，又在不断发展，所以几乎没有哪个人能完全讲明白这一块内容。这必须依赖于不同的工艺专家，且他要在早期就深度参与产品设计过程。产品工艺协同开发是实现DFM的必要工作流程。

相对来讲，面向装配的设计（DFA）就要简明一点。10个谈DFMA的人，可能8个说的内容基本都是DFA。

2. 面向装配的设计

面向装配的设计，通过简化产品设计、减少零件数量、提高零件的通用性和设计可更换的零件等方法，提高产品的可装配性，降低装配不良率，提高装配效率，从而降低成本。

我们常说"把专业的事交给专业的人做"，不过作为企业相关人员，还是要有概念上的理解和基本判断，把相应的理念根植在脑子里。为了适应数字化工厂或者自动化和机器人生产，企业相关人员应掌握以下对产品结构的基本要求/设计规则。

» 产品设计规则

- 尽量减少零件数量。
- 确保产品具有合适的基础部件来构建组件（搭积木）。
- 确保底座易于稳定地定位在水平面位置上。
- 尽可能使产品可以分层构建，每个部件自下而上组装并正向定位（垒蛋糕）。
- 通过提供倒角或锥度引导和定位零件的正确位置，降低定位精度要求。
- 避免昂贵且耗时的紧固操作，如螺丝紧固、焊接等。

» 零件设计规则

- 避免易缠结设计，尤其是在给料装置中散装放置时，避免有相同部件缠结的突起、孔洞或凹槽等。比如，用封闭弹簧避免其相互纠缠。

- 尽量使零件对称，以避免需要额外的定向装置和相应上料效率的损失。比如，避免因垫片有正反面而需要额外的识别。

- 如果无法实现对称性，就夸大不对称特征以方便定向，或者提供可用于定向零件的相应不对称特征。比如，在看似对称的零件一端设计突出的定位结构，必须配合正确的安装方向才能装配到位。

本节讨论了很多产品设计的基本要求，但很少有数字化工厂解决方案供应商会重点讨论这个话题，哪怕是提供产品全生命周期管理的软件方案提供者。考虑到工厂最终能否盈利取决于产品，初始的产品结构设计就显得非常关键——70% 以上的成本是在产品设计阶段决定的。一个设计优秀的产品，在后面数字化工厂的规划中（设备工艺规划、生产物流规划等），因为其系统化特性，能达到事半功倍的成效。

B3-3

工艺技术：自动化和柔性

当谈及数字化相关的先进制造技术时，我们往往会听到下面各类技术名词：

» 增材制造；

» 数控加工；

» 激光技术；

» 自动化生产线；

» 柔性制造；

» 自适应制造；

» 人机协同；

……

毫无疑问，这些先进的制造工艺技术在现代制造业中可以有效地提高生产效率、降低成本、提高产品质量。但是把这些先进技术引入一家工厂是不是就能达到预期的收益呢？或者说是不是就可以实现工厂的数字化转型了呢？从本质上讲，对于这个问题的回答隐含着这样一个问题：引入技术能不能产生"1+1>2"的协同效应？很大程度上，技术的堆叠并不能得到业务上所期待的回报。

在进行更多的讨论前，请看一个案例。

两家工厂生产同一类型的产品，但是生产线有巨大的差异，表面上看，A 公司的生产线要远远领先于 B 公司。A 公司的生产线上配备了可编辑逻辑控制器（Programmable Logic Controller，PLC）控制的核心工艺自动化设备、各种提高效率和防错的工装、生产执行系统、安灯系统、自动化测试设备、数据采集和管理的传感器（见图 B-41）；B 公司好像除了一条长长的带有照明灯、纸质操作指导书的手工作业线和几名员工就没什么了（见图 B-42）。

图 B-41　A 公司生产线

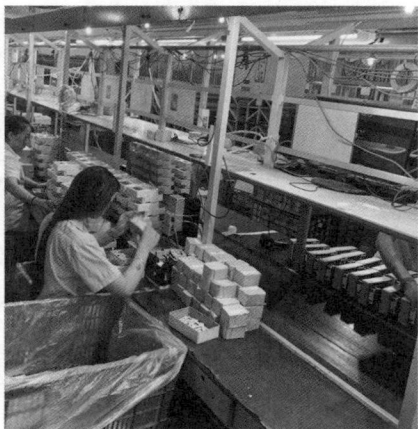

图 B-42　B 公司生产线

从数字化工厂的角度看，虽然 A 公司遥遥领先于 B 公司，但是 A 公司的问题也很多。比如，如此多的传感器和系统数据能不能被利用？是不是互通？产品型号切换灵活吗？如此多的工装会不会使每个产品都要特别设计？如果有产品的更新换代，这条生产线能继续生产吗？生产线上的 MES 是不是一定可以节约人力？是不是工人为了系统运转而需要手工额外输入数据？设备稼动率怎么样？如果网络出现故障还能继续生产吗？如何保证数据安全？这么多高端的设备，投资回报率怎么样？所有这些问题是 A 公司必须理解和解决的。当然，你也可以说 B 公司的问题更多。

既然"存在即是合理"，那么先不讨论哪家工厂更差或更好。造成这两种不同生产线形式的原因可能是客户需求和企业整体定位差异，这种差异衍生出产品、工艺、流程的规划的不同。

我们在前面一直强调工厂是个系统，用一个结构化模型（见图 B-43）来说明此观点：产品设计是核心，衍生出工艺设计，扩展到系统设计；也可以理解成系统设计必须考虑用什么样的工艺和生产什么样的产品来达成。总之，三者是有机的、一体的。

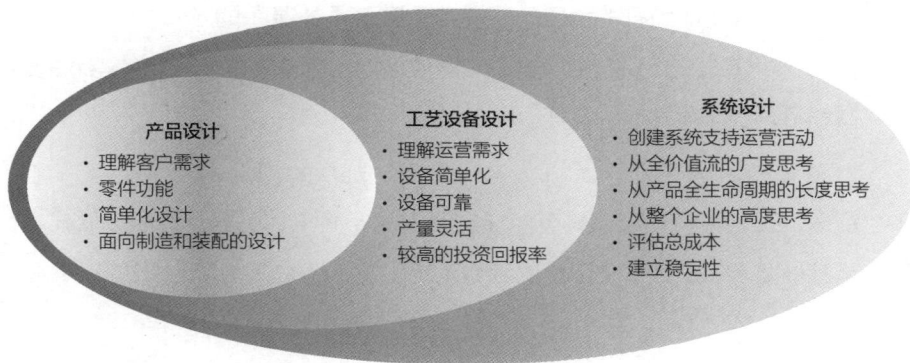

产品设计
· 理解客户需求
· 零件功能
· 简单化设计
· 面向制造和装配的设计

工艺设备设计
· 理解运营需求
· 设备简单化
· 设备可靠
· 产量灵活
· 较高的投资回报率

系统设计
· 创建系统支持运营活动
· 从全价值流的广度思考
· 从产品全生命周期的长度思考
· 从整个企业的高度思考
· 评估总成本
· 建立稳定性

图 B-43　结构化模型

总结一下，在数字化转型的道路上，B 公司处于 50 步的阶段，A 公司处于 100 步的阶段。如果 B 公司选择了一条正确的路径，也有很大的机会能超越 A 公司。如果从工厂整体的角度或者取得业务结果的角度来看数字化工厂建设，那么 A 公司和 B 公司差别可能并不大。从长远来说，用"空杯"的心态来对待数字化工厂建设的征程，是企业获得预期收益、实现可持续发展的关键。

需要再次明确的是，在此讨论的重点不是购买技术先进的生产线或设备，也不是关于先进制造或数字制造的具体技术，而是符合数字化工厂运营特性要求的生产线或设备应该具有哪些特征。因为，只有具有了这些特征，数字化工厂的转型才能更加顺利。

本节内容讨论的目的是：

» 从理解这些符合数字化工厂要求的特征出发，初步判定当前工厂是否具备实施数字化转型的基础技术条件。
» 根据与这些基本特征的差距，了解当前需要"补课"的方向。
» 在设计新建工厂、采购生产线时知道应该提出哪些规格要求，使得新的设备能符合数字化转型的需要。

那么，工艺和设备应该具有怎样的要求呢？简单、可靠、灵活、低成本，这些是基础要求。从数字化工厂的制造系统出发，还有哪些新的要求呢？

博世公司做了一段视频，呈现了对未来工厂的畅想：一对年轻的夫妻走进汽车销售点，他们和服务人员就心中理想型汽车的要求进行沟通，在一个虚拟屏幕中选择数字孪生的产品模块化组件，从车身结构、动力系统、中控台面板形式、座椅内饰、外观颜色……一系列和用户感受有关的配置都是可选的，甚至可以提供一些深度定制的个性化选项。他们在屏幕上操作，一辆数字世界的 3D 新车就生成了（见图 B-44）。

图 B-44　基于虚拟现实的客户定制产品

当确认了所有的选项后，强大的后台信息系统开始工作，产品模型被送到设计中心，由专业人员调整细节，生成的信息被同步到全球供应链网络上的各个模块化组件制造工艺中心，那里的工程师为整个生产创建合适的工艺流程（见图 B-45）。

图 B-45　基于仿真的生产线配置和数据流

资料来源：博世集团官网。

产品和工艺信息传递到生产现场，所有的设备是模块化的，能按照设定的工艺路线自组织成合适的生产线，给出生产和交付的信息（见图B-46）。这些信息被同步到全球供应链网络上，最终生成整车交付的日期。

图 B-46　基于实时数据分析车间管理控制

资料来源：博世集团官网。

整个供应链网络上的工厂协同工作，最后将产品交付到客户手中。每一台新车都是独一无二的。

整个未来工厂的图景看上去非常科幻，但是这些场景里应用的技术现在都存在：

» 计算机辅助设计（Computer Aided Engineering/Drafting，CAE/CAD）；

» 3D 建模；

» 计算机辅助工艺设计（Computer Aided Process Planning，CAPP）；

» 自动化设备；

» 机器人；

» 物联网（Internet of Things，IoT）；

» 高速互联网；

» 无线传输技术；

» 人机协同；

» 人工智能（Artificial Intelligence，AI）；

......

甚至从订单到交付的价值链上的每一个核心流程都有对应的功能软件：

» 客户管理（Customer Relationship Management，CRM）；

» 产品生命周期管理（PLM）；

» 企业资源管理（ERP）；

» 供应链管理（SCM）；

» 运输管理系统（Transportation Management System，TMS）；

» 生产执行系统（Manufacturing Execution System，MES）；

» 质量管理系统（Quality Management System，QMS）；

......

那么实现这样一个未来工厂的难点在哪里？从项目实践和观察看，有一个非常基本的点是协同：如何协同利用这些技术？如何让数据无缝地进行传递共享？

从这个基本点出发，结合上面描绘的未来工厂图景，数字工厂应该具有以下特征。

» **标准化和可连接性**：机器、装置和设备及其接口的标准化。

» **模块化和扩展性**：设备是模块化、松散耦合的，模块化设备可以在各种配置中互换和匹配，以适应不同的生产需求变化。

» **情景感知**：智能设备能够知道其操作任务和执行情况的状态，并能够展示自己的行动和状态，也包括和相关生产要素的交互作用。

» **互操作性**：两个或多个设备交换信息和使用已交换信息完成任务的能力。

» **自主性**：设备能够在没有其他实体干预的情况下实施行动和完成任务，有与外界信息互通或自我组织的能力，并能够与环境建立一个正向的自反馈循环。

B3-3-1
标准化和可连接性

标准化和可连接性是数字化工厂的一道硬门槛。在咨询的项目中，笔者曾遇到设备数据无法采集、通信协议千奇百怪、数据格式各种各样等问题。

一位企业老板曾这样描述道："我们的工厂是自然生长出来的。刚开始，我们自己也没想到会发展得这么快，后来就不停地添加设备，哪里有空间就放哪里，选设备的标准就是能用、便宜。现在就这样了……"

笔者在一家汽车生产工厂的焊接车间看到四五家不同厂商的焊接机器人，进一步分析发现：即使同一家厂商的产品也会在不同时期使用不同的控制器，甚至不同的通信协议，并且工控机的软硬件系统也各不相同。所以，单是把设备互联就是一项艰巨的工作。

中小型企业面对的问题更有挑战性，笔者曾遇到机加工车间内设备数据居然是保密的，企业没有权限采集过程参数，更无法实现工艺参数交互。如果企业想获得数据采集功能，就要向机床厂家支付额外的费用，使用厂家提供的专用软件和数据库。还有一些比较老的工厂，设备上的PLC和数据采集传感器采样频率太低，无法适应智能应用的数据实时性。比如，机床主轴状态监控需要极高的数据采样频率。

一些超大型公司也不例外，比如作为德国工业4.0的推动者，博世集团对自己公司的设备状况做过一番调研，得到了如下结论：

> 在全球工厂范围内，每年大约有10 000台机器需要接入公司制造网络。
> 连接一台机器大约需要一周的时间，时间成本过高。
> 每台机器有自己的"语言"，彼此之间的交流非常复杂。

我们把现代工厂类比成一片繁茂的原始森林，而不是井然有序的人工种植园。组成这片森林的机器、设备是各种各样的。由各类物联网装置、工控设备、机器人等组成的生产信息网络，也必然包括不同类型的信息处理单元，可能涉及差异巨大的存储器、处理器单元、不同的基础软件体系结构配备不同的硬件平台、操作系统或编程语言。这种巨大的差异性和多样性无处不在，是数字化工厂转型的巨大现实困难（越接近现场，差异性和复杂度越大）。

还记得本节开始的那个A公司和B公司对比的案例吗？尽管看上去A公司遥遥领先于B公司，但从数字化转型面临的困难来讲，A公司一点也不少。相比而言，B公司是"一张白纸"，有从零开始的后发优势。

那么如何克服这种障碍？大体有以下两种可能的路径。

> 建立全面统一的标准体系：建立数字化工厂的标准，使所有的软硬件和系统服务供应商符合标准。比如，国家在不断发布智能制造的相关标准，国外一些行业领导企业也在制定标准，在庞大而复杂的现代工业体系下，这是一项漫长而艰巨的工程。
> 建立抽象的数据模型和服务模型：很多以实践为主的企业或者软件解决方案供应商正在这个方向上努力。比如，数据模型管理定义出元数据模型；

原子服务模型抽象出企业运营的要素并形成标准化的子模块；在用户使用层面，按用户特征进行快速组合定制。

读到这里，是不是感觉工厂数字化转型更需要产品和设备标准化、模块化，而数字化工厂（软硬件）解决方案也同样需要标准化和模块化？答案是肯定的。标准化和模块化是到达数字化工厂自动化、互联、柔性，进而实现个性定制的必要条件。

企业通过标准化能够创造可连接性，通过模块化则能实现可扩展性。接下来谈谈模块化和可扩展性。

B3-3-2
模块化和可扩展性

当下产品生命周期越来越短，固定资产的投资（如机器设备、软硬件系统等）如何能发挥更大的效用？从成本角度考虑，模块化和可扩展性是必由之路。着眼未来，由于物联网、网络通信技术和软件技术的不断更新，从"软件定义产品"到"软件定义设备"甚至"软件定义工厂"的重要性将日益凸显。通过在线连接和实时数据扩大、缩小或者调整设备/生产线的布局、功能、产能、工作对象等关键要素，是未来数字化工厂的一个应用特征。实际上，这就是模块化和可扩展性不断发展和演化的一种外在表现。

模块化和可扩展性本身是一个可以被单独讨论的话题。虽然理念不复杂，但是实践需要一整套的流程和方法。简单来说，模块化就是要将流程、信息系统和产品打包为可重复使用的模块：这些模块具有相对独立的功能和标准的外部接口；它们可以与其他模块组合，共同构成具有新功能的组合，无须对硬件结构或控制软件进行重大改变，就能适应不同的生产需求变化。

这里分享一个笔者实施过的项目。一家行业领先的电力产品企业想要设计一条柔性生产线：客户的产品是典型的小批量多品种生产模式，几乎都是按项目定制，所以特别强调灵活性。项目组成员包括产品设计部、工艺设计部、生产部、设备部、质量部、生产系统部、设备供应商等，团队负责人由总经理担任。

他们分析了所有的产品结构和工艺后，制订了一套设计方案（见图B-47）。

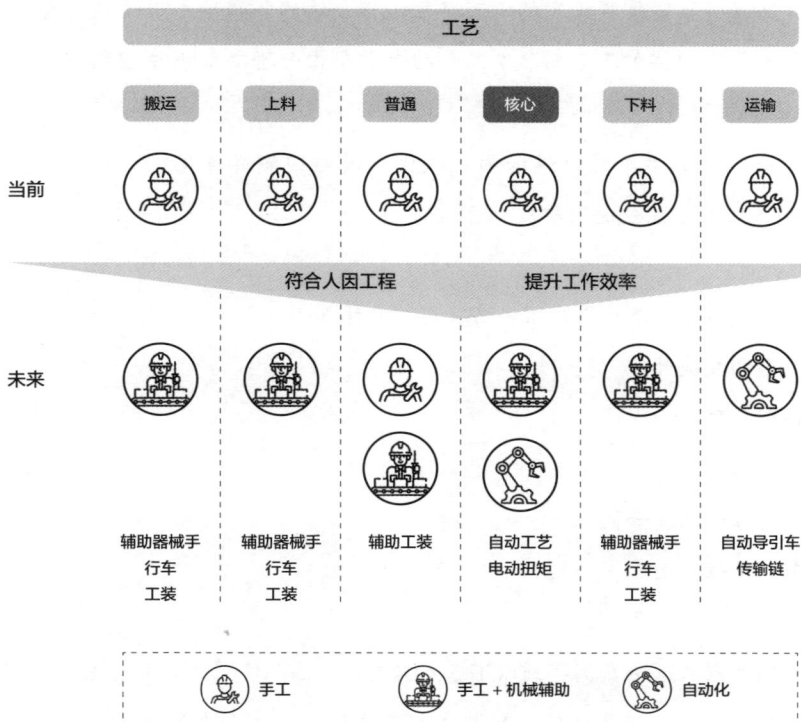

图 B-47　生产线设计改进图

　　» 核心工艺实现自动化。

　　» 工作单元实现模块化。

　　» 人机协同工作。

　　» 对必需人员操作的地方提供协助。

　　然后按照工作内容和节拍平衡设计出模块化的装配单元，每个单元能完成特定的工作内容；单元固定布局，通过自动导引车运输产品来连接各个装配单元。这条线的特点如下。

　　» 自动导引车能按照设定的工艺路径选择合适的装配单元（不是所有产品都采用同样的工艺路径）。自动导引车由一套智能调度控制系统与MES 关联。

　　» 模块化装配单元能快速增加或减少。因为功能标准化，所以在产线MES 配置中能快速实现。

　　生产线运转起来后得到了一些反馈，具体如下。

　　» 效率明显提升。

　　» 在制品库存减少。

　　» 质量提高。

　　» 人员劳动强度降低。

　　» 节约了作业面积。

　　我们可以从这个案例得到以下 5 点启发。

　　» 跨部门的项目团队合作，且领导者直接参与（这在为了制造性而更改产品结构设计时显得尤为重要）。

　　» 客户团队的成员具有足够的能力和对新变化的认知，降低了沟通成本。

> » 客户先期已经花时间对产品结构进行过一轮优化，提升了产品可模块
>   化的程度。
> » 设备供应商的早期参与，保证了方案的可实施性。
> » 客户有清晰的愿景，知道自己想要什么和现状是什么，对基础工作充
>   分尊重。

关于这个案例的总结在一定程度上超出了设备模块化的范围，但笔者觉得就工厂数字化转型的实践而言，还是比较重要的。到此，我们应该明确了模块化是什么、模块化具体怎么做等内容，由于篇幅所限，不再展开。

对于接下来的三个点，我们也只做概念性描述。一方面，由于这些已经属于相对较高层级的要求，超越了工厂数字化转型准备条件的范围，涉及转型目标结果；另一方面，关于这些特征的具体实践在行业内也没有统一完整的观点，还在随着技术的迭代而不断完善之中。

B3-3-3
情景感知

设备能根据周围的情景和自身的目标形成判断，采取合适的行动。

» 外部（物理）情景：设备能交互捕获或可由传感器感知环境，如位置、
  移动、对齐参数或任务输入等。
» 内部（逻辑）目标：设备内定的任务、任务实现情况、关键绩效指标、
  改进效果、操作过程等。

设备在获取了能用于决策的数据后，可以充分响应监控结果。比如，生产

设备在感知到物料消耗至一个补货周期的数量前，会触发叫料信号，保证工作使用的物料不会中断，也能够针对人员关键行为采取行动。比如，为了保证人员安全，机器人在感知到有人靠近时动作会变慢，当人接近到一定范围内时，机器人会完全停止动作。

B3-3-4
互操作性

在一般工厂中，人和设备是两个执行的核心主体，我们往往会把人与人之间的配合称为团队合作，人与机器之间的配合称为人机协同。更进一步，我们把机器设备和机器设备之间的配合互动称为互操作性。比如，自动导引车能操作电梯或者自动提升机器，实现在不同楼层之间自动运输物料；又如，后工序测量设备通过统计过程控制（Statistical Process Control，SPC）[1] 分析，进而控制前道加工工序设备，调整工艺参数，使得制程能力指标 Cpk [2] 保持在目标线之上。

互操作性可以理解为信息和通信技术系统应具备的能力，这种能力促使各个系统之间执行进程时能够顺畅地交换数据、共享信息和知识。下面是 *IEC TC65/290/DC* [3] 给出的互操作性成熟度等级模型（见图 B-48），供大家参考一下。

---

[1] 它是用统计学的原理，协助质量控制的一种质量工具。

[2] 它是统计过程控制里一个非常重要的专有名词，表述仅存在普通原因变差时的过程能力。

[3] *IEC TC65/290/DC*：Circulation of Draft for Comments (DC) prepared by PJWG on: Device Profile Guideline，国际电工委员会标准文件。

系统特性	不符合	并存	互联	可互通工作	可互操作	可互换	
动态行为						×	应用层
应用功能性					×	×	
参数语义					×	×	
数据类型				×	×	×	通信层
数据访问			×	×	×	×	
通信界面			×	×	×	×	
通信协议		×	×	×	×	×	

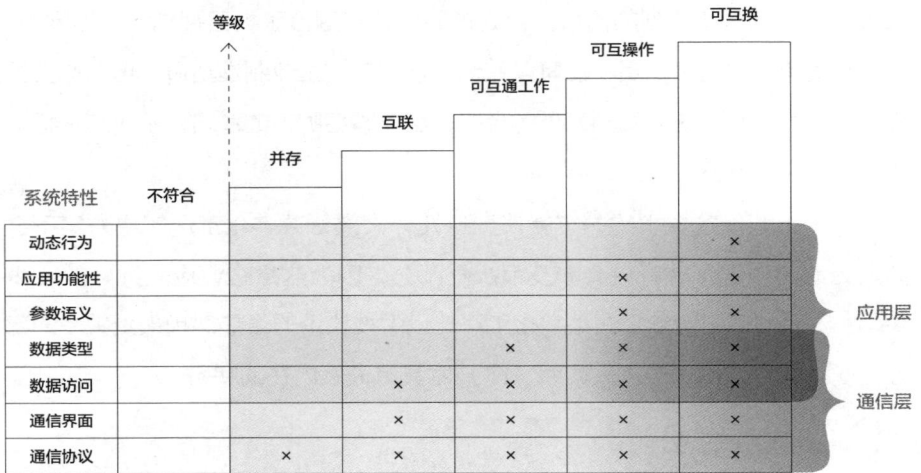

图 B-48　互操作性成熟度模型

资料来源：基于 *IEC 65-29oe-DC: Device Profiie cuideline.*

B3-3-5
自主性

工厂内机器、设备、设施等能够自我控制、自组织，并最终实现完全自主，类似"黑灯工厂"的概念。当然，在现实中，工厂的灯是黑了，但是会有一堆人员在远程灯火通明地做遥控调整。

工厂内"自治的对象"在协作过程和分布式网络中形成具有自己的规则和程序的组织，通过不同的决策或自己的行动计划调整行为，以实现自修复、自组织、自维持、自优化。

这个层级应该是当前工业界讨论工业 4.0、智能制造、数字化工厂等各类未来工厂模式希望达到的情景。当先进制造技术融合了机器视觉、机器学习、人工智能等一系列技术后，便可以打造这顶闪耀的工业制造皇冠。但有必要提醒大家的是：我们既要看到高处的皇冠，更要踏稳脚下的道路，不可忘记标准化、模块化是基础。

关于工艺设备技术的内容就谈到这儿，大部分数字化工厂解决方案不会涉及上面的内容，或者只会涉及很少一部分，因为这是企业应先练好的"内功"。下面的话题可能是在数字化工厂建设中被谈论的最热烈和最受关注的部分，毕竟数字化和软件、数据库、IT 技术具有天然内在的联系。

B3-4

数字化技术 1：数据战略和数据管理

"数字化"是当今工业界非常流行的一个词。从工厂主体到解决方案提供者、政府、各个大学和研究团队再到行业协会，对"数字化"都有很多不同的解读。图 B-49 基本上能涵盖绝大部分当前阶段对数字化工厂的理解。

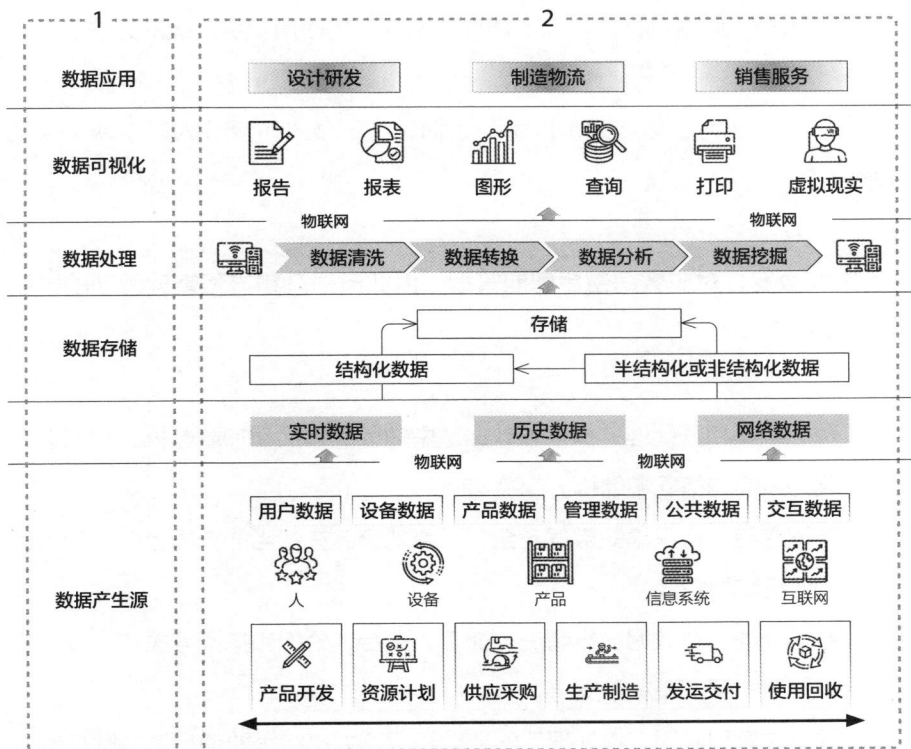

图 B-49   数字化工厂数据分层结构

这张图可分成 1 和 2 两个区块进行解读：区块 1 中，从下到上是数据从产生到应用的过程，称为数据生命周期管理；区块 2 中，从下到上是真实工厂现场的物理世界通过各种物联网和信息技术形成虚拟世界里的数据镜像，最后应用、优化数据和改善工厂运营。

为了方便理解，用做饭打个比方："巧妇难为无米之炊。"不谈"巧妇"这个"人"的要素，做饭还需要以下两个要素。

» **米**：基本条件。
» **炊**：做饭，隐含了锅碗瓢盆的硬件、米的加工使用和变成饭的方法。

对照这个比方，数字化工厂中与数据相关的技术可以分为以下两个大的方面。

» **米 = 数据，对应数据生命周期管理**：由业务提升和流程管理驱动的数据管理体系。

· 数据采集和预处理：从各种数据源中抽取、转换和加载数据，将数据转化为所需的格式和结构。
· 数据存储：将采集的数据安全、可靠地存储在适当的介质上，以便后续的分析和处理。
· 数据处理：对数据进行清洗、加工、聚合、分析和挖掘等操作，以产生有价值的洞察和决策支持。
· 数据共享和应用：将处理后的数据和洞察共享给需要使用这些数据的业务部门、团队或个人，以支持他们的决策和行动。

» **炊＝应用，对应数字化应用技术**：在数据生命周期管理中应用的先进技术手段。下面是一些常用的技术和对应的数据管理应用。

· 物联网技术——数据采集

· 新一代无线通信技术（如 5G）——数据传输

· 云计算——数据存储／处理

· 边缘计算——数据预处理

· 数字孪生——数据综合应用

· 数字仿真——数据综合应用

· 大数据分析——数据分析

· 虚拟现实——数据应用

· 机器学习——数据应用

· 人工智能——数据应用

关于这些技术本身都有对应的专业研究者和软硬件技术提供者，在此不再赘述。只是提醒一点，企业必须结合自身业务需求和流程特性来发掘这些技术的应用场景。任何一项技术应用于工厂时，都需要追问：提升效率了吗？降低成本了吗？增加交付灵活性了吗？数字化工厂本质上是为了"炫技"吗？

正如前面讨论的，工厂内包括组织和人、流程和目标、产品和工艺技术三个大的方面。数字化工厂建设就是对这三个方面实现数字化或者将数字化技术应用于这三个方面。但是不管怎么说，获取数据本身就是一个基础搭建。因此本节主要讨论数据生命周期管理，特别是对于一个准备实施数字化转型的工厂，需要弄明白："到底要数字化什么？"

到底要数字化什么？当然是数字化"工厂"。这貌似是句废话，但从精益生产的视角看，工厂是一条产品价值流，而价值流一般由工艺流、物流和信息流三块组成。

» 工艺流：包括工艺路径、设备、操作人员等。
» 物流：包括物料、物料使用点、物料补充循环等。
» 信息流：包括订单到交付这个流程上信息的交互和传递。

你到工厂现场当然不能直观地看到这个"流"，更基本的工厂现场要素是"人、机、料、法、环"。工厂数字化是指把这些要素建立数字（数据）模型，然后实现在数字世界中的高效应用，再反馈以提升现实世界的工厂运营水平。就像马斯克倡导的"把原子／分子的运动转化成电子的运动"，因为电子运动低成本、快捷。用一句话总结：把工厂抽象化，把抽象的要素模型化，再把模型数字化。

所以，下面的内容几乎不涉及专业的计算机和信息技术，而是围绕需要选择和收集什么样的数据，以及工厂中有哪些基本的数字（数据）模型展开，即先解决"做饭时准备好米"的问题。

你可能会问，为什么要谈这些模型？把数据都收集起来不就可以了？现实中，数据收集、存储都意味着成本，而且持续收集，成本就会累加。如果收集的数据不能被用来产生效益，那么这样的流程就是不可持续的。因此数据的收集和处理也要遵循一些基本要求，不重复收集，不遗漏有价值的数据，数据能被查询、关联和利用。因此，对数据的基本要求中必须包括的一条就是标准化或规范化。这样的数据才能被转化为有效的信息，进而被转化为专有知识，这样才具有价值。

以下案例是现实中一个工厂常见的处理质量问题的案例，它可以帮助我们理解接下来要谈的数据模型。

一家生产手机的工厂，在生产线测试过程中发现了一个质量问题，有几个产品的扬声器会在 85% 的音量时有噪声，这时测试员的直觉反应是："会不会是扬声器单元物料质量有问题？"此时就需要查看进货检验报告，把"物料号＋批次号"作为查询输入条件。质量部门的进货检验是按抽样规则进行抽检的，报告显示抽检样品合格。然后，相关人员导出了当天发现问题的生产线和未发生问题的生产线的数据进行对比，发现与质量问题相关的最大差异是使用了 A 和 B 两家不同扬声器供应商的物料。使用 A 供应商的物料生产的产品出现了问题，使用 B 供应商的物料生产的产品目前没有出现问题。作为临时措施，工厂内部紧急切换 B 供应商的扬声器单元继续生产。调查方向开始扩散，内部调查涉及"是不是同一条生产线产生的不良品""时间分布如何""关联的元器件会不会产生问题"等；外部调查自然就会把该问题投诉到扬声器单元供应商 A 那里。最后发现，工厂内部没有问题。

A 供应商收到了投诉事件，要素清晰：2023 年 9 月 21 日、扬声器单元（物料号 YS12033298）、发现 3 件物料在 85% 的音量检测时有噪声（附上声波对比图片）、批次号。

按照物料号和批次信息，A 供应商从数据系统中查询出包装箱信息，从包装信息定位到所有 3 个器件来自同一条生产线以及相应的生产时间。进一步调查发现：这条生产线有一台设备进行过一次维修。查询维修记录发现，因设备上一个电流传感器发生故障而进行了停机维修。进一步调查工艺参数的过程控制图发现，故障后有一个参数 Cpk 值不稳定。该参数值在规格范围内分布很散，部分接近规格极限，进行过一系列小的调整，两天后稳定下来。产品和工艺部门确认该参数会对音频产生影响，之后实验验证了这个结论：如果参数偏上限，那么声波图形可能产生突变，形成噪声。与此同时，工程师们也确定了一种可以有效检查出发生噪声器件的方法。

A供应商得出结论：2023年8月17—20日，在第7号生产线上共生产了4个批次42 800件产品，共214个包装箱可能存在问题。其中，180箱已经被发到客户处，剩余34箱在库房中。需要对所有库存产品进行筛查检测（附上调查过程报告和检测方法）。

工厂收到A供应商的信息，查询库存管理系统发现，已经使用了10箱零件后才发现问题并切换为使用B供应商提供的扬声器单元物料。所以库房内还剩余170箱扬声器单元物料，分布在4个不同库位；在制品有3箱，在第5车间的质量待判定隔离区；受影响的成品手机1 437部，在成品库的2个库位中。

有了这些信息，工艺质量等部门人员就能快速制定应对措施，进入问题解决的流程。

从这个案例中我们可以看出，在生产现场，有一些基本要素：人、机、料、法、环。它描述了一个相对固定的对象或状态，如生产线是哪条、哪个工位、什么测量设备等。另外，当一个事件触发后，需要一个"标签"来关联所有的数据，这样数据才能转化为有用的信息。当然，最清晰和简单的"标签"就是赋予每一个零件和产品以唯一的编码，并在整个工艺流程中全程记录这个唯一的编码。这样做的最大问题就是成本太高，所以通常只会用在非常昂贵的零部件上。以手机产品为例，可能就是处理器单元（CPU）、显示屏、内存等。其他大量低价值零件（螺丝、线缆等）如何追溯，就需要通过信息的交叉关联推导了。这个事件的信息，可以用时间（When）、地点（Where）、对象（Who）、事件（What）、数值（How many / much）来概括。

由此，数据模型的构建分成以下两大类。

» 对象模型：描述生产要素，典型的如 ERP 中的主数据（物料清单、库位、固定资产、工作中心、工艺路径等）。
» 事件模型：描述现场事件进展情况的模型，能把生产要素数据综合起来形成有价值的信息流。

B3-4-1
对象模型

在一家工厂里，从物理的对象出发，把数据构建成能表达物理对象和对象之间相互关系的模型。我们可能从不同的角度和维度把一个整体的工厂数字模型切分成不同的子模型，比较直观的一种子模型分类就是按照生产五要素进行。

» 人：包括人员及其工作班次。
» 机：设备（生产制造设备、测试测量设备等）以及与设备相关的工作和工具。
» 料：生产物料、生产辅料等。
» 法：工艺流程方法，包括生产制造、检验检测等。
» 环：厂房设施设备、空间布局、环境要素（温湿度、光照、能耗等）。

下面简单介绍几个模型的大体结构，帮助大家了解工厂内的基本模型是什么样的。

» 人员模型（见图 B-50）：人员模型包含具体人员、人员类别、人员资质
   认证等信息。

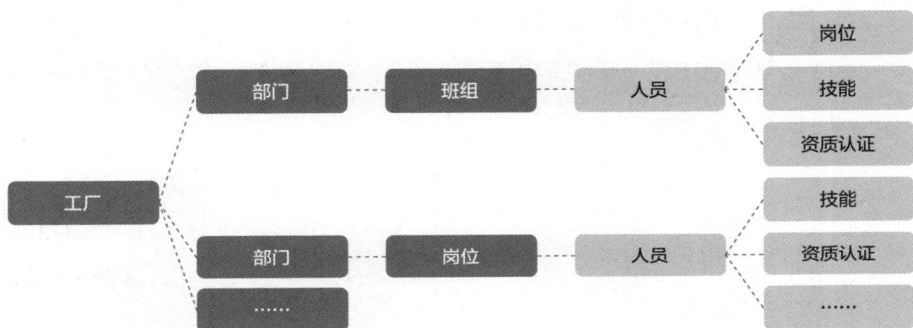

图 B-50　人员模型

» 班次模型（见图 B-51）：工厂内各部门人员的工作时间安排。

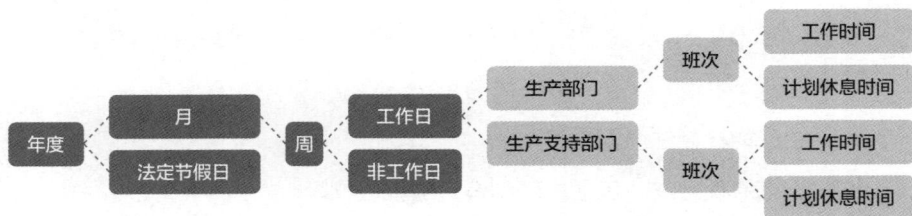

图 B-51　班次模型

» 设备模型（见图 B-52）：设备模型中的对象定义角色，如工厂、工作中
   心或工作单元，构建设备应有的作用和实物资产之间的关系。

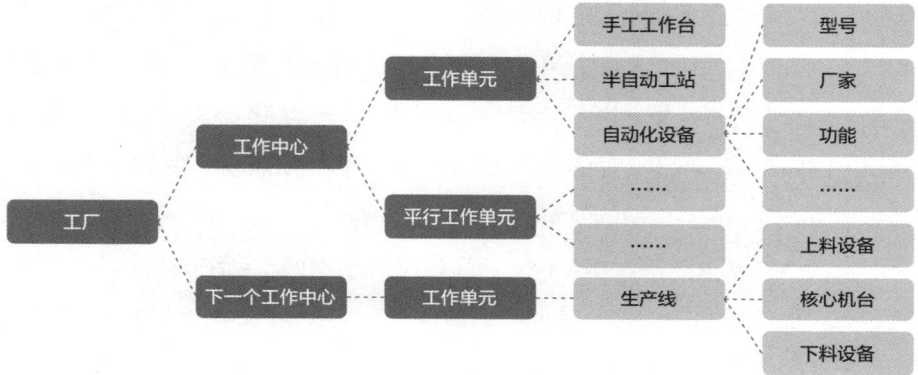

图 B-52 设备模型

» 物料模型（见图 B-53）：物料模型定义实际物料、物料定义和有关物料
定义类别的信息。此外，它实现了可追溯性。

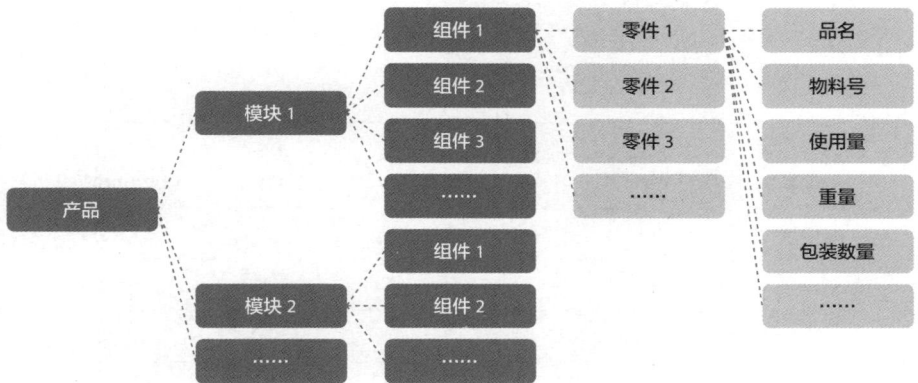

图 B-53 物料模型

　　大家可能最熟悉的就是物料模型了，物料清单是每个工厂都了解的名字。不过，真正把物料清单厘清、用好并不容易。就像前面图示的一样，物料清单需要分层，这也意味着在产品设计阶段就需要考虑模块化。笔者去过不少较大规模的国内企业，不少公司的物料清单打开就一层，所有的零件全挂在一个成品号根目录下。这种情况的弊端，留给大家思考。

　　上面生产要素的基本模型确定，可以理解成类似于系统的基础主数据设定。在一般的企业中，这些数据模型被设定在 ERP 系统中，如物料主数据、设备主数据、工艺主数据、人员班次主数据等。

B3-4-2
事件模型

　　当关联生产现场时，我们知道，这些数据是高度动态的，而且是相互关联的，因此现场的动态数据需要一些"标签"。这些"标签"能建立数据模型间的关系，使数据之间产生有价值的联系。

　　我们可以用表 B-4 表示这种关系。

表 B-4　事件模型

要素	时间 （When）	地点 （Where）	对象 （Who）	事件 （What）	数值 （How many/much）
人（Man）	○	○	○	○	○
机（Machine）	○	○	○	○	○
料（Material）	○	○	○	○	○
法（Method）	○	○	○	○	○
环（Environment）	○	○	○	○	○

　　回忆一下刚才的处理质量问题的案例，看看数据是如何关联，从而对问题解决产生价值的。事件 – 物料 – 机器 – 地点 – 数值等要素的联系可以帮助我们迅速定位问题和寻找解决方案。

　　把工厂的物理对象和发生的事件建立标准化、结构化、关系化的模型，是最基础的一个步骤，但是工厂运营是一个动态有机的过程，它有一个特定的目标，工厂内的活动都是围绕实现目标展开的。因此，还需要在上面谈到的模型中建立一种相互的依赖关系——有目标导向的数学关系。这种关系就是目标指标树（KPI Tree）。典型的工厂运营目标是质量（quality）、成本（cost）和交付（delivery），以下是"成本指标树 – 人工成本"的例子（见图 B-54）。

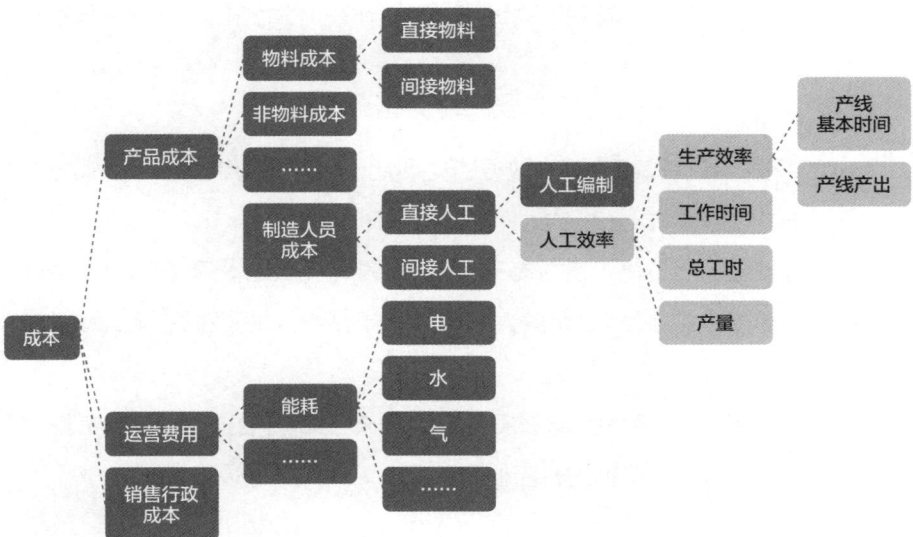

图 B-54　成本指标树 – 人工成本举例示意图

　　图 B-54 中的层级还可以继续细分下去，进一步细分其实就涉及前面提到的基本数据模型。比如，"产线产出"再细分就关联班次模型中每天的计划生产时间、生产线节拍和生产线设备综合效率（Overall Equipment Effectiveness，OEE）。所有这些指标之间都存在简单明了的数学关系，可以衡量和驱动管理改进。

如果用人体和工厂做个对比，总结一下对数字模型的理解，可能不是很贴切，但有助于我们形象化地理解。骨骼、肌肉和各个器官就像工厂内的厂房、设备、物料等，是实物对象模型；眼睛看到的、耳朵听到的、鼻子闻到的和由此引起的反应是事件模型。我们的大脑需要一个目标来筛选、综合所有的信息以确定行动方向（如"生存下去"），那么筛选、综合信息的神经系统就类似于目标指标树。

最后，总结一下数据管理的关键点。企业在开始数字化转型前必须做以下充分的准备。

» 规划、制定数据战略：明确数据的"利用价值"，确定来源、采集方式、处理方式、存储方式和安全性等。

» 数据标准化、规范化：建立统一的数据标准和元数据管理规范，包括数据的清洗、加工、校验和验证等，以确保不同系统之间数据的集成和同步，以及数据的准确性和完整性。

» 数据安全和加密：采取必要的数据安全措施，如访问控制、加密通信和数据备份等，以确保数据的机密性和完整性。

虽然我们没有谈数据安全，但是在数字化时代，数据安全绝对是重中之重。在数字化工厂建设中，数据勒索事件和数据泄密事件频繁出现，企业管理者必须保持足够的警惕。系统在越来越先进和智能的同时，也变得越来越脆弱。

B3-5

数字化技术 2：数据采集、存储和处理过程管理

数据是数字化工厂的资产，数字化工厂实施的起点就是数据的收集。与工业 3.0 时代的信息化不同的是，数字化工厂强调物联网应用，实时数据收集。在实践中，数据量在接近现场和实际应用场景时会成倍增加。图 B-55 粗略显示了数据量在不同信息技术下的比较。我们可以直观地看到：现场使用的射频识别技术（Radio Frequency Identification，RFID）产生的数据量是单台计算机的好几倍。而数据的采集、处理、存储和应用都会涉及成本，所以必须考虑数据的价值。

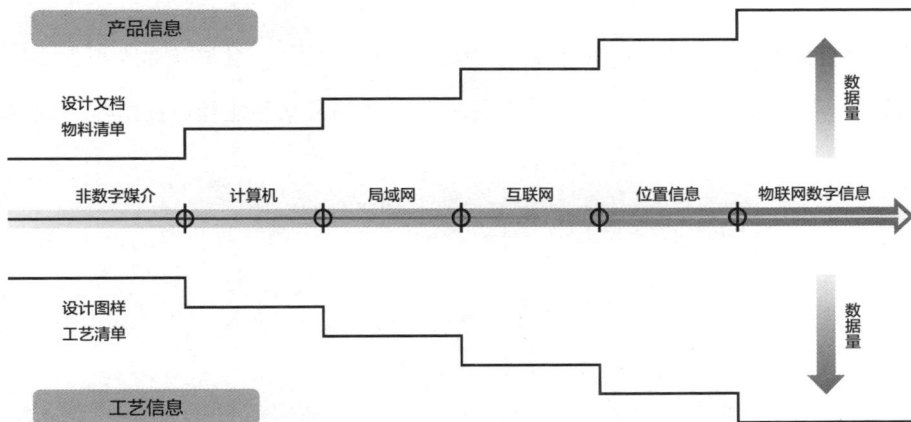

图 B-55　数据量增长示意图

就像精益生产的核心思想之一是要消除现场的七大浪费，在数字化时代的工厂里，也需要消除"数字浪费"。

类比精益生产里的一些原则，我们可以提炼出数据化工厂的数据管理原则。在谈数字浪费之前，我们需要先明确一下：一家数字化工厂中理想的数据管理是什么样的？数字化"真北"在哪里？熟悉精益生产的可能了解，精益"真北"主要包括：零缺陷、100% 满足交付、100% 增值、单件流。以下对应精益"真北"可以识别数字化"真北"。

» 100% 信息 IT 系统安全→零缺陷

» 100% 利用数据，准确支持决策→ 100% 满足交付

» 零信息查询和等待时间→ 100% 增值

» 最简化信息流→精益单件流

» 100% 数据信息透明

"真北"就是北极星，是追求的方向和目标。当然，并不是要求一定达到那些"零"或"100%"的状态，"真北"存在的意义是让我们在工作过程中始终关切努力的方向是不是正确的。

下面将介绍一个生产计划改进项目中经常遇到的场景。

与计划部门的面谈

笔者：能简单介绍一下你是怎么做生产计划的吗？

计划员：我们每周会收到客户订单，然后将其导入 Excel 表，排出下周的生产计划，之后将其上传到 ERP 里，检查一下物料库存可用状态，然后根据系统里的物料到货情况再调整计划。

笔者：你的客户订单是怎么收到的？为什么要将其导入 Excel 表？

计划员：订单是通过电子数据交换（Electronic Data Interchange，EDI）系统接收的。哦，EDI 是客户要我们使用的系统，每周会滚动更新。我们的 ERP 和 EDI 数据不能自动连接，所以要导来导去。

笔者：你安排的是下周每天做什么的计划吗？

计划员：不是。我安排的是周计划，就是一周结束时生产部门要入库的产品种类和数量。生产部门不需要我们排日计划。

笔者：那么，客户给你的发货计划是按周还是按天排的？

计划员：当然是按天的，每天提货。

笔者：你怎么保证客户要的就是生产部做的？你的周生产计划和客户的日发货计划怎么协调？

计划员：所以我忙得要死！客户发货计划变了，我就要去和生产部沟通调整；物料不能及时到位，我也要协调物控催料；还有生产部做的和客户要的总是不一样；我还要盯着成品库存指标……生产部不管什么事情都推给计划部门，由我们去协调。

与生产部门的面谈

笔者：能说说每周是怎么开始生产安排的吗？

生产主管：我们每周四会和计划部门开会讨论下周的生产计划，会上确定下周的生产计划，然后按照计划生产。

笔者：计划部门给你的是什么样的计划？你怎么安排的呢？详细说说。

生产主管：计划给的是下周一共要生产几个品种，多少数量。然后，我按照生产现场的实际情况，安排每天生产什么。

笔者：为什么不是计划部门直接给你日计划呢？这样你不是可以省点事吗？

生产主管：他们不了解现场情况啊！员工请假、设备故障或维修、质量返工……这些影响产能的事情计划员怎么会知道？他们排不出来的，排出来了也不符合实际情况。

笔者：那么你自己安排的计划，每天准时完成率有多少？

生产主管：这个没统计过。反正随时调整呗。

笔者：那调整的多吗？

生产主管：多！你和我在这儿讨论的时候，我的手机不停地在振动！

笔者：哦，那抱歉了。主要是什么情况需要你这么忙呢？

生产主管：一会儿计划员说客户有紧急订单，要插单；一会儿物料缺了，原来说能到的物料到不了了；还有质量问题、设备故障等。总之，生产现场各种各样的情况都有，我每天忙于救火。计划部门不管什么事情都压给生产部门。一句话，客户最大，我们就只能加班加点拼命干。

笔者：理解，理解。最后问一句，你们没有标准产能吗？计划部门不能按标准产能排产吗？

生产主管：标准产能？你说的是考核员工工资的标准工时吗？这个你最好去问工艺部门。

与工艺部门的面谈

笔者：你是怎么制定标准产能的？

工艺工程师：采用时间测量法啊。

笔者：能详细说一下吗？

工艺工程师：哦，就是新产品生产时拿秒表去测一下。

　　笔者：你觉得准确度怎么样？

工艺工程师：还行。去测的时候，员工肯定会做得慢一点。不过，我会比对同类型产品的工时，应该差不多。

　　笔者：那么，你测的这个标准工时能用来做标准产能计算吗？然后计划部门按你给的标准产能排产。

工艺工程师：理论上可以，不过实际上现场各种情况太多。产能是生产部门自己算的，我只负责提供工时。

　　笔者：你多长时间会更新一次标准工时？

工艺工程师：推出新产品时测一次，后面就定了。员工按这个算工资的，一般不变。

　　笔者：所以你只提供一个标准工时，不提供标准产能？

工艺工程师：是的，你可以去问问生产部门的人。

　　上面的对话场景里没有数字化技术的应用，主要反映生产计划这个业务场景中的信息流状况，也就是数据的产生、传递和应用。

　　我们从中抽一条客户订单信息进行分析。

» 数据产生：EDI 系统——数字化信息交流，没有浪费。
» 数据传递：人工导入 Excel 表，数据流中断，额外的人工干预，浪费！
» 数据应用：计划部门周计划，生产部门日计划——未充分利用数据，浪费！

　　我们从其他方面还能找出更多的信息交流不畅或数据质量问题。为了系统地说明数字浪费，我们通常把数据生命周期细分成 8 个阶段，各个阶段对应不同的浪费（见图 B-56 ）。

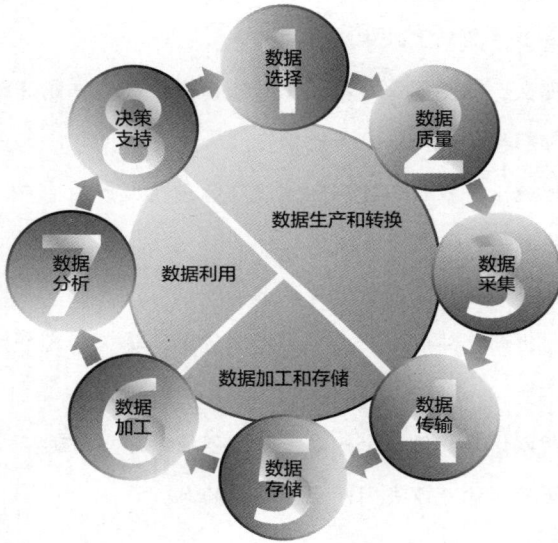

图 B-56　数据生命周期

每个阶段对应着不同的关键问题和要点。

» 为了实现一定的目标，什么才是需要收集的"正确"的数据？（数据量不是越多越好！）

» 数据内容、来源、收集频率以及一致性如何？（数据质量必须保证。）

» 数据是如何采集的？使用什么样的媒介采集数据？（避免手工采集数据和非数字化手段记录数据。）

» 数据是如何传输的？数据一致性能得到保证吗？（防止存储媒介失效和

系统故障。）

» 数据流是否一致？数据是否被立即处理？需要实时的数据采集吗？（必须避免数据混乱和系统延迟、等待。）

» 数据的处理过程是否无浪费和没有人工干预？（避免非增值的传输和处理。）

» 如何使用数据？分析所用的数据是否有效地连接了？（避免数据孤岛，关联的数据才有价值。）

» 数据的使用和分析能有效地支持决策吗？（基于数据的决策能指明行动措施。）

接下来，我们详细地解读一下在数据生命周期管理中的数字浪费。

B3-5-1
数据生产和转换

工厂数字化转型在现场实施的第一步就是要识别数据源和收集数据。前面已经详细谈过数据模型，数据产生源包括：产品设计信息（如尺寸、材料、结构等）、工艺规划数据（如数控机床程序、工装夹具等）、设备/产线规划数据（如型号、工作状态、产能等）、生产制造过程数据（如人员、工时、产量、检测结果等）、环境数据（如能耗、温湿度、光照等）。这些数据源在实际工厂中可能处于不同的状态，而数据采集就是通过对应的方法采集数据：已经数字化的数据，通过数字化平台的整合将数据采集到系统中，如物料清单、工艺参数；对生产和过程中的实时数据，通过传感器、RFID 等技术，进行实时采集，如设备状态、物料状态等。最后，采集到的数据要经过预处理转换成能在系统间分享和相互调用的标准格式。

在实施数字化前，企业管理者必须清楚数字化要做成什么样（想想上面谈过的数字化"真北"），更要明白需要避免哪些误区。如果企业管理者能够遵循方向性的"真北"愿景，并在一定程度上避免关键的错误，就可以保证正确的结果。

1. 数据选择和质量

结合前面的案例，我们一起来看一下选择数据时有哪些需要注意的重要问题。

» 数据价值——选什么数据？
  · 什么数据是内部／外部需要的？一般而言，外部客户需要订单产品（型号、数量）承诺的交货日期；内部生产部门需要知道每天要生产什么、做多少、在哪条生产线上做的日排产计划，还需要计划准时完成率、库存准确度、库存可用性、供应商准时交付率等。
  · 什么数据是保证生产运营和流程执行所必需的？如客户需求数量和交货日期、生产线的标准产能、物料库存可用性、设备状态、人员状态、班次安排、成品库存数量等。
  · 是否收集了重复／冗余的数据？生产记录每天产出合格的数量、成品仓库统计每天入库的数据、计划员统计库存成品可发货数量，且需要数据源唯一。

» 记录方式——怎么记录的？
  · 这些数值是以什么形式记录的？客户订单是数字化的；产量、设备状态、物料出入库等都是手工记账（纸质表单或 Excel 电子表单）。

· 收集数据的时间间隔是多少？当前计划完成数量统计按周，每天生产数量按天，现场问题统计到分钟还是小时（要看生产部门人员有没有空余时间做数据记录），工时测定（案例中是人工测定，没有定期更新）；需要所有数据都实时统计。

· 需要做哪些额外工作才能创建所需数据？案例中最典型的就是打通 EDI 和 ERP 系统的数据交互接口；通过 RFID 等实现物料数据数字化；通过传感器或者扫码记录产品过站时间，从而动态统计分析生产节拍时间（如最短可重复节拍），进而更新产能等。

» 数据规范——怎么处理？

· 数据可以结构化映射吗？比如，设备故障信息是一个时间序列事件，如何设定结构化处理的格式。

· 数据是否一致？工艺部门、生产部门、计划部门是否使用相同的标准节拍？

· 是否存在一致的数据质量？比如，案例中工艺部门提供的标准节拍数据的质量（准确度和有效性）不符合真实反映工艺能力的要求。

· 有没有可能篡改数据？案例中由于大量手工录入的存在，有很大的数据篡改风险。

这个阶段常见的问题如下。

» 需要的数据没有记录，记录的数据用不到。

» 一堆不同的数据，相互之间没有关联性，无法验证彼此的真实性。

» 检查、检验结果记录都是"好／不好""是／不是"这样的逻辑判断值，不是连续的数值。

» 统计了一个大结果（监控性指标），不能进行改善分析（缺乏改善性指标数据）。比如，生产中断统计了总停工时间，但更需要分解为：停机问题发生及快速响应的时间、临时恢复生产的时间、问题彻底解决的时间。总之，要把数据细化到可改善的程度。

» 数值错误。

» 同一数据有多个收集渠道，彼此矛盾。

2. 数据采集

从管理复杂度的角度看，数据采集比上面谈到的数据选择要简单一些，主要是技术问题，通常需要关注以下问题。

» 数据是自动收集的，还是人工录入的？（注意：手工填写的 Excel 表单属于人工录入，应该避免。）

» 数据是以自动的数字方式记录的，还是以手工记录实现的手动数字化？（RFID 自动读取、记录的方式是以自动的数字方式记录；人员通过扫码设备读取数据、录入系统数据的手动数字方式。）

» 能否通过查找标准化协议自动获取数据？（MES 通过工控机接口调用过程数据；WMS 通过 SAP 数据交换接口调用物料主数据等。）

如果企业在这个阶段全部做到了数据的自动采集，就是向现场无纸化迈出了一大步。如果数据选择是数据采集的规划阶段，那么数据采集则是现场实施的行动阶段。这个阶段通常需要在软硬件设备上投入大量的资金，遇到的最大困难就是现场设备"语言不同"——没有标准的通信协议、接口不开放等。这些在项目前期应该先了解清楚，做好备用方案。

3. 数据传输

数据已经采集完成，接下来的问题就是数据传输。不管是预处理、存储还是使用，数据都需要从产生的原点传输到目的地。在此过程中需要关注的问题具体如下。

» 涉及哪些系统？是否存在系统中断？前面案例中客户订单从 EDI 到 Excel 表单再到 ERP，至少涉及 3 个系统（2 个 IT 系统和 1 个人工系统）。其中 EDI 和 ERP 就中断了，中间通过 Excel 表单做了人工数据转换。
» 数据是如何传输的？信息处理媒介是否有中断？比如从纸质记录转成 Excel 表单，或者库存盘点时从 ERP 系统中导出库存数据到 Excel 表或者打印出来。
» 是否保证了数据的一致性？工厂内最典型的库存数据，从原材料、在制品到成品可能涉及 MES、WMS 和 ERP 3 个系统。比如，WMS 中库位管理的出库就是把原材料库存变成在制品库存，生产线上 MES 的策略如果是"倒冲"，那么要在最后一道工序完成时向 ERP 发出倒冲信息，成品入库时 WMS 会增加成品数量。如果想从 ERP 得到实时的库存信息，物料数据就需要实时更新，并在 3 个系统中保持一致性。
» 是否使用了合适的标准 / 协议 / 规范？
» 数据传输是否保证无差错？
» 信息是否可由多个部门共享？这是非常重要的一点，数字化工厂强调的就是通过数据互联和共享产生价值。这个问题既涉及数据是否规范和符合标准，也包括是否制定了数据安全管理的规则，明确数据如何共享。

笔者接触过一家领先的新能源企业，整个生产线有 10 多个制程，核心工艺机台来自不同的设备供应商。在设备安装调试阶段有五六个不同的设备厂商在现场工作，每个厂商都有一套自己的数据管理方案，宣称自己的过程数据全部能通过工控机收集，且都有各自的通信端口和协议。后来，这家工厂的制造信息部门推广数据采集，建立了一组 KAFKA 服务器，把元数据从工控机端收集到服务器上，集中存储。但是深入分析后发现，数据没有经过规划，不同厂家采用的频率不同，数据格式不同，同一种数据表头名称也不同，这样的数据仍不可用。我们分析一下这个阶段存在的问题。

- 数据存储在本地，成为数据孤岛。开始阶段就存在这种孤岛情况，每台设备自己保存数据。需要数据时，工程师带着电脑连接到设备端口，通过专用软件导出。
- 设备计算机界面 / 系统不同导致数据不可用，甚至出错。
- 数据格式转换时丢失信息。

初始阶段，在正确的位置以正确的格式收集正确的数据，是保证工厂数字化推行的必要条件。有了原始数据后，我们才能进入下一步。

B3-5-2
数据加工和存储

前面的工作就好像海上的渔船把网撒下去了，收获了一堆各种各样的鱼。那么，现在为了把鱼变成商品，产生价值，必须预加工处理一下鱼，再用合适的方法将鱼存储起来，最后供给餐厅，经过大厨的精心处理后，消费者才能享用美食。我们得到的数据也类似，需要预处理、存储和加工，数据也有消费者，利用数据的过程就是消费的过程。数据的优点是消费了不会消失，而数据的价值是在消费过程中体现的。

　　总的来说，在加工处理和存储数据时，不仅必须考虑数据的准确性、完整性、一致性、唯一性和规范性，也必须考虑数据的安全性和经济性。所以，企业要综合这些要求选择合适的存储介质（固态硬盘、磁带、云服务器等），用定期的备份和适当的冗余保证数据安全，以及运用压缩和加密技术、数据权限管理等方法。

1. 数据存储

　　从使用的角度归纳这个阶段需要注意的要点，具体如下。

» 不同格式的原始数据是否进行了结构化的映射？

» 不同源的数据之间是否建立了关系？

» 是否清洗掉了不需要的数据？

» 是否保存了非必要的数据？

» 是否有专门的网络管理和存储生产数据，与办公网络隔离？

» 所需信息能否及时提供？

» 在数据传输或处理过程中是否存在延迟？

» 数据使用是否必须获得权限许可？

» 是否设置了保存期？

　　与传统工厂相比，数字化工厂在数据量方面会呈现截然不同的巨量增长，处理和存储数据的投入与一个有效的数据平台构架非常关键。这个部分的投入相当于基础设施建设。有句俗话叫"要想富，先修路"，那么要想建设数字化工厂，也必须先建设一个一流的信息基础构架（Infrastructure）。

2. 数据加工（转换、传输和查询）

在数字化工厂中，把数据加工成可用的信息是必不可少的重要环节。回顾一下前面提及的数据转换为信息、知识的过程（见图 B-57）。

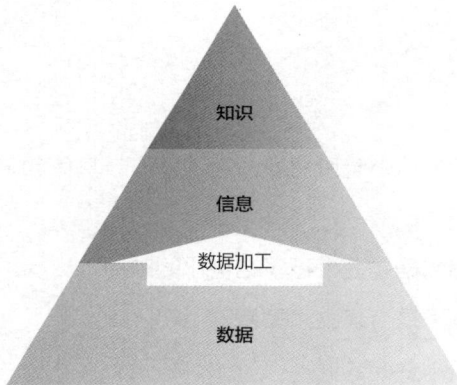

图 B-57   数据转换为信息、知识的过程

数据加工就是把数据转换成信息，赋予数据意义，与业务运营管理流程关联起来。但是请注意一点：使用和消费数据，利用信息的不一定是人，也可能是软件应用或信息系统。在人工智能（AI）被引入数字化工厂后，越来越多的过程性指标和流程执行是提供给 AI 的，人只需要注重业务指标的达成情况。所以这个阶段应关注的问题如下。

» 接收者明确吗？信息是给谁用的？

» 需要手动准备 / 编辑信息吗？能自动完成吗？

» 信息是正确的吗？有彼此矛盾的信息吗？会因为信息泛滥造成混乱吗？

» 信息转换需要多个参与者共同完成吗？会出错吗？

» 需要人工干预数据处理吗？会不会有延误甚至被篡改的风险？

» 信息查询传输路径最简化了吗？会不会有延迟甚至错误？

B3-5-3
数据利用

　　只有在数据利用这个阶段，数据才能真正发挥其价值。如果说前面阶段是技术人员主导的，那么这个阶段就是业务人员发挥作用的时候了。实际项目中比较常见的现象是，一般数字化建设是由信息技术部门的人牵头，业务部门的人会认为自己是配合方，平时还是按原来的习惯工作。这样，数字化技术应用后得到的大量数据处理也会被认为是 IT 人员的事；但 IT 人员会认为，数据有了，怎么用是业务部门的事。在此强调一下：业务部门充分利用数字化技术和数据才是项目取得成功的决定性因素，即本书在前文中专门谈到的人员和组织准备。

　　事实上，有一个判断数据是否被有效使用的简单标准：提升效率，降低成本，增加流程灵活性。

1. 数据分析

　　当审视构建好的信息系统和海量的数据时，我们要问自己以下问题。

» 对这些数据是否做了进一步分析？比如，趋势、影响、相关性分析等。

» 可用的数据能否关联在一起形成有效的信息？

» 在车间管理中，是否使用生成的数据分析结果？

» 数据是否提供了价值？比如减少了人力投入，提升了流程透明度。

2. 决策支持

更高一级的数据应用就是决策支持。按照工厂中典型的业务场景，数据应用可以分成以下两种。

» **功能型使用**：MRP 能正确运作，跑出合理的物料需求计划；SPC 能发挥质量控制预警作用；RFID 能实现产品过程的正确追溯等。

» **改善型使用**：根据数据进行趋势、影响、相关性等方面的分析，有数据驱动的流程改善。比如，根据数学模型自动调整工艺参数保证产品合格；通过分析指出成本降低的改进方向（增加产能还是减少人员）。

在很多情况下，人会本能地相信直觉。比如炒股，总有人相信自己的判断，因此在 2023 年上半年一些股民猛烈抨击"量化交易"。因为量化交易完全基于数学模型和数据，按设定的盈利目标由程序操作，摒弃了人为干预，据说有不少靠直觉投资的股民亏损了。借鉴一下"量化交易"中的数字化思维，在一家数字化工厂中，我们要在工作中反省以下问题。

» 关键绩效指标是否有实时、准确的数据支持？

» 业务决策所需要的数据是否全面、可用？

» 是否使用数据支持业务决策？决策是否基于收集到的数据？

在本节最后，归纳一下数据管理的"7 正确"原则（见图 B-58）。

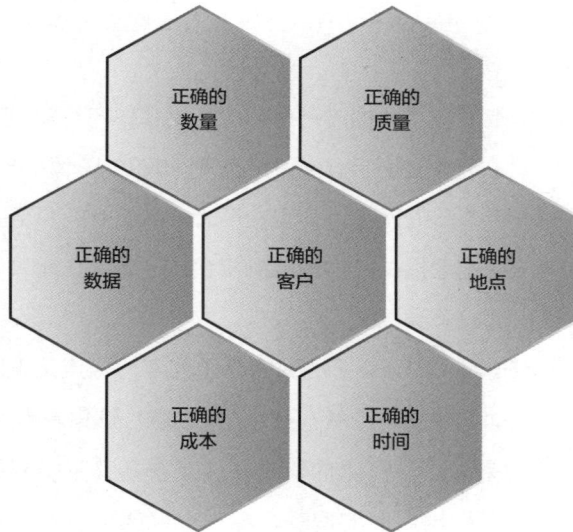

图 B-58　数据管理"7 正确"原则

　　在数字化时代，企业需要用正确的成本，把正确的数据以正确的数量和质量，在正确的地点和正确的时间，提供给正确的用户。

B3-6

数字化技术 3：构架和应用平台

数字化工厂的构架形成了数据流管理和应用平台。不论是德国的工业 4.0、美国人倡导的工业互联网，还是我国提出的智能制造，整体的构架大同小异，但是行业内却没有一个成熟的产品。一定程度上，数字化工厂还没有成熟的标准，因此笔者也无法在这里提供一种最佳的平台构架方案。但本节内容讨论的重点是不论什么平台都应该满足的基本要求。

图 B-59 是一个典型的基于云平台的信息化构架，重点呈现的是关于物流和制造部分，可以帮助你建立一个基本概念。（注意！这只是参考答案。）

实际上，给出一家工厂的整体构架是一件既容易又不容易的事情。说容易，是因为大家都可以根据自己的理解画出一个框架（中心化的、去中心化的、二者融合的），无法验证对错，也仅仅是理论上的优劣势讨论；说不容易，是因为最后要依照这个构架找到或者开发对应的产品 / 系统。中小企业倾向于寻找现成的解决方案，大型集团企业会习惯于自己开发。两条路都有各自需要探索的未知领域和相应的困难与挑战。

我们先看下面一段报道。

日本 14 座工厂停产 1 天后，丰田汽车周三表示，这些工厂正在恢复生产。此前，因生产指挥系统出现故障带来零部件订单系统崩溃，导致工厂无法生产。

《丰田日本 14 座工厂停产一天后恢复生产，背后暴露出管理漏洞》

——澎湃新闻综合报道，2023-08-31，汽车圈。

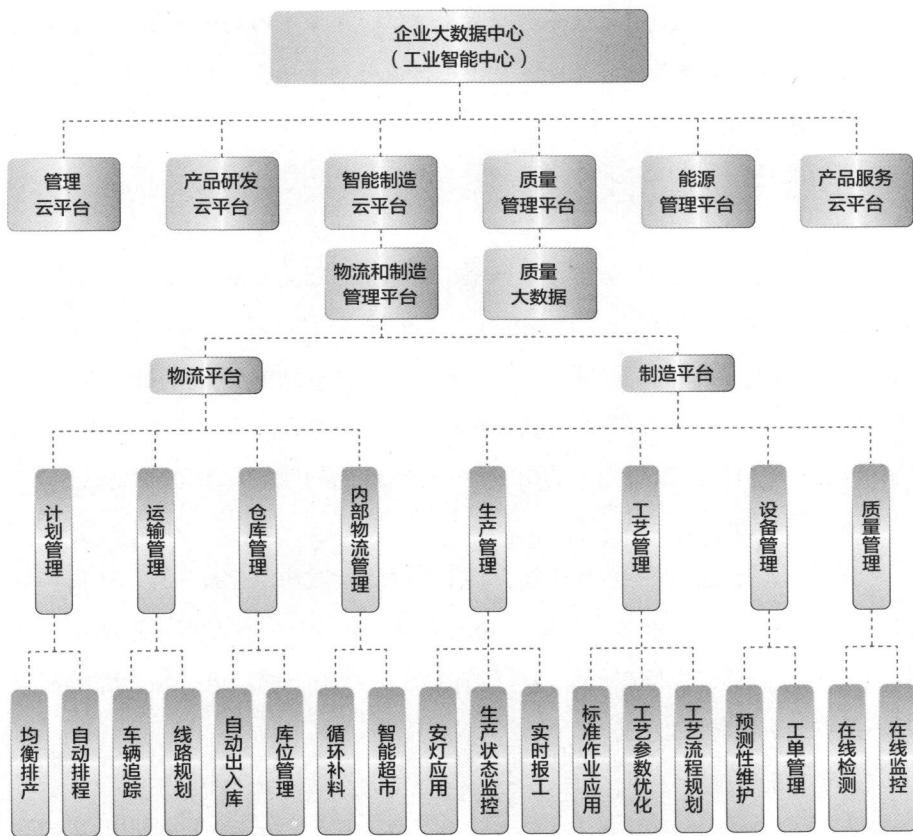

图 B-59 企业信息化构架示意图

上面这段"旧闻"在汽车圈内引起了一时轰动，再加上标题党和自媒体的宣传，仿佛一夜之间丰田不行了，以至于网络开始散布丰田生产系统的准时供料流程存在重大缺陷，仿佛精益生产、数字化工厂、智能制造等都成了一种高风险的象征："你看丰田都搞停产了，你还让我搞这个？！"

可能丰田没有自称是数字化工厂或智能工厂，但在传统汽车制造业，其工厂的数字化或者信息化程度肯定不低，毕竟丰田的流程很完善并且实现了标准化和精益化。在此基础上进行流程的电子化、数字化要比绝大部分企业有优势。其实，丰田是有一套信息化平台的——生产指挥系统（类似于图 B-60 中的物流和制造管理平台）。

从常识来理解，一个数字化平台至少有两个方面的要求：功能性要求（能用）和性能要求（好用）。绝大部分工厂在数字化建设的过程中，作为客户方往往注重功能性，对当前业务情况下实现什么样的功能是会验收确认的，但是对这些数字化系统的性能验证就没那么关注了。站在数字化解决方案提供商的角度，首先推销的就是强大的功能，至于上线后的性能大体是围绕验证"当下可用"进行的。

此外，尤其是大型的企业集团，其工厂数字化或信息化是一点一点日积月累"生长"出来的，都是由功能应用的需求驱动的，并在发展过程中不断地妥协——打补丁，也存在各种各样的冗余、交叉复杂的信息路径，因此本身并不是按最优性能开发的。

关于功能性这个主题，每家企业都有不同的产品，处于不同的行业，面对不同的竞争环境，遇到不同的客户行为等，可能"千厂千面"，所以本节重点讨论的是经常会有意无意被轻视的性能共性要求。

» 集成性和协同性

数字化工厂应用平台应该能够将各类不同的制造资源和系统有效地组合和协调，消除数据孤岛和应用壁垒，产生"1+1 > 2"的协同效应，包括设备、生产线、物料、人员等各种制造资源的集成，以及 CAD、CAM、ERP、PLM 等不同系统的集成。例如，图 B-60 显示了一家工厂以"订单到交付"为主视角的系统集成构架。

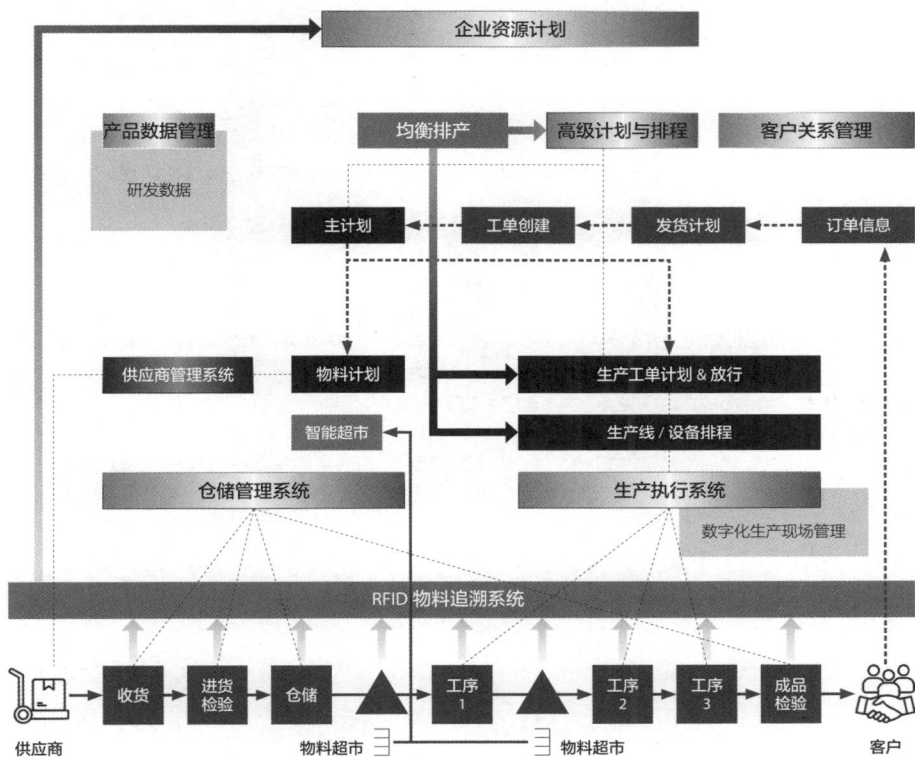

图 B-60　企业信息化系统集成示意图

» 可靠性和安全性

　　数字化工厂应用平台应能够保证生产过程的稳定性和可靠性，以及设备和系统的可用性。这需要数字化工厂应用平台具有可靠的技术架构和安全保障机制，其中最基本的就是网络构架的相关系统隔离和安全分级管理。例如，一个典型的企业内分层 IT 构架如图 B-61 所示。

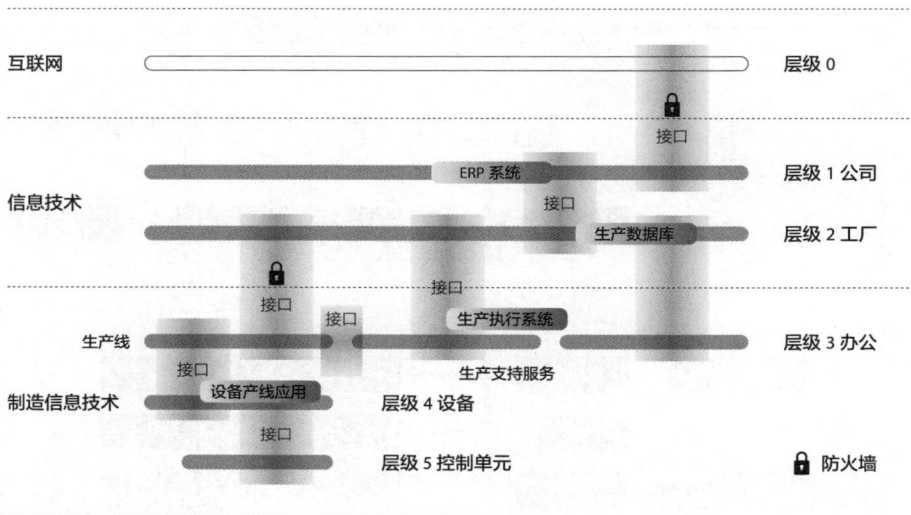

图 B-61　企业信息系统分层构架示意图

» 灵活性和扩展性

　　数字化工厂应用平台应该能够快速响应市场和客户需求的变化以及生产过程中各种不确定因素，并根据需要进行快速调整，扩展功能或提升性能。尤其在业务快速增长或者市场变化剧烈的时候，能够便捷、低成本地扩展平台容量或者调整功能模块以适应变化。这里的隐含要求是：平台的构架也需要考虑标准化、模块化、去中心化等。

　　在进行数字化工厂应用平台建设时，企业还要有一个清晰的目标，涉及投入和建设的阶段分割。我们可以把应用分为不同的等级，循序渐进，分阶段达成目标。大体上，数字化工厂应用平台建设可粗略地分为以下 4 个层级。

» **透明性**：数据可视化，能够将生产过程和各种资源的信息进行实时展示和监控，以便于人员和系统能够及时获取和利用这些信息。

» **协同性**：能够让各个部门、各个成员以及各个系统之间进行有效的协同作业，实现信息的共享和任务的协作，提高生产效率和降低成本。

» **优化性**：能够根据生产过程和各种资源的变化进行不断的优化和改进。数字化工厂应用平台具有数据分析和挖掘的功能，能够从海量的生产数据中提取有价值的信息和知识。

» **智能性**：能够利用先进的人工智能、机器学习等技术，实现设备的自动化、智能化和预测性维护，以及生产过程的优化和调整。

这些特性是数字化工厂应用平台的核心要求，能够使数字化工厂更加高效、灵活和智能地可持续发展。

本节的最后特别强调：对数字化工厂应用平台的性能需要持续监控和优化，包括数据的吞吐量、处理速度、响应时间和资源利用率等方面，以确保平台的高效和稳定运行。

B3-7

本节自我诊断表

在本节中，我们从产品、设备工艺谈到了数据采集、管理和应用平台，这是一个由实（物理）到虚（数字）的过程。在这个过程中，前端的变异性会放大成为后端的复杂度，而复杂度意味着数字化系统的成本和风险。

尽管每家数字化工厂建设服务提供商和咨询顾问都会告诉你，可以先建立标杆工厂，逐步推行数字化转型；任何时候都可以开始使用数字化技术，比如先引入一个自动化立体式仓库、几台自动导引车，或者从一个信息大屏开始。然而，笔者还是要友情提醒一下：作为企业管理者，应该自我审视一下，评估自己的企业是否已准备好进行工厂的数字化转型？这些技术的应用，同样需要企业具备一系列前置条件。只有这样，才能获得预期的收益。

下面从技术的视角出发总结了本章涉及的一系列在工厂数字化转型中应关注的关键问题。

» **产品设计**：

· 是否建立了准确的图样和物料清单？

· 是否已对产品进行了标准化、模块化设计？

· 是否已引入 DFM 和 DFA 流程？

» **设备工艺技术**：

· 是否已经标准化了作业流程（步骤、工艺参数、工时）？

· 设备是否具有数据接口和部分数据收集处理功能（PLC、工控机等）？

· 数据通信协议是否开放，可以实现数据交换？

» IT 基础设施：

- · 企业是否具备稳定、高速的网络连接？

- · 是否建立了独立的制造网络，并能与办公网络（互联网）有效隔离？

- · 是否有足够的计算和存储资源来支持数据处理与分析？

» 数据收集与管理：

- · 是否清晰定义了由数据驱动的、贯穿公司的目标指标管理体系，并了解哪些数据需要收集并数字化？

- · 是否已实施了使用传感器和物联网设备来收集生产数据或者把数据进行电子化？

- · 是否已建立或者部分建立了合适的数据库 ① 和数据仓库 ② 来存储和管理生产数据？

» 软件和应用：

- · 是否已实施 ERP、MES、PLM③ 等核心功能的软件系统？

- · 这些系统是否达到了当初设定的功能目标？

- · 是否采用了标准化的接口和协议来促进不同系统之间的集成？

通过自我评估和检查这些问题，你可以了解企业的数字化转型准备情况，

---

① 数据库（Database）：一个结构化的数据集合，用于存储、管理和检索数据。

② 数据仓库（Data Warehouse）：一个集成了多个数据源的存储系统，主要用于报表和数据分析。与数据库不同，数据仓库的主要目标是支持决策制定，而不是日常的事务处理，如用于商业智能（BI）和数据挖掘等应用中。

③ ERP 关注企业整体资源的规划和优化，MES 关注生产过程的执行和监控，PLM 则关注产品全生命周期的管理和创新。

发现存在的问题和不足，并制订相应的计划和策略来推进数字化转型。如果针对上述 80% 以上问题的答案是肯定的，表明你的企业已经充分准备好迎接数字化工厂时代的到来。如果只有不到 50% 的问题可以获得肯定的答案，建议还是先补上"功课"。

C

数字化转型
实施的方法和挑战

C 章知识要点体系 》》

　　在 A 章中，我们厘清了数字化转型的本质、范围和目标。在 B 章中，我们梳理了数字化转型过程中人员、流程和技术三个方面所需要准备的关键维度和细节。在这一章中，我们将会谈谈数字化转型的实施规划，包括实施的方法和其中可能遇到的挑战，以及规划输出的内容。

　　通常，笔者在项目中遇到的挑战是重方案的实际落地，而轻方案的整体规划，下面我们将借用产品生命周期中成本影响因素的图示来说明规划的价值（见图 C-1 ）。

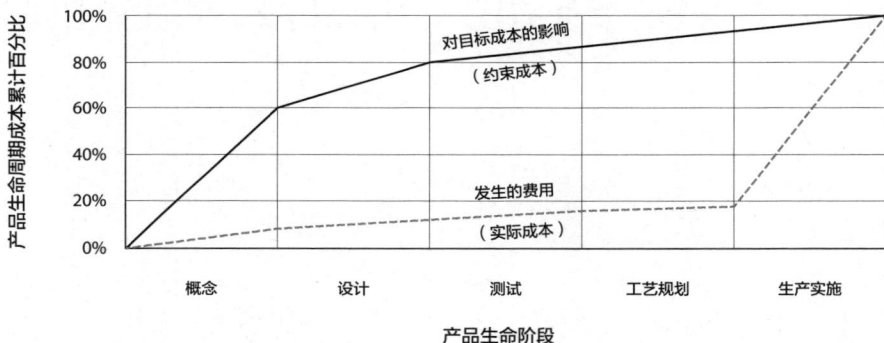

图 C-1　产品生命阶段和成本关系图

资料来源： 基于 David M. Anderson 所著的 *Design for Manufacturability* 一书绘制。

　　如果把数字化工厂类比成一个产品，那么 80% 的数字化工厂建设成本在规划设计阶段结束时就确定了，而这部分真正投入的成本占比在 10% 左右。

　　需要澄清的是，数字化工厂的规划并不能真的设计出一个具备完整"数字化工厂"功能的产品。数字化工厂本身就是人员、流程、技术的复合体，是动态变化的，具有高度复杂性。我们所称的数字化规划，聚焦的是把工厂的业务活动、流程和要素通过数字化技术赋能，形成更高效的运营模式。

同样地，数字化产品实施也不是单纯编程开发出一款可以运行的应用程序，而是从用户的角度出发，以能够帮助提升其日常业务活动为目标，讨论如何把一项业务活动转换成数字化应用所涉及的步骤和可能的挑战。

以孙子的一段话开启这一篇章：

　　夫未战而庙算胜者，得算多也；未战而庙算不胜者，得算少也。多算胜，少算不胜，而况于无算乎！

——《孙子兵法·计篇》

C1

工厂数字化转型的蓝图规划

如果你是约翰内斯·维米尔（Johannes Vermeer），会怎样创作"荷兰的蒙娜丽莎"——戴珍珠耳环的少女？

方式一（见图 C-2 ）：从局部开始，完成一个局部的所有细节，再进行下一个局部。

图 C-2　产品开发方式一

方式二（见图 C-3 ）：从整体构架开始，逐步丰富细节。

图 C-3　产品开发方式二

在这里，你可能会从常识和直觉选择方式二来作画，因为显然方式一几乎必然因为局部细节之间的差异而造成整体的不协调。比如，最后的成品变形了，如图 C-4 所示。

图 C-4 "变形的"成品

上面作画的例子源自产品敏捷开发的理念，对比的是传统开发方式，即假定从一开始就知道最后的结果，然后分块递增开发后将其合成一个整体。敏捷开发则是以迭代的方式，每次交付最小客户价值的可用方案，逐步完善和丰富功能细节。如果把数字化工厂理解成一个产品，那么这样的理念同样适用。我们也需要为数字化工厂勾勒出整体的草图，之后逐层深入（从供应链到工厂、价值流再到生产线……），丰富细节，确保整体的一致性和协同性。

因此，工厂数字化进入实施阶段的第一项重要内容就是勾勒草图，也就是蓝图规划。下面分四个小节讨论如何把抽象的数字化工厂概念变成可执行的方案（见图 C-5 ）。

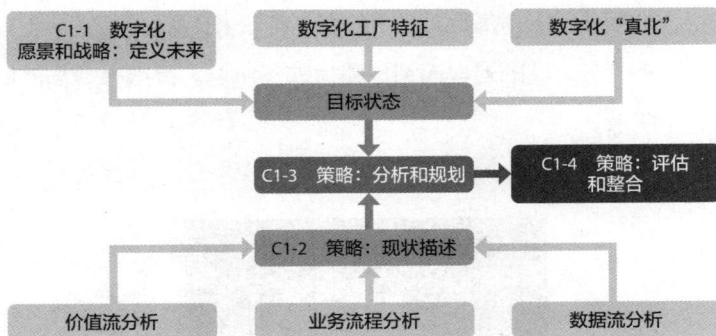

图 C-5　数字化工厂规划流程概览

C1-1 数字化愿景和战略：定义未来——为什么要建设数字化工厂？想要做成什么样？如何把业务需求相互连接起来并转换成数字化的愿景？

C1-2 策略：现状描述——工厂的现状怎么样？从业务流程到制造要素（人、机、料、法、环）的情况是怎样的？有哪些优势和弱点？

C1-3 策略：分析和规划——当前状况和规划愿景之间有哪些差距？有哪些可能的解决方案可以消除此类差距？未来应该怎样做和变成什么样？

C1-4 策略：评估和整合——解决方案之间有逻辑关系吗？需要怎样做才能取得数字化投入与产出的合理结果？如何形成一套数字化转型的方案和蓝图？

本节将围绕上述问题的共性答案展开。

C1-1

数字化愿景和战略：定义未来

"愿景""战略""策略"都是企业中高频出现的词，为了避免在接下来的讨论中给大家带来混淆，先澄清一下概念（引用自"百度百科"中的描述）。

» **愿景**：描绘企业期望成为什么样的一幅图景。广义上讲，它是企业最终想实现什么。因此，愿景宣言清晰地描述了企业的理想状况，使企业的未来更加具体化。比如，麦当劳的愿景是"成为世界上服务最快、最好的餐厅"；福特汽车公司成立时的企业愿景是"每个美国人都能拥有汽车"。

» **战略**：一种从全局考虑谋划实现全局目标的规划。战略是一种长远的规划，是远大的目标。通常，规划战略、制定战略、用于实现战略目标的时间是比较长的。比如，企业规划 5 年后、10 年后要实现目标，这种长时间、大范围的规划就是战略。

» **策略**：计策、谋略，一般是指可以实现目标的方案集合或者根据形势发展而制定的行动方针等。

回到数字化工厂这个话题，本书由此做出一些界定。

» **愿景**：描绘我们期望数字化工厂成为什么样的一幅图景，即工厂数字化最终想实现什么。愿景描述了工厂数字化想要达成的理想状况，使之具象化。

笔者想起另一段有关雕塑家和一个小男孩的对话，大意是：一个小男孩天天在广场上看一位雕塑家凿一块巨大的石头。渐渐地，石头上出现了一个动物的轮廓，几天后一匹栩栩如生的马耸立了出来。小男孩惊讶地问雕塑家："你怎么知道石头里藏着一匹马？"雕塑家说："因为我心里有一匹马呀！"雕塑家心里的这匹马就是一种"愿景"。

» **战略**：工厂实施数字化转型全局考虑的谋划，也是为实现数字化工厂愿景而采取的总体行动计划，包括一系列策略以及为实现目标所需的资源分配和关键成功因素。

如果我们是雕塑家，心里有了一匹马后，接下来应考虑：作品的大小、位置和周围环境，以及观众的观赏体验；选择作品的质感和持续性，如用大理石、青铜还是泥土等；规划资金投入和来源。

» **策略**：根据工厂现状和发展形势，所制定的实现数字化工厂战略目标的行动方案组合，包括数字化蓝图（Blueprint）和实施路径（Roadmap）。

类似地，如果雕塑家要开始工作，需要一个工作计划，包括时间安排，阶段步骤和预期结果，需要准备的材料和工具。同时，别忘了控制一下费用。

接下来，我们先谈愿景：愿景有大有小，不能空有梦想，不考虑自身现实。比如，"先定一个能达到的小目标——我先挣它一个亿"。这个"小目标"作为愿景对普通人来说挑战太大了，但对世界首富来说，称它为"小目标"是恰当的，或许千亿到万亿才能被其视为"愿景"。

C1-1-1

数字化愿景

为了避免仅仅树立一个空泛的口号，制定数字化工厂的愿景必须从了解工厂开始。一家工厂可以抽象成这样一个模型（见图 C-6 ）。

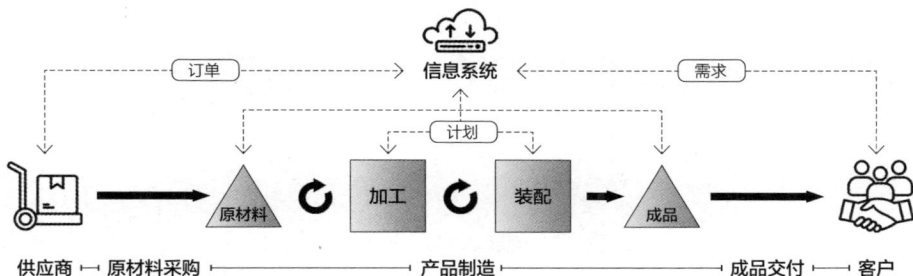

图 C-6　工厂抽象模型图

我们从上述工厂模型中可以看出，一家工厂的核心要素包括以下几个方面。

- » 客户：我们给谁提供产品 / 服务？

- » 产品：我们提供什么样的产品 / 服务？

- » 供应商：谁提供给我们需要的资源？

- » 制造过程：我们如何把资源转换成产品 / 服务？

- » 交付：我们的客户如何得到我们的产品 / 服务？

- » 人员和组织：为了完成上述产品 / 服务提供，我们的人员和组织应该是什么样的？

你可能会觉得，这不是所有工厂的基本要素吗？现在讨论数字化工厂也是这些要素吗？我们举一个身边的例子——家里的厨房，分别看一下传统厨房和智能厨房做菜的基本操作流程，如图 C-7 和图 C-8 所示。

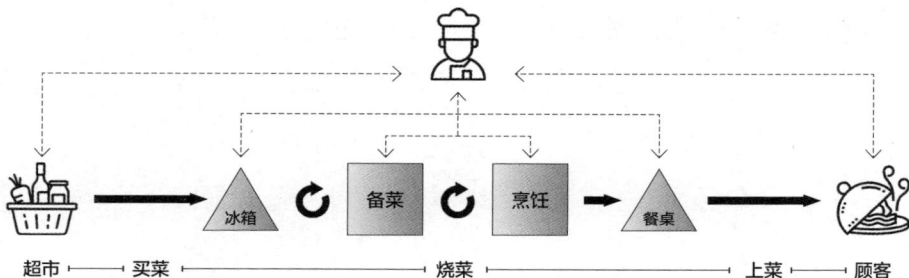

图 C-7　传统厨房做菜基本流程

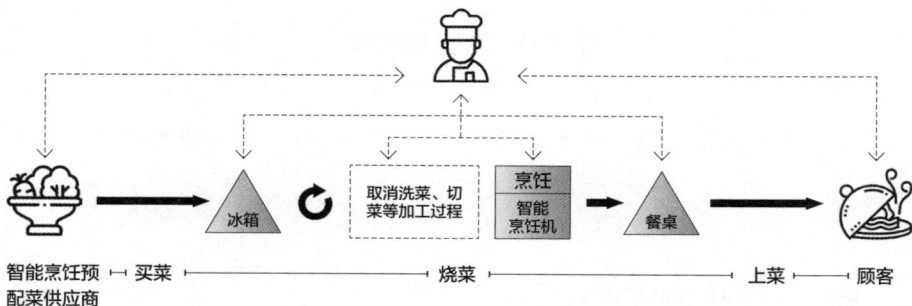

图 C-8　智能厨房做菜基本流程

按照工厂要素做个简单的烧菜过程类比，比如做土豆炖牛肉（见表 C-1）。

表 C-1 厨房做菜要素对比表

过程要素	传统厨房	智能厨房
客户	家人（传统型）	家人（效率型）
产品	土豆炖牛肉（手工版）	土豆炖牛肉（智能版）
原材料供应商	· 超市或农贸市场（哪儿的原材料新鲜和价格合理就去哪儿）——耗时 2 小时 · 一周一次存放冰箱	· 预配菜供应商（必须配合特定型号智能烹饪机器人，将食材洗切之后分类包装在带有识别码的包装盒内，烹饪机器人能自动按照做菜过程投加食材） · 通过公司特定平台订购，送货上门——耗时 5 分钟 · 每周一次，存放冰箱（也可每天定时送货，运费另算）
制造	· 家人分工：一个洗菜、切菜，另一个烹饪 · 口味可以随意调整（注意：此处可能有鮪咸鮪咸的风险！）——耗时 2 小时	· 把预配菜放入智能烹饪机原料入口，提示音响起即可 · 口味相对标准——耗时 5 分钟（另需等待 50 分钟完成烹饪，其间可以玩手机或看书学习）
交付	出锅、装盘、上桌	上桌（另有送餐机器人可选，价格另算）
人员组织	· 人员必须有一定甄别食材的能力（特别是去农贸市场） · 烹饪的技能	· 必须具有熟悉数字应用和数字化生活场景的能力 · 能容忍机器烹饪口味的能力（幸运的是机器在不断学习，能逐步改善口味）

我们从上面的对比中可以看出，尽管智能厨房在很大程度上改变了传统做菜过程的形式，但是基本的要素还是一样的。我们可以用这些基本要素，透过表面的差异分析本质问题。回到工厂，无论传统工厂还是数字化工厂，从本质上讲，工厂就是一个生产产品的地方，数字化技术给工厂运营带来的影响可能是效率提升、质量改进、成本降低等。工厂的数字化转型也必须紧紧围绕技术赋能业务提升这一基本点，即工厂基本要素在数字化技术的加持下，会成为什么样。因此，定义工厂数字化的愿景可以分成六个步骤，通过六个基本要素的

画像勾勒出未来数字化工厂的图景。

接下来，我们进行一次数字化工厂规划之旅。不妨就选这家生产智能烹饪机器人的工厂吧（代号"i－工厂"），隶属于智能家庭产品集团的智慧厨房事业部，其代表性产品包含做菜的烹饪机器人、烧饭的智能电饭煲、做饮料的智能咖啡（茶）机等。

既然是面向未来的科技产品，工厂总经理希望把工厂建设成一家高水平的数字化工厂。总经理的困扰是有太多关于数字化工厂、智能工厂、工业 4.0、工业互联网的概念，也有层出不穷的技术，不断有软硬件供应商在不同场合向他推销数字化产品。他本人也参加过不少交流研讨，参观过很多工厂，但是得到的信息越多，对这个概念就越模糊。最终，他下定决心请我们帮他把数字化工厂的概念和工厂的业务融合起来，转换成一个可以实施的计划。

所以第一步行动就是要和项目组及公司管理层一起开发一个 i－工厂数字化的愿景。

为了帮助你熟悉 i－工厂，我们先了解一下该工厂生产的典型产品——烹饪机器人（见图 C-9a）：产品的大体结构分为烹饪处理模块、食材投料仓、触摸屏、调味料配制仓几个部分。

该产品配合集团另外一家食品工厂的预配菜使用，如土豆炖牛肉（见图 C-9b），这是使用标准的可回收包装盒存放的净菜，比例已经调配好，通过识别包装盒上的二维码，烹饪机器人能调选出推荐菜单，消费者选择适合自己口味的菜单后，机器人会自动完成整个烹饪过程，做出成品菜肴。

根据项目组成员的描述和拜访工厂时简短参观的印象，我们可以简单画出 i－工厂的总体流程模型（见图 C-10）。

接下来，经过一轮研讨会的破冰活动、项目背景介绍等，就切入了主题。但这样的讨论很容易走向两个极端：要么大家谈得太高大上，内容变得假大空；要么太具体，成了一场吐槽大会。大部分人都习惯埋头于日常事务性工

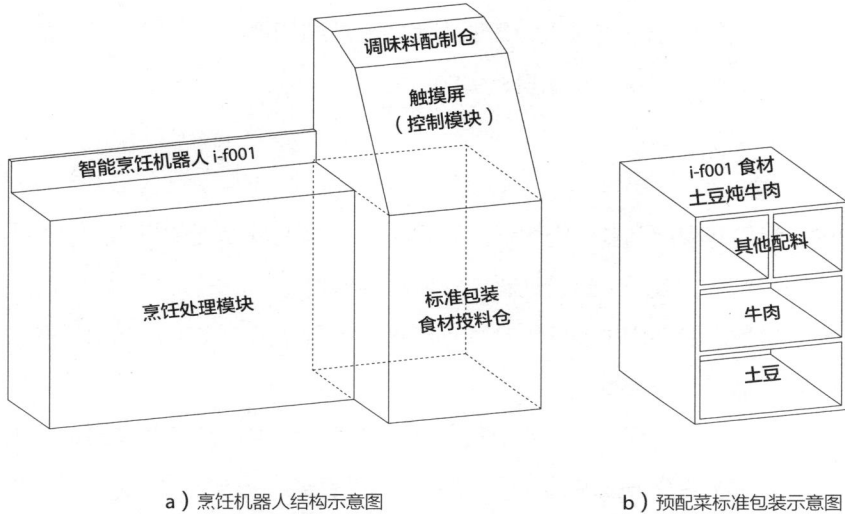

a）烹饪机器人结构示意图　　　　b）预配菜标准包装示意图

图 C-9　烹饪机器人产品示意图

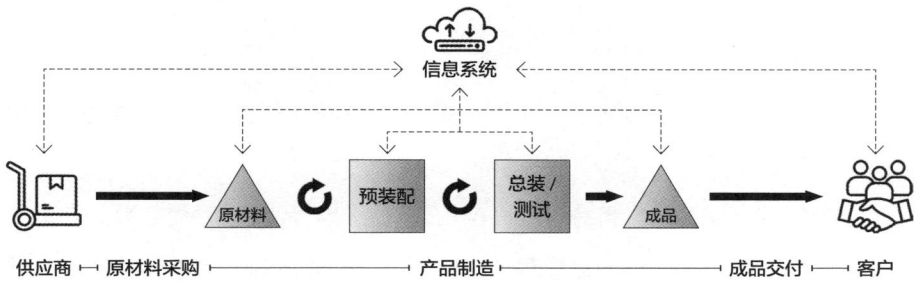

图 C-10　烹饪机器人工厂流程图

作，当要求展望一个整体的发展目标时，总是有些不知所措。为此，我们按照
定义愿景的每个步骤把对应的问题进行细化，尽量把大家引导到既定的框架

内，以有针对性的问题回答为主，帮助大家快速总结和提炼出关键词。随着讨论的进行，我们整理记录了与愿景相关的内容。

» **客户画像**

· 谁是我们的客户？有一定生活品质要求的"懒人"（此处并无贬义，"懒"或曰"解放自我"，是推动科技发展的原动力）。

· 什么是我们的客户想要的？从烦琐的做菜过程中解放出来，不动手就能吃到丰富可口的菜肴。

· 如何让他们的生活／工作更便利？不用洗菜、切菜，省却烦琐的做菜过程，节省学习烹饪技术的时间，避免"炸厨房"……

· 什么是他们的期望？口味能符合个人需求（南鲜北咸、东甜西辣）；菜单丰富，烹饪方式多样（煎、炒、炸、蒸、涮、煮、炖、烤……）。

· 我们将如何和他们交互／沟通？在线沟通，个性化定制，用户社区。

» **产品画像**

· 我们提供的产品／服务是什么？硬件产品是烹饪机器人；软件服务是功能在线更新。

· 与传统产品相比，将会有什么样的改变？从产品使用感受上看，你不是一个人在做菜，你的背后有一个团队，你的周围有一个社群；从产品形式上看，不再有一堆的锅、铲、刀等厨具，高度集成。

· 为什么我们提供这样的产品／服务？从社会发展的角度看，家庭正向原子化方向发展，而且个人从事家务的时间变少，主观能动性降低，客观上需要能自动做菜的机器人；从技术的角度看，我们有丰富的储备（图形识别、机器学习、温湿度传感器等；用户群积累下来的烹饪及口味大数据；对美食充满热情的大厨……），而且和集团内其他事业部形成了产品生态。

· 我们能提供的下一代产品 / 服务是什么？将和集团内的健康监测产品形成数据互动，根据客户的健康数据分析，推荐最佳菜单，让客户不仅吃得好，还要吃得对（更健康）。

» **供应流程画像**

· 我们的供应商希望知道什么？实时、准确、透明的订单采购信息，合理的交货周期，及时的技术变更信息。

· 我们向供应商采购的产品将如何送达？采购物料以标准包装准时配送、直送生产线使用点（Ship to Line，STL）[①]。

· 供应链上的信息是如何分享的？通过供应链数据平台实现信息的实时共享。

» **制造流程画像**

· 我们需要生产什么？智能烹饪机器人。

· 我们将如何生产？工厂将专注于产成品的装配和测试，零部件制造通过外购实现。产品通过高度自动化和智能化设备实现柔性生产，通过软件和硬件模块组合实现个性化客户定制。

· 生产将如何变化？生产过程少人化或无人化；大量先进技术（自动化、传感器和数字化）将应用于生产，软件定义制造过程。

· 描述未来生产流程。客户选择的个性化产品模块组合被分解成制造工艺、产生制造物料清单（mBOM）和工艺路线，形成生产计划，通过协

---

① 一种物料配送方式。

同的数据中心分享到供应链。原材料到达工厂，自动导引车把标准包装的物料运输到生产使用点。自动机器人或协作机器人按照设定的工艺路线完成装配和测试。生产线末端为完成测试的产品自动打上追溯码，打包并打印出客户信息，完成的包装由自动导引车送入自动立体仓库。整个生产流程实现了连续流动。

» **交付流程画像**

· 我们的产品将如何交付？通过第三方物流派送给客户。

· 我们将把产品交付给谁？交付给直接客户或客户家庭成员。

· 将要沟通什么样的信息？客户下达订单后会收到产品交付的日期，客户可以通过应用程序实时追踪订单的进展情况。公司安装服务人员会确认厨房安装改造的必要信息。

· 时间计划将如何变化？信息实时共享。

» **组织画像**

· 个人需要什么样的胜任技能？数字化、传感器、软件的技术能力；敏捷、创新的思维能力。

· 我们能如何支持这种转变？现有人才的培训和转型，新人才的引进。

· 我们将如何调整我们的组织结构？客户导向，扁平化，学习型组织。

· 我们需要聚焦在什么区域？适应新技术的人才培养，适应新组织和生产模式的变革管理。

接下来，我们要通过总结上面的要点形成一个数字化工厂的愿景描述（注意不是公司整体的发展愿景！这个愿景关注的是数字化工厂）。跳过中间多次的修改，最后大部分人同意的愿景如下。

通过集成先进的技术和柔性生产流程，成为领先的智能烹饪机器人生产制造工厂，为用户提供高品质和创新的智能烹饪机器人产品，实现科技赋能生活。

当然愿景没有标准答案，在得到业务发展结果验证之前，也不存在最佳愿景。关键是达成共识和得到认同。

在离开公司的路上，笔者收到一条信息，一位部门负责人问："这个愿景有什么用？愿景宣言好像说了点什么，又好像什么也没说，值得大家花一整天的时间讨论吗？"笔者从百度百科上复制了一段关于愿景价值的论述，修饰了一下措辞，回复了他："对任何一个组织来说，有没有共同的愿景，或者说愿景能不能得到员工的认同，是组织领导力水平的分水岭，也是组织间差距的关键原因之一。"

C1-1-2
数字化战略

在 i－工厂经过了漫长的一天，我们讨论了工厂数字化的愿景，同时在很大程度上定义了战略。战略是愿景的承接，是为实现愿景而采取的总体行动计划。当然战略可以分很多层级，这里不讨论企业级战略的制定过程；集中讨论数字化工厂建设这一职能战略，更进一步是工厂核心流程（订单到交付流程）的数字化战略。

我们再次来到 i－工厂，昨天讨论愿景时六个步骤的记录被张贴在会议室的墙上。现在，项目组成员需要把其中的关键词放到工厂流程图中，把抽象的概念与实际的业务进行初步关联（见图 C-11）。

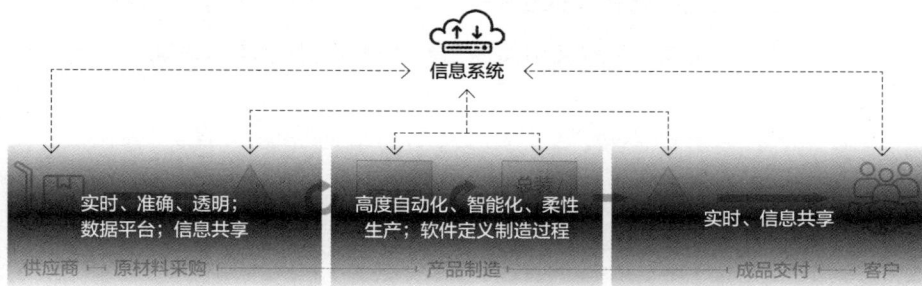

图 C-11   工厂流程数字化关键点

经过前期讨论，大家明显更容易进入状态，而且因为关联了具体业务流程，讨论的方向更加明确，从实际生产中的技术、业务运营中的流程以及具体的人和数据等方面列出了很多点。这次的讨论没有假大空倾向，不过时不时地出现了一些抱怨声。好的情形是项目小组内能自我纠偏，会有人提醒"如果……就能避免你说的……情况了"。这时要时不时地提醒大家的是，不要陷入某个具体问题和解决方案的讨论，在项目过程中会留出专门的时间做研讨；当下需要列出概括性、方向性的东西。

按照前期的约定，我们把讨论内容限定在数字化工厂内，把产品开发、营销策略等排除在外。最终，项目组形成了支持愿景的数字化工厂战略方向。

» **制造系统和流程标准化、自动化和互联。**

· 不断完善制造系统，通过标准化和持续改进的流程，让数字化赋能业务。

· 制造物流过程中的机器、装置和设备及其接口的标准化，使得整个价值流互联和优化成为可能，逐步实现自动化和柔性生产。

» **数据和信息系统标准化和互通。**

· 通过建立数据标准实现数据互通和共享，以高质量的数据实现自我优化流程。

· 通过灵活的标准化和面向未来的 IT 基础设施，IT 解决方案得以高效、安全地运行，实现了供应链网络数字化。

· 信息系统应用平台具有模块化结构和标准化理念，成为工厂数字化的支撑。

» **协同和学习型组织。**

· 数字化人才培养和技能提升。

· 制造、物流、数字及信息技术等不同领域人员的跨部门协作。

把以上内容归纳总结，我们可以得到 i – 工厂的数字化战略（见图 C-12 ）。

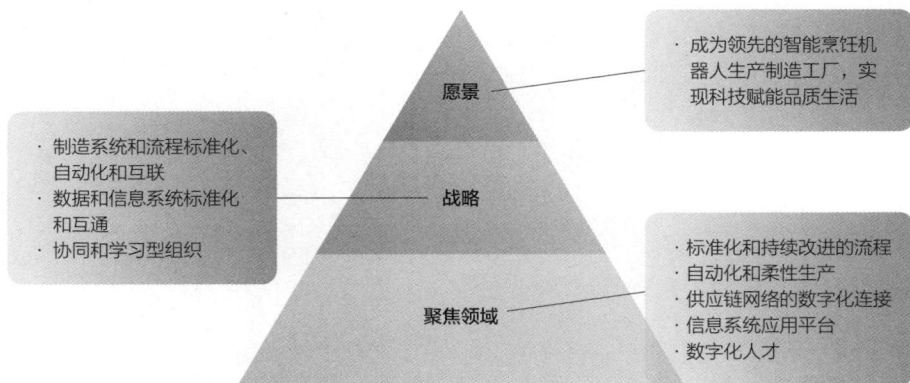

图 C-12 数字化工厂战略与愿景及聚焦领域的关系

需要提醒一下，这个愿景简化了不少细节，实际项目中要复杂得多。我们希望通过这些步骤和主要任务让你对数字化工厂蓝图规划有一个概念性的理解。

说到这里，笔者分享一下项目实践中经常遇到的情况：很多中小企业老板不太谈战略的作用，而是更关注生存和发展的问题。很多数字化项目实际上都是来源于老板遇到的某个不得不解决的问题，通常会跳过战略，直接把问题和解决方案对应起来，如招聘不到员工——自动化，仓库面积不够——自动化立体式仓库等。

作为顾问，我们当然要解释：技术不能解决流程问题，需要从战略上梳理一下解决方案的优先级和关注点。比如，仓库面积不够是不是由于库存太多？能否通过物料采购和供应流程优化解决以上问题？库存周转率是多少？库存准确度怎么样？物料齐套性有什么问题？计划准确率怎么样？这些问题不解决，自动化立体式仓库不但不会帮助解决问题，反而会造成更大的问题。

C1-2

策略：现状描述

回顾一下制定数字化工厂蓝图的框架（见图 C-13 ）。

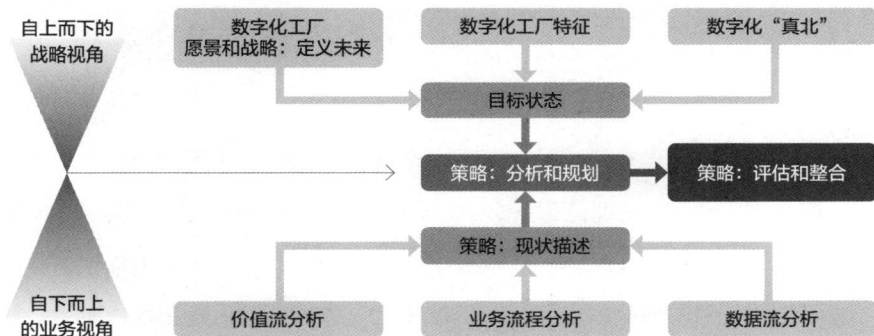

图 C-13   数字化工厂的实施视角

上一节是从战略视角自上而下规划了一个目标状态，它的意义在于形成统一的框架和标准，缺点是概括度太高，可能与业务实际的关联度较弱。所以从这一节开始，我们会站在业务视角自下而上识别现状，对比与目标状态的差距，进而挖掘出可能对业务增值最有帮助的数字化方案。

我们已经非常熟悉 i－工厂了，那么继续项目之旅吧。

C1-2-1
价值流分析

价值流图（Value Stream Mapping，VSM）[①] 是精益生产的一个基本工具，也是最重要的工具，这里不多谈关于价值流图怎么画的方法，想了解的读者可以去看一看《学习观察：通过价值流图创造价值、消除浪费》和 *Seeing the Whole: Mapping the Extended Value Stream*。

数字化工厂规划中进行价值流分析的意义具体如下。

» 可以对工厂订单到交付的流程有一个快速、整体的了解。

» 可以到现场去发现问题（Go-to-Gemba）：现场能给我们很多真实的信息。

» 帮助我们暂时脱离系统构架、数据中台、大数据分析等数字化概念，快速进入现场和业务应用的视角。

当然，要想取得好的效果，必须带着问题和审视的眼光去现场。例如，图C-14 是去现场调研时会使用的一份问题清单，供大家参考（注意：不同的工厂可能需要不同的侧重点，这份清单主要针对的是离散制造中以装配为主的工厂）。

项目组成员花了几小时的时间深入调研了 i–工厂，得到了一张价值流图，如图 C-15 所示（注意：此图已经过简化处理，去除了敏感信息）。

---

① 价值流图：精益制造生产系统中用来描述物流和信息流的形象化工具。主要作用是识别浪费和消除不增加价值的项目，以优化生产过程。它通过标准化的图标为团队成员间关于改善的沟通提供一种标准的共同语言，是精益变革管理的基础工具之一。

» **显而易见的浪费：**
☐ 故障停机　　　　　　　　　☐ 人车混流
☐ 通道堵塞　　　　　　　　　☐ 繁忙的物流员工
☐ 设备 / 人员闲置　　　　　　☐ 返修和报废品堆积
☐ 地面破损，垃圾堆积　　　　☐ 设备表面的油污、灰尘

» **稍加观察后发现的浪费：**
☐ 工艺流程不畅，交叉往返的搬运　　☐ 工具无法使用或损坏
☐ 错误的 / 有缺陷的原材料　　　　　☐ 零件 / 材料短缺
☐ 没有可视化生产目标管理　　　　　☐ 没有作业标准
☐ 工作负荷不平衡

» **需要和现场人员讨论的可能浪费：**
☐ 排程方法，计划执行不当　　　☐ 问题处理，信息沟通不畅
☐ 设备利用率不佳　　　　　　　☐ 员工技能和任职资格管理不足

图 C-14　离散制造中装配为主的工厂问题清单

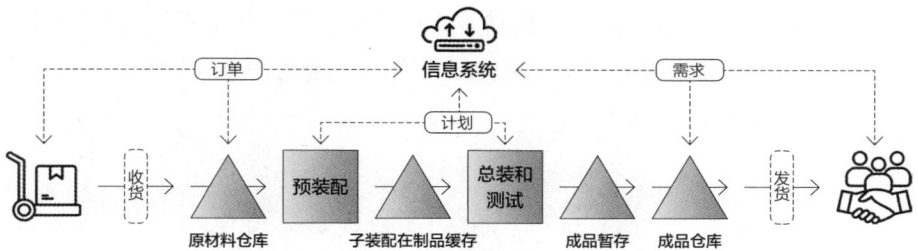

图 C-15　i－工厂价值流示意图

同时，我们从 IE 工程师[①]那边得到了一张工厂的布局示意图（见图 C-16）。

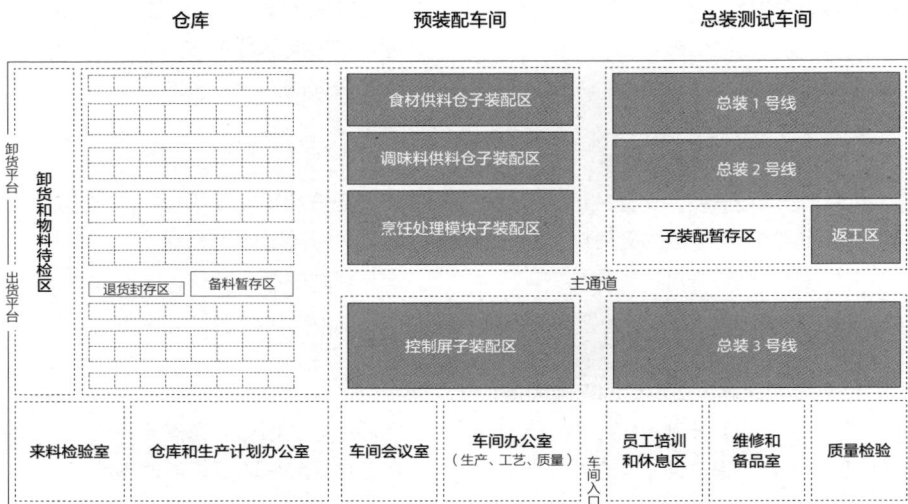

图 C-16   i－工厂生产车间布局示意图

在项目组成员讨论总结现场问题的空当，你不妨花 10 分钟做一项简单的练习，看看你的改善眼光如何。按照图 C-14 中的问题，站在精益生产的角度，列出 i－工厂车间要做的 3 个重要改善点（当然，改善点多多益善）。

参考的改善点，如图 C-17 所示（注意：不是标准答案）。

[①] 从事工业工程的人。狭义地讲，即工厂中负责调度管理人员、设备、生产物料、操作方法、工厂设施的实践者；广义地讲，是指运用工业工程手法对某个系统整体进行专业管理的工程师。

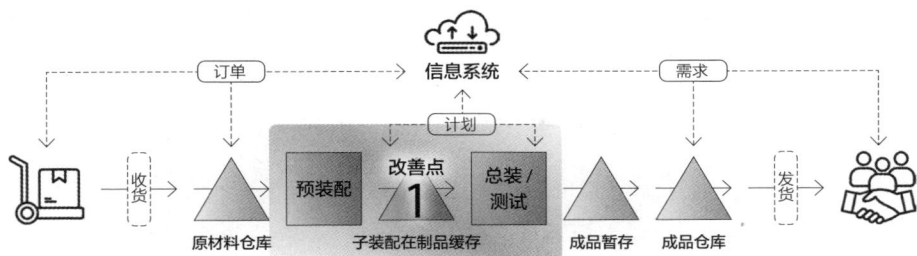

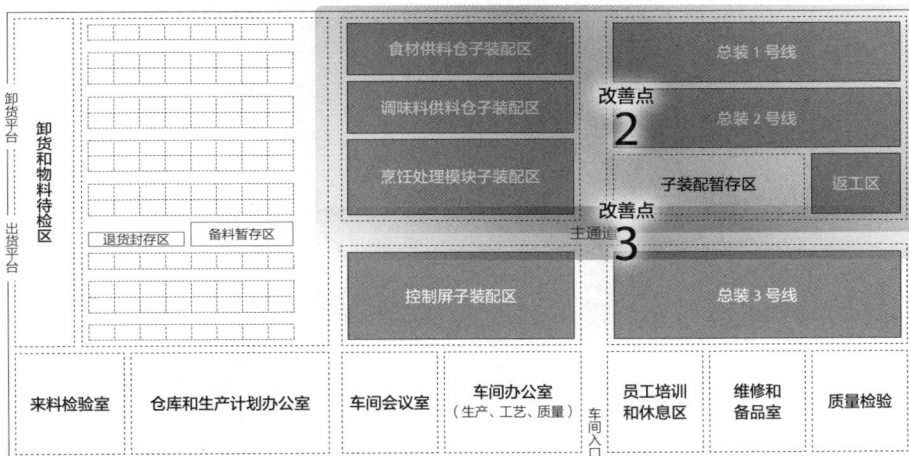

图 C-17　i－工厂的改善发现示意图

» **改善点 1**：当前设定的物料超市由于缺乏清晰定义的上下游工序对应关系，不能有效运转；同时成品因为回流过程太长，在车间存在额外库存存放区域。

» **改善点 2**：组件模块预装区和总装区按功能布局，必定导致在制品库存量加大，而且前后工序生产线对应关系不明确，内部物流路线复杂。

» **改善点 3**：整体车间物流不合理，成品运输到仓库距离过长，可以考虑车间整体 U 形布局。

　　当然，在现场发现了更多需要改善的问题，大家在车间会议室进行了一番研讨。除了项目组成员，生产、物流和计划、工艺、设备、质量等部门的相关人员也都参与了讨论。大家提出了现场的问题，分享了各自的想法。同时大家开始关心：未来可以做成什么样子？如果要解决上述问题，流程要做哪些改变？参与讨论的大部分人不了解价值流设计，所以我们花了 1 小时做了一些价值流方案的分享，帮助大家拓展思路。然后结合实际问题，我们把大家的想法变成了一张未来价值流规划图（见图 C-18）。尽管这是一个粗略的版本，但也足够明确接下来的项目工作：IE 工程师和工艺工程师可以按照新的价值流规划去调整车间的布局，由功能导向改为流程导向；数字化项目组也了解了车间现场信息流和物流的数字化应用核心场景。

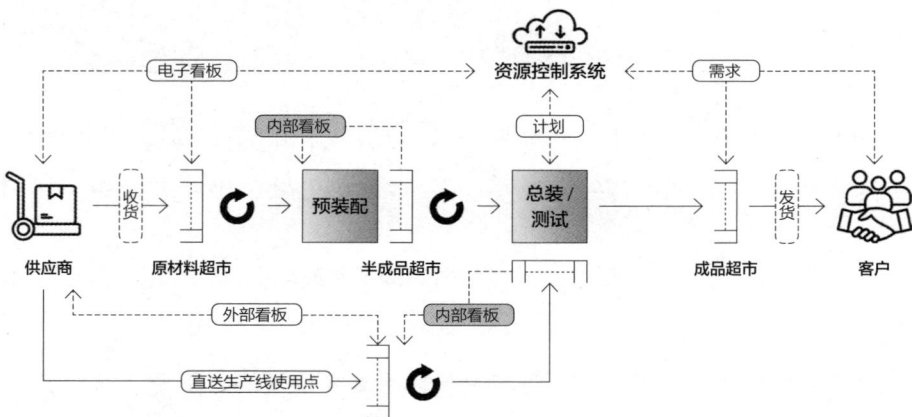

图 C-18　i - 工厂未来价值流规划图

　　另外，关于如何规划和设计价值流，感兴趣的读者可以去阅读一下这几本经典图书。

» 《精益实践：创建连续流》，[美]瑞克·哈里斯（Rick Harris）、[美]迈克·罗瑟（Mike Rother）著，东方出版社出版

» 《精益实践：精益物流》[美]瑞克·哈里斯（Rick Harris）、[美]克里斯·哈里斯（Chris Harris）、[美]厄尔·威尔逊（Earl Wilson）著，东方出版社出版

» 《精益实践：均衡生产》，[美]阿特·斯莫利（Art Smalley）著，东方出版社出版

C1-2-2
数据流分析

  尽管价值流分析似乎和数字化工厂没有什么直接关系，只是帮助我们了解一下现场和流程，但是一家连价值流分析设计和改进都没有做过的公司，大概率是很难实现工厂数字化转型的！更有可能是工厂中只做些数字化应用，如买几台自动导引车搬运物料，使用二维码扫码进行出入库管理等。能实现的只是局部且有限的作用。

  当然项目工作不仅仅只探讨价值流，要追求的目标是工厂数字化转型。在前文的技术准备中，我们介绍了数据流、数据浪费、数据"真北"等。在项目实践中，我们结合精益价值流图，使用数据价值流的形式来系统分析数字化的现状和改善机会点。

  在此，先感谢数据价值流方法的开发者 Hartmann 和 Meudt 等人，他们把传统的价值流方法应用于工业 4.0 时代，发表了一篇题为 *Value Stream Method 4.0: Holistic Method to Analyse and Design Value Streams in the Digital Age* 的论文。他们在文中描述了数据价值流的方法。在项目实践中，会对方法有些应用上的变形，但是本质上并无变化。

  典型的数据价值流，如图 C-19 所示。

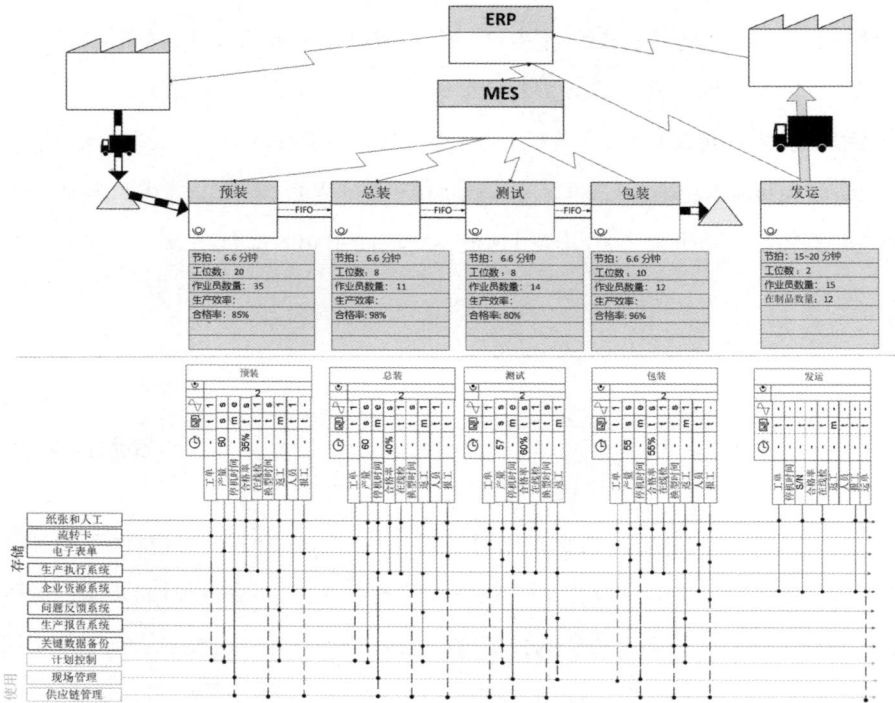

图 C-19　数据价值流与数据流分析图

　　数据价值流图的上半部分是传统价值流图，下半部分是数据点和数据生命周期分析，特点是每个数据产生源都与现场的工序及业务活动结合在一起，并且数据的应用和业务需求紧密结合。

　　通常上半部分按照传统价值流分析进行（就像前面在 i – 工厂做的一样），下半部分数据流分析分成以下六个步骤。

> » 列出每个工序步骤所产生的数据。
> » 定义数据采集存储的方式。

» 列出每个工序的步骤和信息流分析。

» 数据使用分析。

» 关联数据产生、采集 – 存储、传递 – 查询、使用的流程。

» 识别数据浪费和改进机会点。

在 i – 工厂，项目组成员培训学习完方法后，各自得到一张模板（见图 C-20），之后被分组去现场描绘各个工位的数据流。

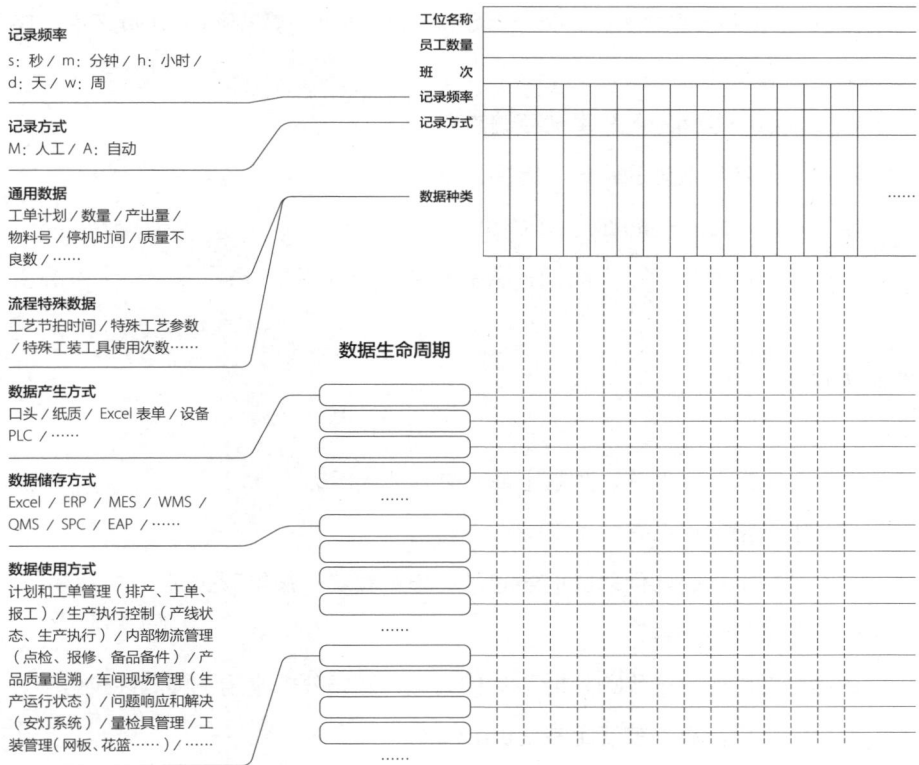

记录频率
s: 秒 / m: 分钟 / h: 小时 / d: 天 / w: 周

记录方式
M: 人工 / A: 自动

通用数据
工单计划 / 数量 / 产出量 / 物料号 / 停机时间 / 质量不良数 / ……

流程特殊数据
工艺节拍时间 / 特殊工艺参数 / 特殊工装工具使用次数……

数据产生方式
口头 / 纸质 / Excel 表单 / 设备 PLC / ……

数据储存方式
Excel / ERP / MES / WMS / QMS / SPC / EAP / ……

数据使用方式
计划和工单管理（排产、工单、报工）/ 生产执行控制（产线状态、生产执行）/ 内部物流管理（点检、报修、备品备件）/ 产品质量追溯 / 车间现场管理（生产运行状态）/ 问题响应和解决（安灯系统）/ 量检具管理 / 工装管理（网板、花篮……）/ ……

工位名称
员工数量
班 次
记录频率
记录方式

数据种类

数据生命周期

图 C-20　数据流分析模板

项目组有成员提出还需要注意什么，如同前面在做现场巡查时一样，需要大家带着疑问进一步去发现问题。

1. 数据产生、采集和处理

- » 现场有哪些表格、表单？
- » 数据是如何被记录和收集的？（员工填写、扫描器、RFID、IT 系统传输、传感器采集）
- » 数据被存储在哪里？（ERP、MES、Excel、PLC、数据库、纸质文档、员工脑子里等）
- » 数据是自动存储的还是手动存储的？
- » 哪些系统参与数据的采集、转换和存储？
- » 信息是否流经不同的部门 / 区域？
- » 信息流是否有中断？（比如，从系统导入 Excel 表，再导入另一个系统）

2. 数据使用

- » 需要分析哪些重要的、频繁出现的关键绩效指标（KPI）？
- » 这些绩效指标是否有数据支持？
- » 这些绩效指标是如何形成报告的？（更新频次、报告形式）
- » 数据质量是否一致？
- » 数据是否用于进一步的分析？（相关性、回归分析等用于预测性改进）
- » 数据分析是否真的被使用并提供价值？
- » 可用的数据是否相互关联？

　　新的知识和方法总能激励人，i－工厂的项目团队非常有干劲，接下来两天大家深入现场分析了每道工序，包括生产制造的工序和物流区域。当众人再次在会议室集合时，发现很多现场数据流的问题有一定的共性。典型的问题就是现场数据不全和普遍采用手工采集：纸质单据非常多，数据质量低；数据之间不能共享，数据流中断，导致查询和使用数据困难；现场系统缺乏满足应用要求的数据支持，导致系统不能真正使用并产生应有的价值等。

　　接下来，大家按照培训的方法整理出了数据价值流图，下面我们将举例分析（应保密要求，数据经过简化脱敏处理）。

　　这是控制模块预装车间的一道典型工序（见图 C-21），我们可以看到除了关键工艺参数是由 PLC 控制并自动收集的，其他数据都是依靠人工记录；

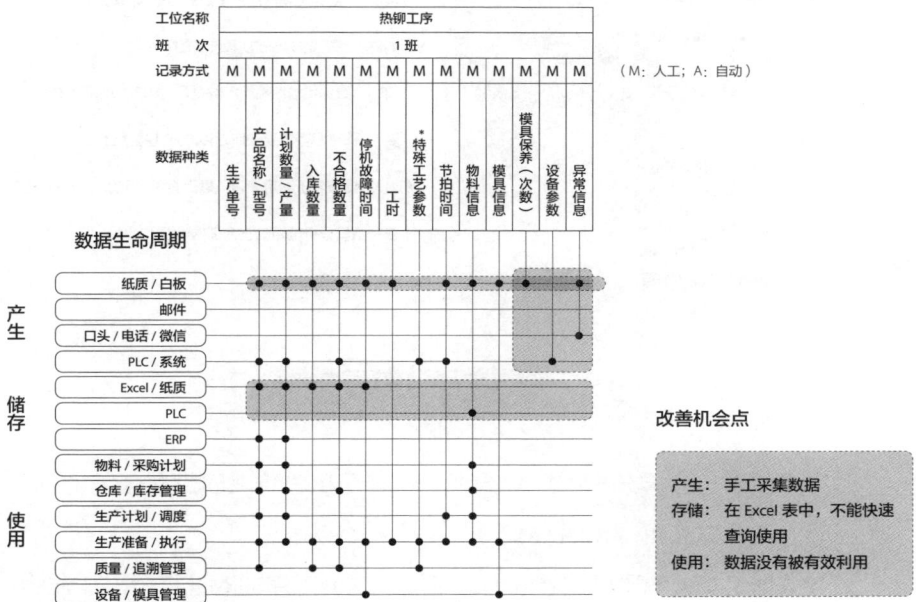

图 C-21　热铆数据流改善案例

并且 PLC 收集的数据是一个孤岛，只被保留在设备上。后续的质量问题分析，需要设备工程师连接到 PLC 通信端口取得元数据。而实际情况是，为了省事，基本不使用这些数据。

如果结合数据浪费，那么几乎所有的浪费都能在这道工序中被发现。还记得数据生命周期的八个阶段和对应的数据浪费吗（见图 C-22）？

图 C-22　数据生命周期与数据浪费分析

再看看前面价值流分析中提到的那个预装配和总装之间暂存区域（预装在制品库）的数据流图（见图 C-23）。

结合数据浪费，你可以试着练习一下发现这道工序的改进机会点（注意：在这项练习中，你的信息有限，因此不必追寻每个数据种类的含义，而是主要从数据生命周期的角度发现改善点）。

（M：人工；A：自动）

工位名称	预装在制品库
班　次	
记录方式	M M M M M M M M M M M M M M M M M M M M M M M M

数据种类：物料号　库存数量　使用工位　检验结果　入库数量　入库日期　委外送检数量　供应商信息　委外送检项目　委外送检结果　委外退料数量　委外退料原因　产品型号　物料清单　异常补料数量　异常补料原因　客户信息　发货数量　库位号　查存数量　最大／最小库存数限制　温度／湿度　补料信号　盘点数量　产品评审项目　产品评审结果

数据生命周期

产生
- 纸质／白板
- 邮件
- 口头／电话／微信

储存
- PLC／系统（ERP）
- Excel／纸质
- PLC
- ERP

使用
- 物料／采购计划
- 仓库／库存管理
- 生产计划／调度
- 生产准备／执行
- 质量／追溯管理
- 设备／模具管理

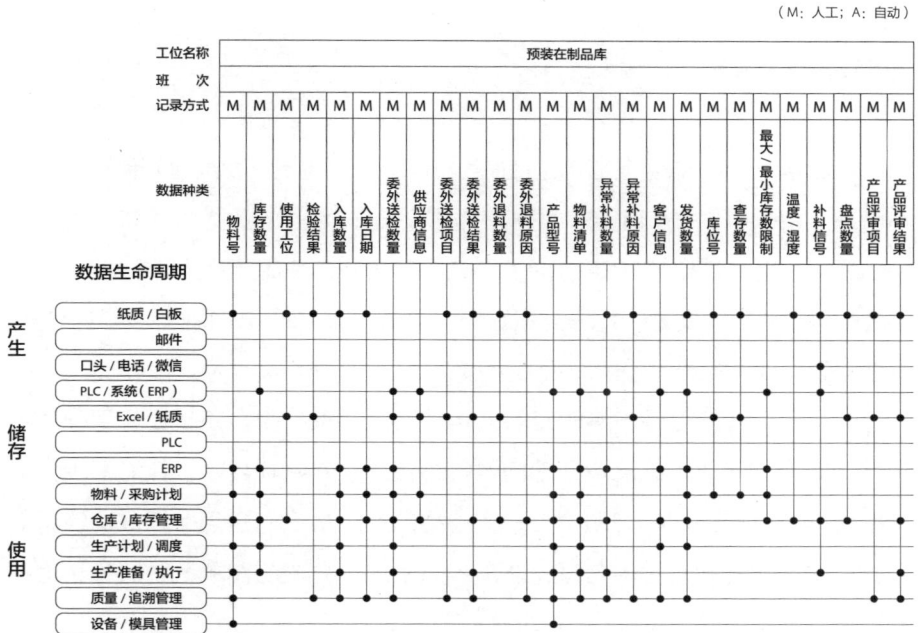

图 C-23　预装在制品库数据浪费分析

列出 5 条改善建议：

1.

2.

3.

4.

5.

（本练习不提供参考答案，你的发现是最重要的。）

C1-2-3
业务流程分析

在数字化工厂蓝图规划阶段的业务流程分析，还不需要细化到使用业务流程管理（BPM）的专门工具。需要搞清楚的是：当前的业务流程和部门是如何划分的；当前是如何开展工作的；当前工作的大体流程是怎样的；开展工作中有哪些困难点；衡量工作好与不好的标准是什么。通常，我们会通过一些开放性问题寻找业务流程中的改进机会点。

但是开放性问题并不等于没有结构，所以在项目中，还是会使用一个结构化的问题列表对不同的业务部门进行访谈。在实际项目中，我们很少会直接拿着列表对应上面的问题一个一个地提问。因为我们必须考虑被访谈者的感受：如果拿着列表提问勾写，非常容易引起对方的防御和抵触心理，这样就发现不了真正的问题。通常，我们会以一种宽松、聊天式的谈话方式进行，更多的是倾听和引导，并会记录关键点，对一些事实进行核实。有时，我们还会看看实际的工作操作流程，检查一些历史数据和表单。同样的问题，如关于生产计划、设备使用效率等，会分别向不同部门的人进行询问。有意思的是，通常一个部门认为自己做得很好，另一个部门则会给出截然不同的反馈。这时候记得要澄清一两种实际发生的情况，因为有可能两个部门说的都是对的，只是侧重点和衡量它们工作绩效的指标不同。最后，我们需要综合各方面的事实和问题，归纳到结构化的评估表中，找到业务流程中的问题和数字化应用场景。

关于智能制造、数字化工厂、工业 4.0 等相关的评估标准非常多，如我国的《智能制造能力成熟度评估方法》（GB/T 39117—2020）、新加坡的《新加坡工业智能指数》（*The Singapore Smart Industry Readiness Index*），还有很多公司和行业协会也制定了自己的评估标准。

结合个人经验，笔者会更多地从实践的角度出发对以下几个维度进行评估。

» 组织和管理：
  · 系统改善的文化和流程；
  · 价值流导向的组织；
  · 客户和指标导向的日常管理；
  · 精益和数字化人才培养和技能发展。

» 制造和物流运营：
  · 流程导向的生产线和布局规划；
  · 设备管理（自动化、互联、TPM）；
  · 生产计划和控制；
  · 内部物流和包装标准化；
  · 生产执行和员工参与；
  · 预防性质量管理；
  · 能源管理。

» 信息技术和 IT 基础构架：
  · 硬件连接性；
  · 数据流和软件应用；
  · IT 基础构架和信息安全。

同时，针对调查维度中的每个条款会设定一些等级标准，通常会分成五个等级。参考前文流程准备中的划分，融合数字化应用的阶段变化，形成如下示意图（见图 C-24 ）。

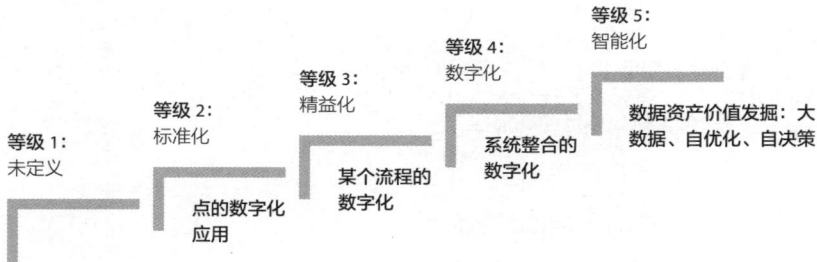

图 C-24　数字化成熟度等级

　　需要稍加解释的是，没必要在等级如何划分上有太多的概念纠结：不管是分成四个、五个还是六个等级，最终的指向都是智能化、自学习、自优化和提供最佳决策的系统，中间的划分只是不同实施阶段的区分。如果不是为了参加一些资质评选核定，那么无论处在哪个等级，都是为了找到改进的点和路径。当然，如果工厂希望参加一些资质评定以获得美誉度和对应收益，也可以按照标准来映射，不会有本质上的差异。

　　花了几天时间，在和 i－工厂各个部门的负责人以及关键岗位人员进行了一对一的访谈后，笔者整理得到了一份长长的问题表。下面摘出几个关键方面供大家参考。

» 组织和管理——系统改善的文化和流程

　　精　益：每个领域和职能部门（预装配、总装、物流、设备、工艺）采取孤立的改进举措。存在某个单点上的持续改进工作。

数字化：由特定问题驱动的不同领域内孤立的改进或者数字化解决方案。使用手动、电子化文档表格工具（如 MS Excel、Word）和 MES。

痛　点：改善工作并未基于系统的、对端到端价值流的整体理解，不是从业务整体目标派生出来的，因此与工厂愿景和战略没有联系。

» 制造和物流运营 —— 流程导向的生产线和布局规划

精　益：装配线局部组成了按流程组合的流水线，工作步骤已定义。但是整体布局以功能区块划分，中间工艺路径未清晰定义。

数字化：针对主要生产流程已进行了按流程设计、规划。规划通过手动方式进行，使用了来自 ERP 和 MES 的数据，但存在数据不全和数据质量不高的问题。

痛　点：产能利用率低（72%），没有进行工序瓶颈优化。

» 制造和物流运营 —— 生产计划和控制

精　益：生产计划根据现有参数（如库存量、更换、设置等）进行推动式排产。为了避免生产中断，库存水平很高（预装和总装之间的缓冲区）。

数字化：仅在 ERP 上进行每月一次的物料计划（MRP）运行，主要用于让供应商根据物料采购需求来生产备货，但后续仍需人工干预调整。生产计划使用传统方法（从 ERP 下载到 Excel）手动计算产能和库存情况后排产。生成后的生产计划工单将被导入 ERP 系统并传输到总装线的 MES。

痛　点：信息收集和计划制订需要大量的手动工作。由于缺少实时准确数据支持（如库存、设备状态等数据），必须频繁手动重新安排计划或者紧急调整计划。

» 制造和物流运营 —— 预防性质量管理

精　益: 整体质量标准可用，如已定义返工程序，与生产过程明确分离。改进措施往往未基于根本原因的分析。未全面评估预防性解决方案以提前避免错误。

数字化: 在生产过程中，大多数质量测量是手动完成的——只有一些区域使用了自动化质量控制技术（装配时的扭矩确认），且只有一些站点扫描核心模块或零件条码以确保可追溯性。

痛　点: 由于手动测量和人工跟踪过程质量问题的工作量大，导致问题解决缺乏透明度且效率低下。装配过程中的返工比例较高体现了这一点。

i – 工厂数字化项目组成员在讨论和完善关于工厂现状的报告，我们得到了项目组成员的几点反馈。

　　　"这些问题我们平时也知道，只是感觉一直都是这样，习以为常了。"

　　　"我一直以为我们做得挺好的，没想到问题这么多。"

　　　"这么多问题，我们怎么改呢？"

　　　"唉，你说领导们不知道这些问题吗？还用我们说？"

　　　"你说真改了，提高效率了，是不是就要裁员了？"

　　　……

在项目工作中，我们应牢记一个重要的事项：项目推行中要特别关注"变革管理"。

C1-3

策略：分析和规划

我们先回顾一下工厂数字化转型规划的蓝图实施之旅（见图 C-25 ）。

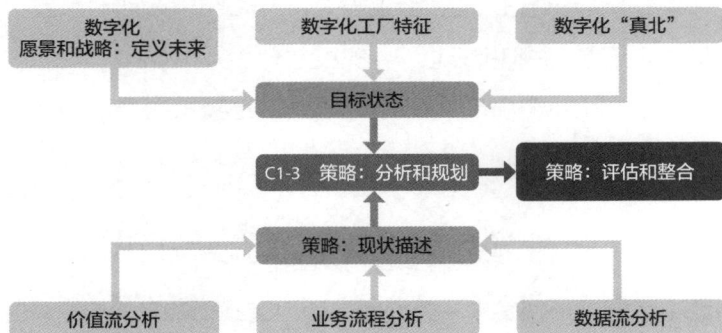

图 C-25　工厂数字化转型规划的蓝图实施之旅

至此，目标状态已经定义清楚，未来工厂数字化的愿景和 3 ～ 5 年的战略重点已经设定。通过价值流分析、数据流分析和业务流程分析，我们深入总结了工厂的现状，接下来需要分析目标与现状的差距，识别业务痛点和可能的数字化解决方案。

C1-3-1
痛点分析

现在需要把现状分析中发现的问题梳理一下，请牢记，数字化是为业务服务的，数字化的成功最终取决于一线流程使用者是否获益。因此需要把工厂中的问题分解回归至订单到交付的价值流中。这个过程会综合非常多的数据，形成大量的工作文档，需要项目组成员们的专注和投入。

前一天，i–工厂的总经理组织项目团队进行了一次团建活动。聚餐会上，总经理对项目组成员前期的工作表示了肯定和表扬，向大家阐述了公司未来的业务发展方向、当前供不应求的订单状况，以及一些扩展计划，强调了这个项目对公司未来的意义和价值。正式会议当天，大家的积极性明显很高，纷纷在交流和讨论各种问题，并积极设想一些解决方案。

为了把大家的讨论结构化、可视化地记录和展示出来，我们设定了以下引导问题。

» 痛点是什么？是在哪一个区域或部门发生的？
» 会对谁（包括内外部客户、关联部门等）造成影响？影响是什么？（列举实际流程执行中的主要浪费）
» 问题是什么原因造成的？（包括流程、数据、技术等）
» 关联的指标和特性是什么？（如关键绩效指标、产品质量追溯性等）
» 对业务收益和价值的影响是什么？（团队讨论达成一致的主观判断，识别高、中、低三个影响等级）

我们把i–工厂价值流现状及痛点分析图（见图 C-26 ）张贴到了墙上，开始分析。

项目组被分成四个工作小组，分别讨论供应商和原材料采购、制造过程、内部物流、成品发货和客户订单四个主题。每个主题由一个小组讨论一小时，然后这个小组轮换到下一个主题，继续讨论一小时，依次轮换（见图 C-27 ）。这样可以确保每个主题都经过四轮讨论，每个小组成员都能充分发表自己的看法。

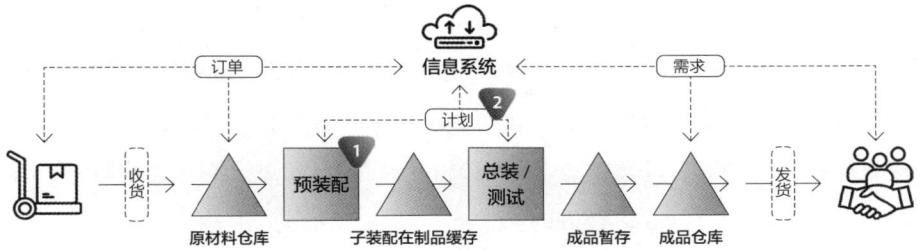

编号	痛点是什么? 在哪个区域	对谁造成影响? 影响是什么	问题是 什么原因造成的	关联的 指标和特性是什么	对业务收益和价值 的影响是什么
1	产能利用率低(72%); 位于烹饪模块子装配线	总装线; 最终客户; 不能满足交付或交付延迟	没有进行工序瓶颈优化; 工艺节拍长,设备频繁 发生故障	产量; 计划完成率; 客户准时交付率	高
2	信息收集和计划需要大 量手工工作; 分别给预装和总装下达 计划,工作量倍增; 位于生产计划部门	生产计划部; 生产部,仓库配料员; 计划员人力消耗; 生产部频繁调整生产 执行; 配料员重复无效劳动; 在制品库存高; 生产和需求不一致	缺少实时准确数据支持 (如库存、设备状态等 数据); 预装和总装流程中断, 没有形成价值流上计划 定拍点	计划完成率; 准时交付率; 工单完成周期; 库存周转率; 在制品库存金额	高

图 C-26　ⅰ – 工厂价值流现状及痛点分析图

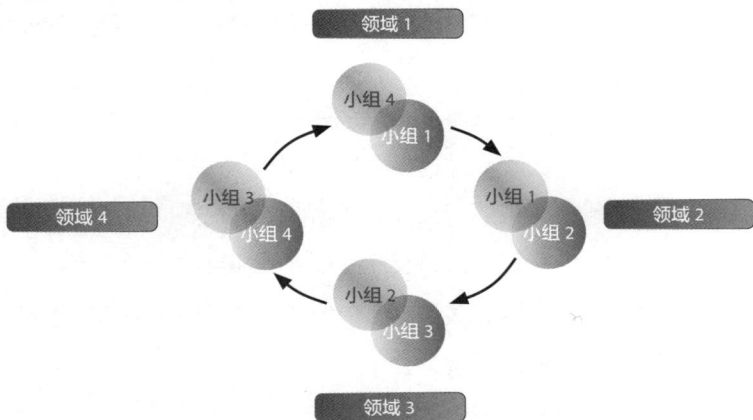

图 C-27　分组讨论示意图

实际上的讨论时间比设想的长，大家还时不时地向工作中的其他同事核实一些问题。讨论接近尾声时，我们要求项目团队所有成员：去现场巡查核实一轮总结出的所有问题痛点，与相关的流程执行人进行沟通，践行精益理念——"去现场"（Go-to-Gemba）。

最后，我们按照价值流统计了痛点的数量分布，并且和设定的数字化战略聚焦主题进行了对比（见图 C-28）。

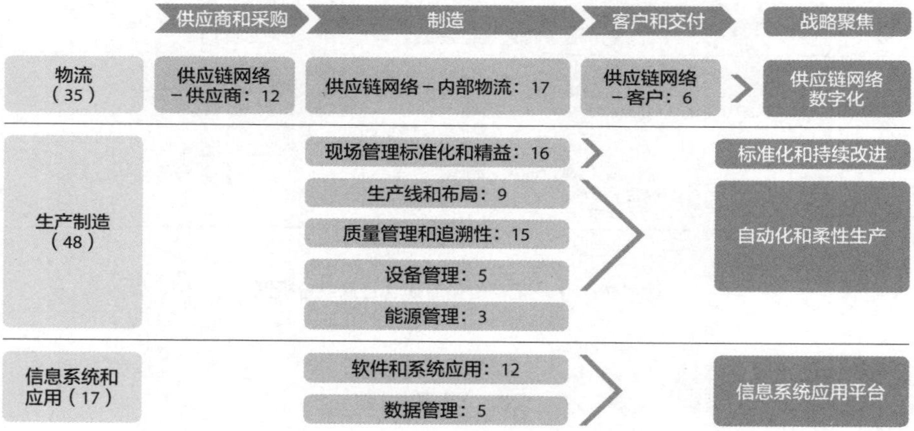

	供应商和采购	制造	客户和交付	战略聚焦
物流（35）	供应链网络－供应商：12	供应链网络－内部物流：17	供应链网络－客户：6	供应链网络数字化
生产制造（48）		现场管理标准化和精益：16		标准化和持续改进
		生产线和布局：9		自动化和柔性生产
		质量管理和追溯性：15		
		设备管理：5		
		能源管理：3		
信息系统和应用（17）		软件和系统应用：12		信息系统应用平台
		数据管理：5		

图 C-28　业务痛点分布图

有人发现能源管理涉及的痛点没有在战略聚焦的主题内，大家争论要不要将其剔除出后续的讨论。一位来自总经理办公室的项目成员说集团公司在推行 ESG[①]，所以 i－工厂也要制定相关行动，节能减排是其中一个重要话题，他建议把能源话题留着，讨论解决方案。

---

① ESG：环境（Environmental）、社会（Social）和治理（Governance）三个英文单词的首字母缩写组合。

C1-3-2
参考应用场景和解决方案

　　某日，i－工厂的总经理突然来到了项目作战室，对项目组提到，公司里一位来自知名投资公司的重要股东去参加世界经济论坛时，了解到"灯塔工厂"的项目，对自己提出建议，希望未来能把工厂建设成一家灯塔工厂。

　　我们向总经理解释：就像《天龙八部》中的乔峰，内功强了，一套太祖长拳也能在聚贤庄打遍天下高手。不管是建设灯塔工厂还是参加国家的智能制造成熟度等级评选，基本的技术要求是类似的，现在做的事情也符合这个方向。

　　既然客户提出了这样明确的期望，接下来的项目工作也刚好需要通过典型数字化应用场景对应解决业务痛点，所以不妨就参考一下灯塔工厂白皮书中的"工具箱——贯穿端到端价值链的 92 个第四次工业革命数字化用例"（见图C-29、图 C-30 ）。

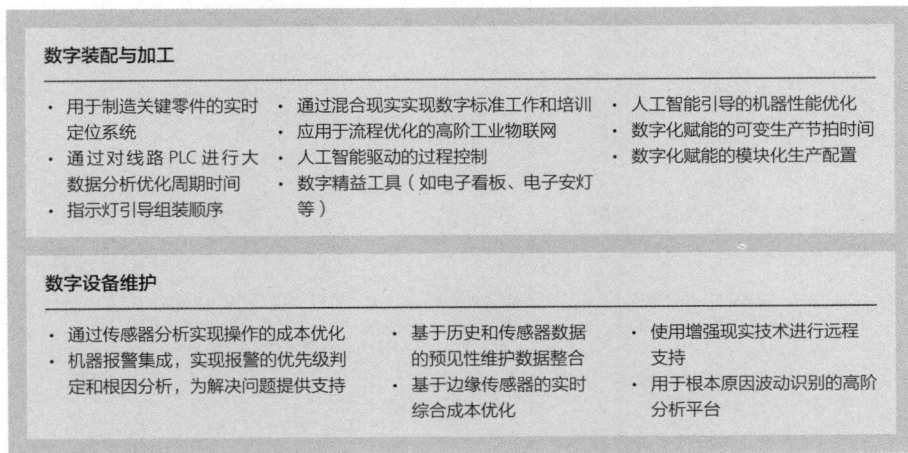

数字装配与加工

- 用于制造关键零件的实时定位系统
- 通过对线路 PLC 进行大数据分析优化周期时间
- 指示灯引导组装顺序

- 通过混合现实实现数字标准工作和培训
- 应用于流程优化的高阶工业物联网
- 人工智能驱动的过程控制
- 数字精益工具（如电子看板、电子安灯等）

- 人工智能引导的机器性能优化
- 数字化赋能的可变生产节拍时间
- 数字化赋能的模块化生产配置

数字设备维护

- 通过传感器分析实现操作的成本优化
- 机器报警集成，实现报警的优先级判定和根因分析，为解决问题提供支持

- 基于历史和传感器数据的预见性维护数据整合
- 基于边缘传感器的实时综合成本优化

- 使用增强现实技术进行远程支持
- 用于根本原因波动识别的高阶分析平台

图 C-29　制造环节数字化用例

数字绩效管理

- 用于远程生产优化的高阶分析平台
- 用于监控 OEE 的数字仪表板
- 用于远程生产优化的数字孪生
- 企业生产智能系统升级，进行运营管理

- 将机器数据与企业软件连接的集成平台
- 实时资产性能监控和可视化
- 基于传感器的生产 KPI 报告
- 用数字工具来增强员工之间的互联

- 专为车间设计的数字化招聘平台
- 可持续性的数字孪生
- 数字化赋能的人机匹配

数字质量管理

- 提高高成本三坐标测量仪的性能
- 以自动在线光学检测来取代最终产品手动检测
- 数字化的工作指导和质量功能

- 数字化具有集成工作流的生产线操作的标准程序
- 用混合现实眼镜来指导操作员进行在线检查
- 现场质量问题整合，实现优先级判定和根因分析，为解决问题提供支持

- 物联网赋能的制造质量管理
- 数字质量审核
- 通过预测分析实现质量提升

数字化可持续发展

- 通过预测分析实现能源优化

- 工业物联网实时能源数据整合和报告仪表板

- 基于传感器的数据收集进行能源管理

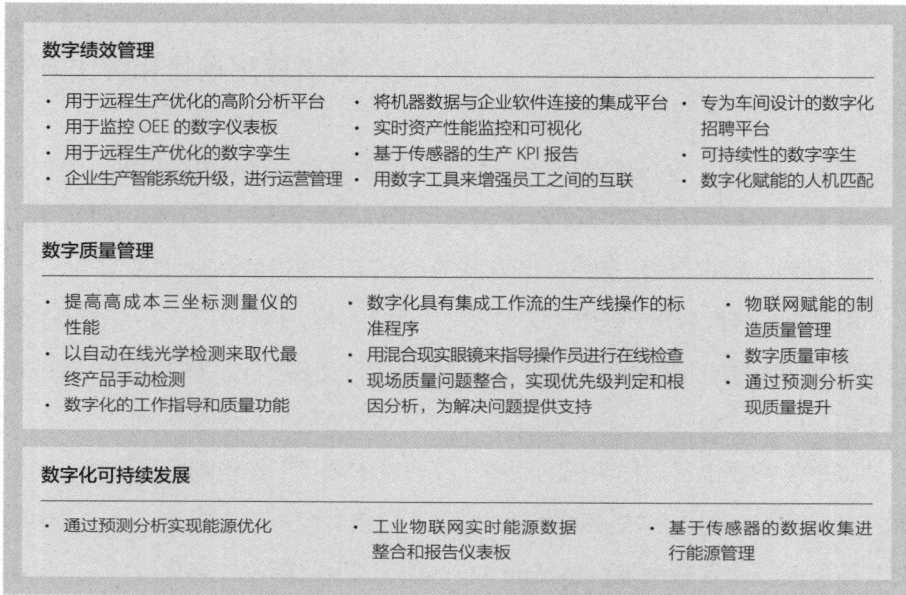

图 C-29　制造环节数字化用例　（续）

资料来源：《全球"灯塔工厂"网络：来自第四次工业革命前沿的最新洞见》白皮书。

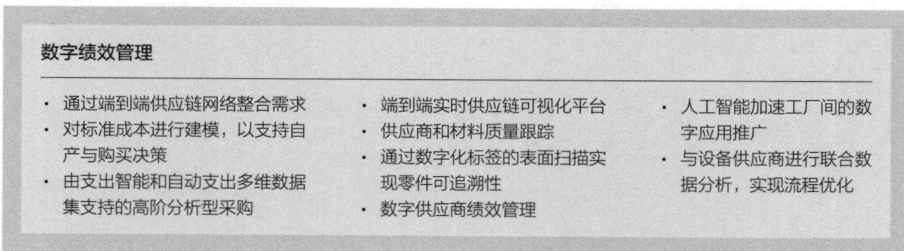

数字绩效管理

- 通过端到端供应链网络整合需求
- 对标准成本进行建模，以支持自产与购买决策
- 由支出智能和自动支出多维数据集支持的高阶分析型采购

- 端到端实时供应链可视化平台
- 供应商和材料质量跟踪
- 通过数字化标签的表面扫描实现零件可追溯性
- 数字供应商绩效管理

- 人工智能加速工厂间的数字应用推广
- 与设备供应商进行联合数据分析，实现流程优化

图 C-30　端到端价值链数字化用例

端到端产品开发

- 3D 打印用于快速样品设计
- 用于产品设计和测试的 3D 仿真 / 数字孪生技术
- 测试自动化

- 利用高阶分析对从创意到上市全过程进行绩效管理
- 使用机器人进行产品开发
- 大数据 / 人工智能赋能的产品设计和测试

- 虚拟现实支持样品设计
- 通过产品全生命周期实施数字线程
- 快速外包样品设计
- 通过众包与竞争开发数字解决方案

端到端规划

- 需求预测
- 实时销售与运营计划
- 实时库存管理（内部 / 外部）
- 使用数字孪生进行动态生产计划安排
- 动态网络优化

- 预见性库存补货
- 利用分析进行动态仓库资源规划和调度
- 将动态仿真技术用于仓储设计
- 无人工介入主生产计划（分配给工厂）

- 数字化综合业务规划
- 闭环规划
- 端到端实时供应链可视平台
- 利用高级分析优化制造和分销布局
- 利用高级分析优化生产计划

端到端交付

- 动态交货优化
- 机器人技术促进物流运营
- 数字跟踪和追溯
- 物流的资产利用和堆场管理

- 无人工介入全自动订单管理
- 数字化拣货和运输
- 车队资产的预见性维护
- 运输"滴滴化"

- 基于实时约束条件的先进运输计划
- 数字物流控制中心

客户连接性

- 互联设备跟踪和衡量消费者行为
- 大规模定制和 B2C 在线订购
- 通过新的交付解决方案实现向各地的客户配送

- 用最终用户界面来配置和订购产品，同时跟踪配送
- 智能包装
- RFID 支持的客户分析
- 通过在线社区获取客户洞见

- 基于 GPS 的地图和客户定位
- 3D 打印
- 互联设备跟踪和衡量产品性能
- 客户系统的数字孪生

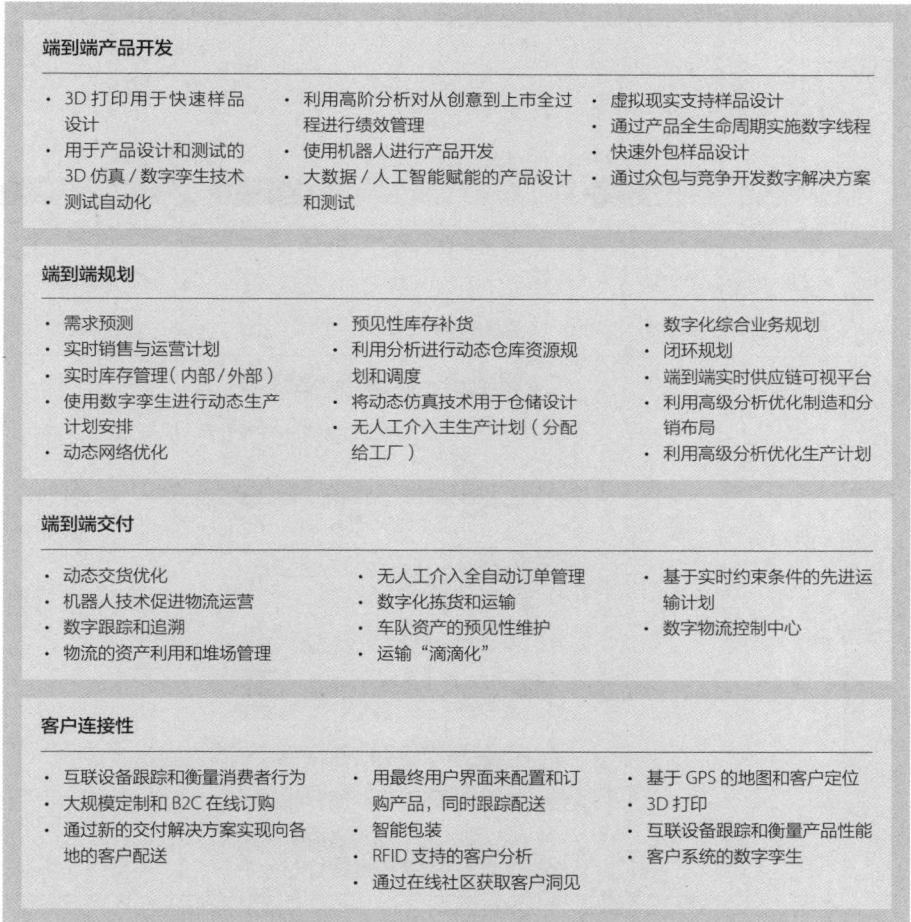

图 C-30　端到端价值链数字化用例　（续）

资料来源：《全球"灯塔工厂"网络：来自第四次工业革命前沿的最新洞见》白皮书。

　　除了"端到端产品开发"没有在 i–工厂项目中涉及，其他部分和项目中关注的流程基本重合。项目团队结合工厂的现状和愿景，从上面的数字化用例

中遴选出重点关注的应用，按照始终结合价值流的理念，把参考用例归纳成了图 C-31。

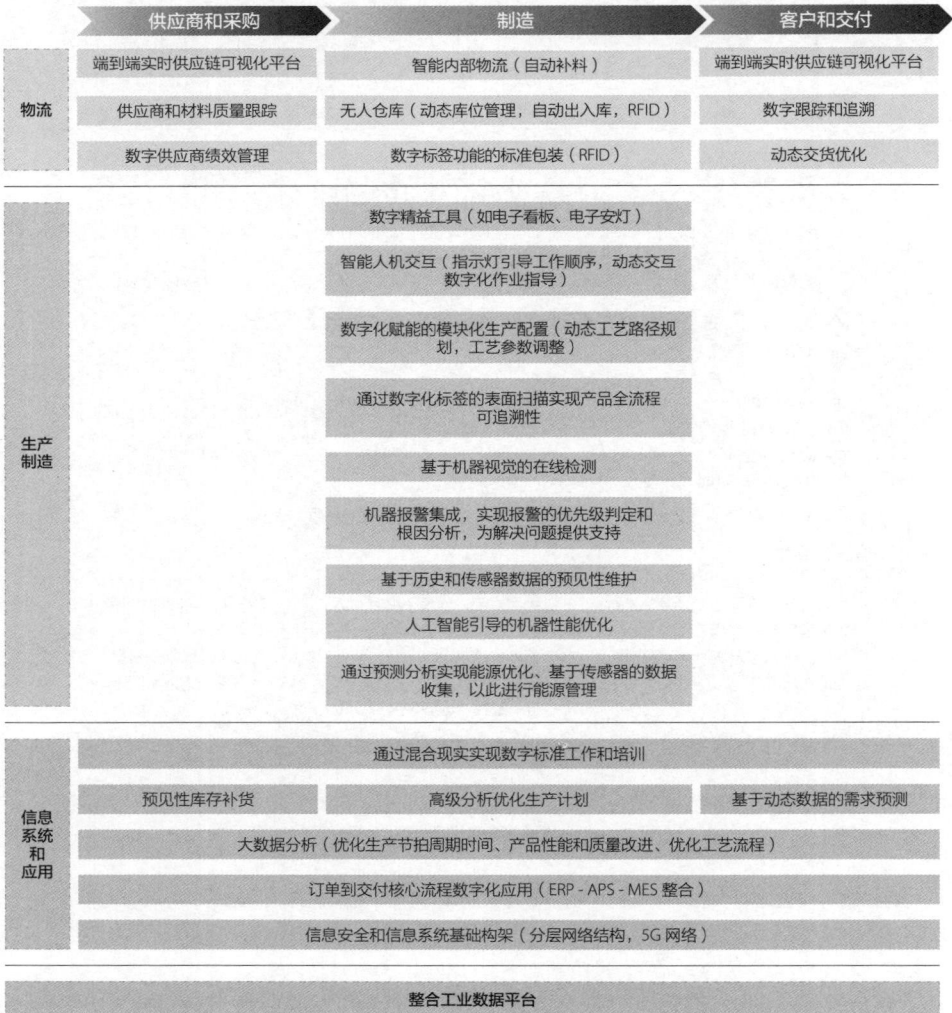

	供应商和采购	制造	客户和交付
物流	端到端实时供应链可视化平台	智能内部物流（自动补料）	端到端实时供应链可视化平台
	供应商和材料质量跟踪	无人仓库（动态库位管理，自动出入库，RFID）	数字跟踪和追溯
	数字供应商绩效管理	数字标签功能的标准包装（RFID）	动态交货优化

生产制造	
	数字精益工具（如电子看板、电子安灯）
	智能人机交互（指示灯引导工作顺序，动态交互数字化作业指导）
	数字化赋能的模块化生产配置（动态工艺路径规划，工艺参数调整）
	通过数字化标签的表面扫描实现产品全流程可追溯性
	基于机器视觉的在线检测
	机器报警集成，实现报警的优先级判定和根因分析，为解决问题提供支持
	基于历史和传感器数据的预见性维护
	人工智能引导的机器性能优化
	通过预测分析实现能源优化、基于传感器的数据收集，以此进行能源管理

信息系统和应用		
通过混合现实实现数字标准工作和培训		
预见性库存补货	高级分析优化生产计划	基于动态数据的需求预测
大数据分析（优化生产节拍周期时间、产品性能和质量改进、优化工艺流程）		
订单到交付核心流程数字化应用（ERP - APS - MES 整合）		
信息安全和信息系统基础构架（分层网络结构，5G 网络）		

整合工业数据平台

图 C-31　数字化工厂应用场景

C1-3-3
未来数据流和成熟度等级

现在有了一系列备选的数字化应用案例。试想一下，一旦这些应用在工厂中得以实现，我们的工厂将会呈现何种面貌？每个数字化应用在实际操作中都涉及不同的实施深度和广度。那么，i－工厂在未来 3 ~ 5 年可能达到的状态又是怎样的呢？这必须进行一轮新的讨论，除了项目组成员，包括工厂总经理在内的管理层成员都要参与这次研讨。i－工厂领导团队对数字化转型的理解和高度支持是项目成功的一个巨大保障。

首先，大家要按照规划的价值流图绘制未来的数据流图，然后列出数据流改进的目标和需要采取的行动事项。下面列举 i－工厂总装生产线数据流设计的实例（见图 C-32 ），帮助大家了解工作过程。

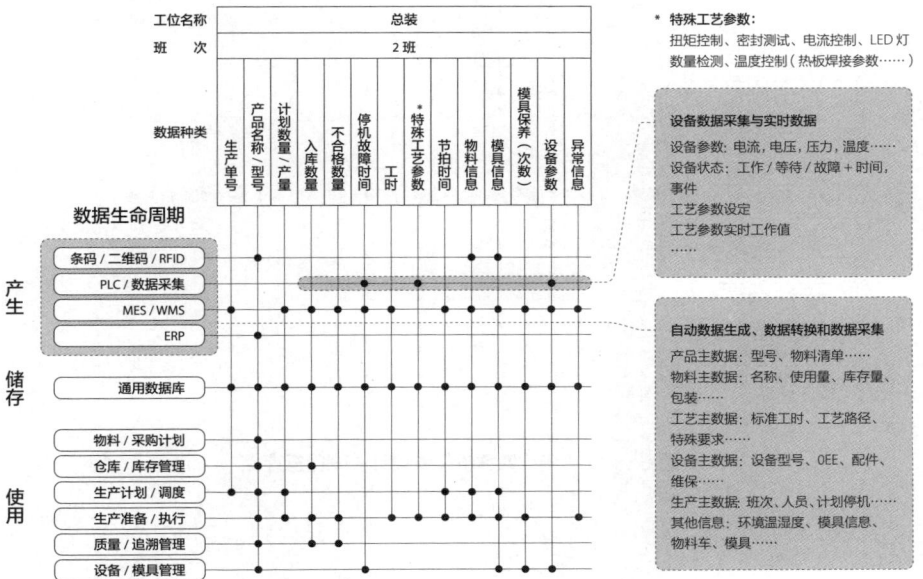

图 C-32　i－工厂数字价值流设计案例——数据采集

（1）通过设备数据采集实现关键工序（焊接）的实时数据监控；应用二维码/RFID技术实现数据采集自动化；定义主数据的格式和调用标准实现当前系统间数据互通。

（2）分步建立统一的数据存储平台（见图C-33），实现结构化数据和非结构化数据的统一管理。

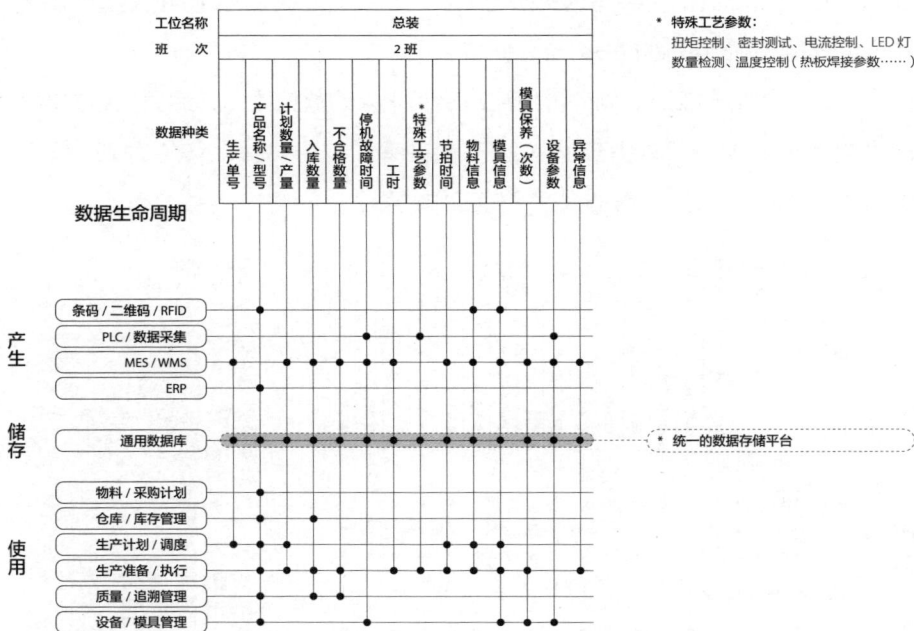

图C-33　ｉ-工厂数字价值流设计——数据存储

（3） 数据应用系统间定义功能边界及数据共享标准（见图 C-34 ）。

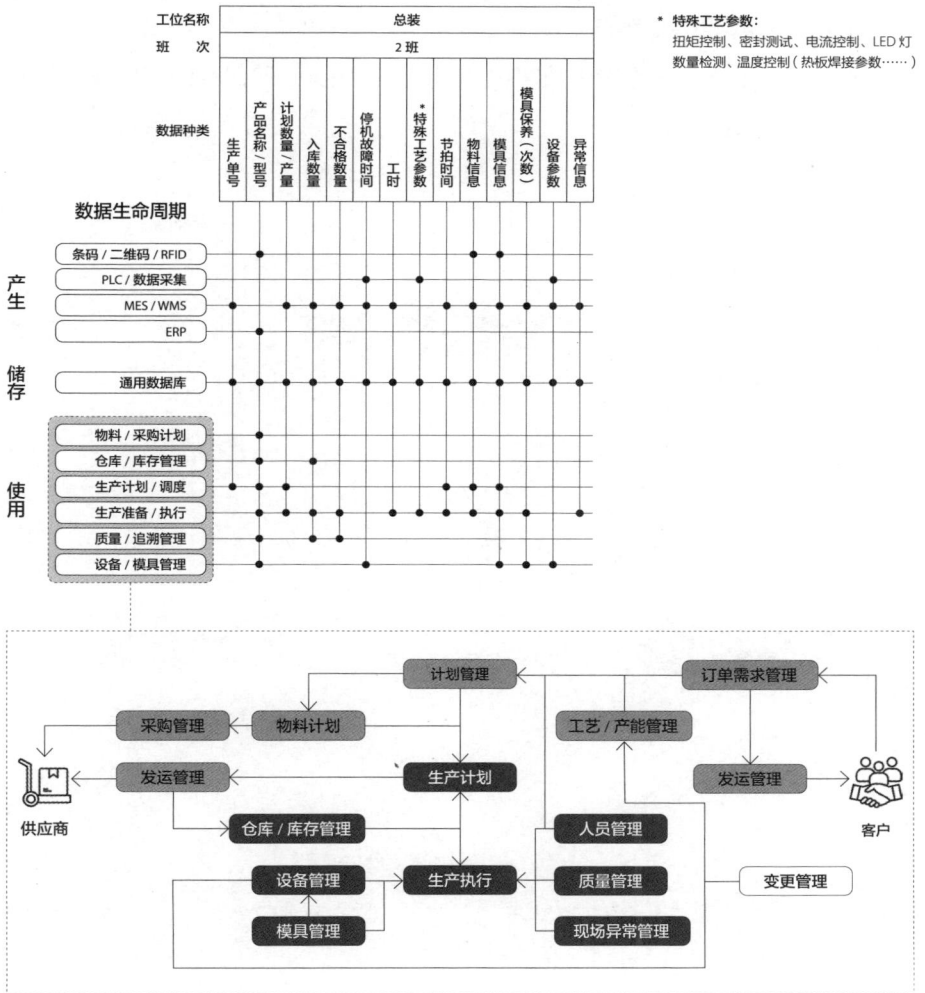

图 C-34 i - 工厂数字价值流设计——数据使用

　　因为 i – 工厂主要生产过程就是装配，总装生产线非常具有代表性。由于参与讨论人员的认知和出发点不同，其间还是有不少争论。但这是项目中一个好的现象，从争论中能澄清问题，达成共识。项目中最糟糕的情况就是大家都保持沉默，采取消极抵制的态度。

　　按照设计的数据流和参考数字化用例，大家定义了阶段性的工厂数字化成熟度等级（见图 C-35 ）。

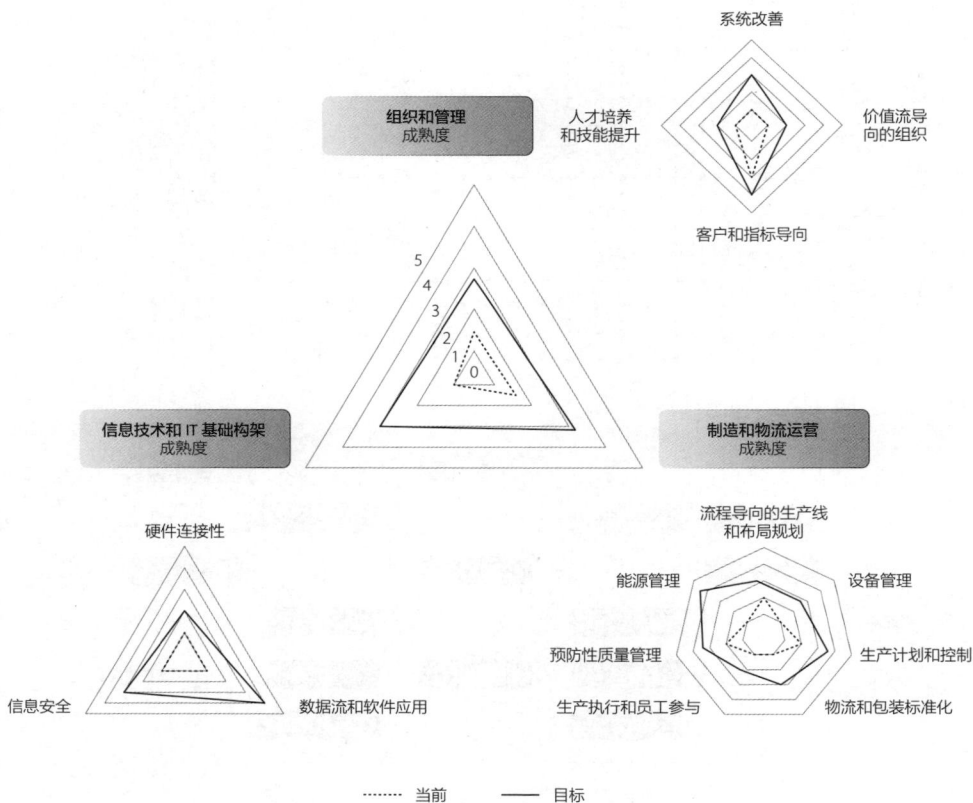

图 C-35　i – 工厂数字化成熟度评估结果

    这里的五个成熟度等级对应了前面定义的智能化等级。总体上 i – 工厂的数字化成熟度将由当前的等级 1 提升到等级 3，这个目标希望在 2 ~ 3 年内达成。也就是说，工厂将由当前数字化未定义状态提升到核心流程的数字化（数据纵向整合），达到核心流程间的数据贯通，初步建立了统一的数据管理构架。

    这是一种了不起的进步，不过研讨会现场许多人都希望 3 年内能建成数字化工厂（等级 4），甚至关键流程实现智能化，"一年一个台阶，三年实现超越"（一位领导提出了激昂的口号）。我们不得不扮演一个不太讨喜的角色，给大家强调实施中可能遇到的各种风险和意外，而且技术的应用和组织人员能力的培养必须相互配合。幸好，业务部门的大部分同事保持务实的态度，不过令人啼笑皆非的是生产部门的负责人私下说的话："目标低一点，实际做得高一点，这样才体现绩效。"看来低调的生产部负责人也有一颗激昂的心，他只是策略性地选择了务实的目标。

    这个过程中有一个非常重要的收获：整个工厂的人员都对数字化转型的目标和需要采取的行动有了概念，并在一定程度上达成了共识，这个项目不再是项目组成员的事，而是演化成每一个业务部门都需要合作完成的工作。

C1-4

策略：评估和整合

这是工厂数字化转型规划的蓝图输出结果阶段（见图 C-36 ）。至此，我们需要评估数字化用例，按照投入—收益分析，以及用例之间的依存关系，开发出项目推进的路径。

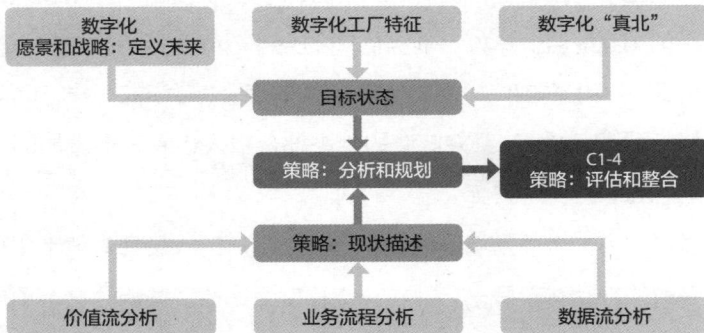

图 C-36　工厂数字化转型规划的蓝图输出结果阶段

C1-4-1
蓝图：数字化方案组合

总结重要信息，并按这些信息推导出数字化方案和蓝图（见图 C-37 ）。

i－工厂数字化项目作战室的墙上贴满了信息，所有的业务痛点和数字化参考用例都被写到了记事贴上，方便大家讨论时随时调整。数字化用例清单如表 C-2 所示。

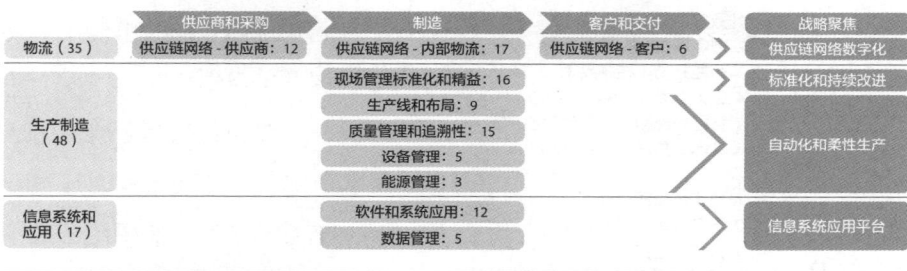

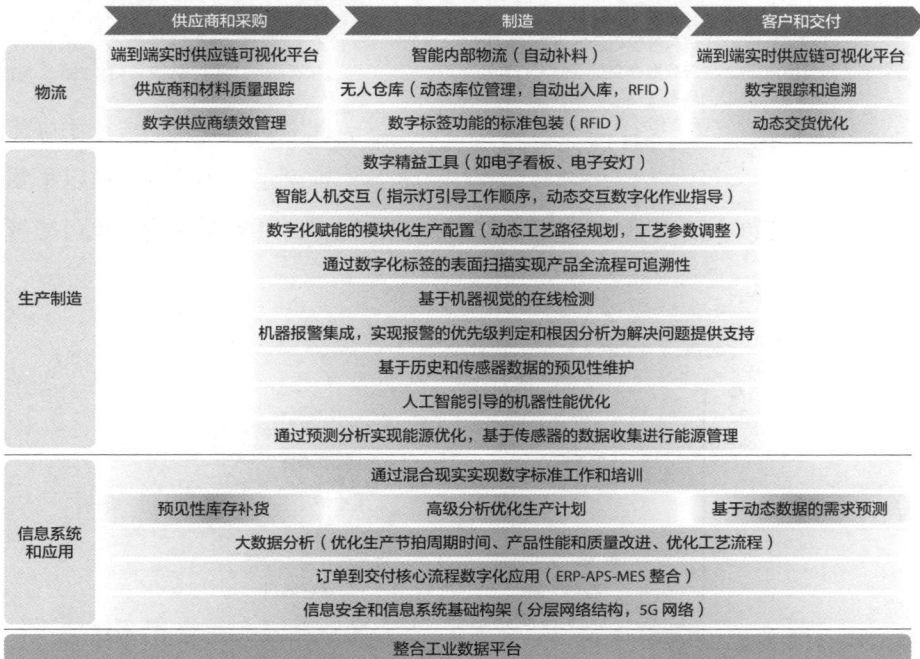

图 C-37　数字化工厂方案组合和蓝图规划

表 C-2　数字化用例清单

项目	数字化用例
物流	1. 数字精益——电子安灯 2. 数字精益——电子看板 3. 智能超市（在制品） 4. 无人仓库（+WMS，RFID） 5. 智能内部物流（自动导引车） 6. 动态交货优化（+TMS）
生产制造	7. 数字化车间管理 8. 设备互联（数据采集） 9. 预测性维护 10. 柔性生产线（人机交互，在线检测） 11. 数字化赋能过程控制（+MES） 12. 产品全流程追溯
信息系统和应用	13. 能源管理（+EMS） 14. 高级分析优化生产计划（+APS） 15. 供应商数据交互平台（+SRM） 16. 信息系统构架优化 17. ERP 优化升级

数字化方案专家加入了讨论，并在讨论中给出了专业意见，i – 工厂数字化项目组成员也准时出现在了数字化项目作战室。

现在这张项目清单还是太长了，不可能同时开展所有项目，所以需要结合工厂的业务情况、资源配置进行评估和筛选。我们可以利用评估矩阵从可行性和收益两个角度进行优先级排序（见图 C-38）。现阶段还不可能得到量化的数据，所以主要通过团队成员的讨论和业内专家的意见，在主观上判断每个数字化用例可能带来的正面影响。

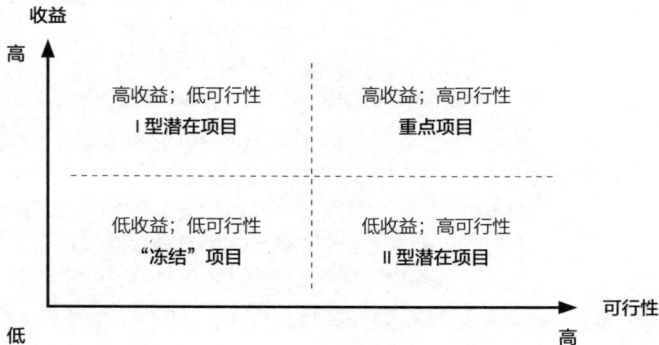

图 C-38　项目可行性评估矩阵

1. 收益评估

» 业务收益：

  · 解决了哪些业务痛点，解决的数量越多，相对重要性越大。

  · 能给哪些业务指标（KPI）带来正面影响。基本判断是能改善的指标越多，说明重要度越高，但是有些技术用例（如设备互联），虽然没有直接的质量、成本和产量方面的影响，但是属于基础工作，即数字化建设的前置条件，也是必须实施的。

» 技术收益：

  · 与数字"真北"的符合度。

  · 有助于提升数字化评估成熟度。

经过一番讨论，每个成员的投票得出了一张评估清单。部分用例结果如图 C-39 所示。

2. 可行性评估

» 技术可行性：该技术应用的成熟度，行业内是否有成功案例，有没有参考的标杆产品；实施时需要的前置技术条件，比如要实现动态工艺优化，前置条件必须是设备实现了数据互联。

» 业务可行性：人员能力、资源投入、实施周期等；项目影响的范围，比如在工厂内还是延伸到供应商端，甚至是包括客户的全价值流（范围越大，实施的难度也越大）。

用例	负责部门	涉及业务部门	解决痛点	目标
1. 数字精益——电子安灯	生产管理	物流、工艺、质量、IT	3 7 19 21 190 43	↑效率 ↑质量
……				
7. 数字化车间管理	生产管理	生产管理、工艺、IT、设备、EHS、质量	2 9 21 23 42 47 78 81 103 21	↑效率 ↑质量 ↑产量（直接＋间接）
8. 设备互联（数据采集）	设备和工艺技术	IT、工艺、生管	37 7 11 23	↑效率 数字化基础
……				
16. 信息系统构架优化	IT	工艺、设备、计划	21 23 2	↑效率 数字化基础
……				

图 C-39 数字化用例初步分析

两位专家提供了很多宝贵的建议，每次在项目组成员讨论争执不下或者没有头绪的时候，都能指出一些方向。最后结合上面的收益评估，我们得到了下面的项目优先级分布图（见图 C-40）。

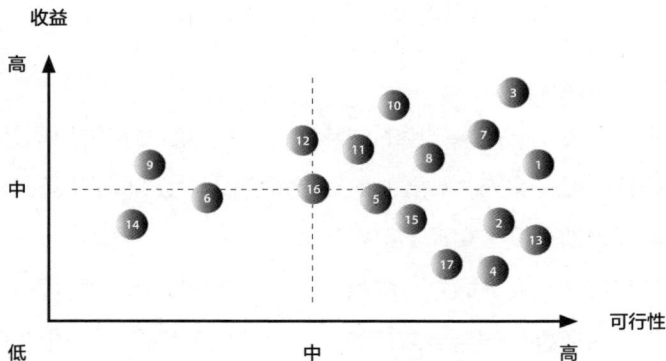

图 C-40 数字化工厂项目优先级分布图

在这里需要注意的是：这个评估结果是动态的，不同阶段会有不同的结果。业务发展、技术迭代会给评估结果造成很大的影响，所以通常每半年或一年应该做一轮回顾更新。

以下是目前筛选出的重点项目的清单（见表 C-3 ）。

表 C-3　重点项目清单

重点项目清单
1. 数字精益——电子安灯
3. 智能超市（在制品）
7. 数字化车间管理
8. 设备互联（数据采集）
10. 柔性生产线（人机交互、在线检测）
11. 数字化赋能过程控制（+MES）

针对这些重点项目，需要做更深入的研究、评估，具体包括以下几个方面。

» 功能描述：这个应用解决什么问题？有什么功能？

» 前提条件：实施时需要准备好什么？

» 优点：能改善提升什么？

» 限制：可能会遇到什么问题？

此外，还需要对项目的投入和收益做更深入的研究。这里的细节虽然还没有具体到软件开发规格书的程度，但是也必须能描述出应用场景的概貌。以下是 i–工厂的案例。

» 生产管理——电子安灯（见图 C-41 ）。

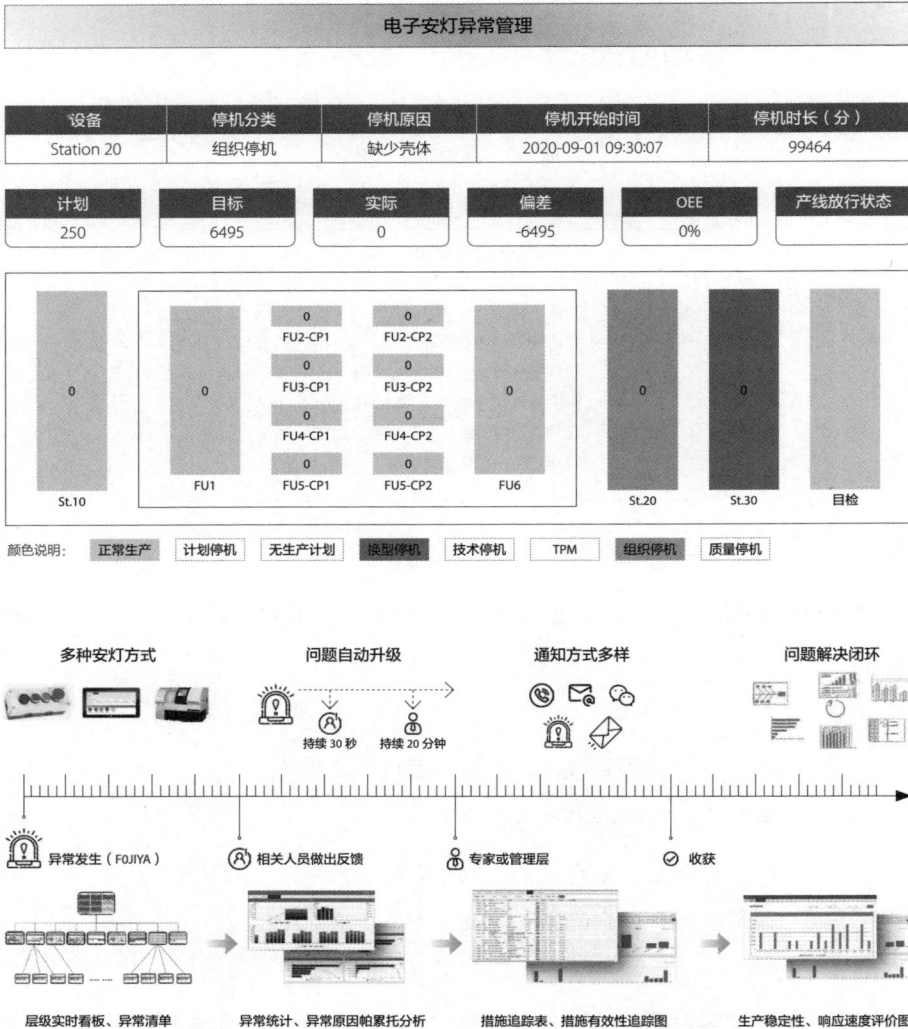

电子安灯异常管理

设备	停机分类	停机原因	停机开始时间	停机时长（分）
Station 20	组织停机	缺少壳体	2020-09-01 09:30:07	99464

计划	目标	实际	偏差	OEE	产线放行状态
250	6495	0	-6495	0%	

颜色说明：正常生产　计划停机　无生产计划　换型停机　技术停机　TPM　组织停机　质量停机

| 多种安灯方式 | 问题自动升级 | 通知方式多样 | 问题解决闭环 |

持续 30 秒　持续 20 分钟

异常发生（FOJIYA）　相关人员做出反馈　专家或管理层　收获

层级实时看板、异常清单　异常统计、异常原因帕累托分析　措施追踪表、措施有效性追踪图　生产稳定性、响应速度评价图

图 C-41　重点项目深入分析案例一

描述	前提条件	优点	限制
安灯是一种可视化的沟通方式，它可以加强对现场问题的响应和解决力度。电子安灯管理系统，通过数字化的方式实现自动化的问题解决闭环，功能包括： · 实时生产状态监控 · 智能安灯按钮及可配置的快速响应 · 问题解决跟踪表 · 多种报表（平均修复时间/平均无故障运行时间等）	定义了问题响应和升级解决流程，明确了组织人员职责职责，人员具备解决问题的技能	问题升级可以在电子系统直接启动；透明度高，能更快、更有效地调度资源。系统内定义了规则，能保证数据的真实性、准确性、及时性，以及问题解决符合流程	需要定义数据源，如故障代码、停机代码等，可能需要硬件投入和根据业务情况的适当重新配置软件

评估

适用区域：生产区域　　实施参与人员：生产管理人员/工艺技术人员/设备管理人员/其他生产支持部门人员

应用

运作	安全	质量（其他）			缺料

问题升级汇报和时间节点（仅供参考）

线长	10分钟	核心团队			
班长/主管	30分钟　安全工程师	质量工程师/主管	工艺工程师	设备维修工程师	物流人员
经理	60分钟　安全经理	质量经理	工艺技术经理	维修经理	物流/计划经理
工厂厂长	120分钟	领导层			

成熟度

现有标准产品　　　　需配置或二次开发　　　　全新产品或技术

收益评估

· 投入：　· 必要的软件和实施费用

· 产出：　· 减少设备计划外停机
· 增加车间透明度
· 提升管理效率
· 满足VDA6.3要求

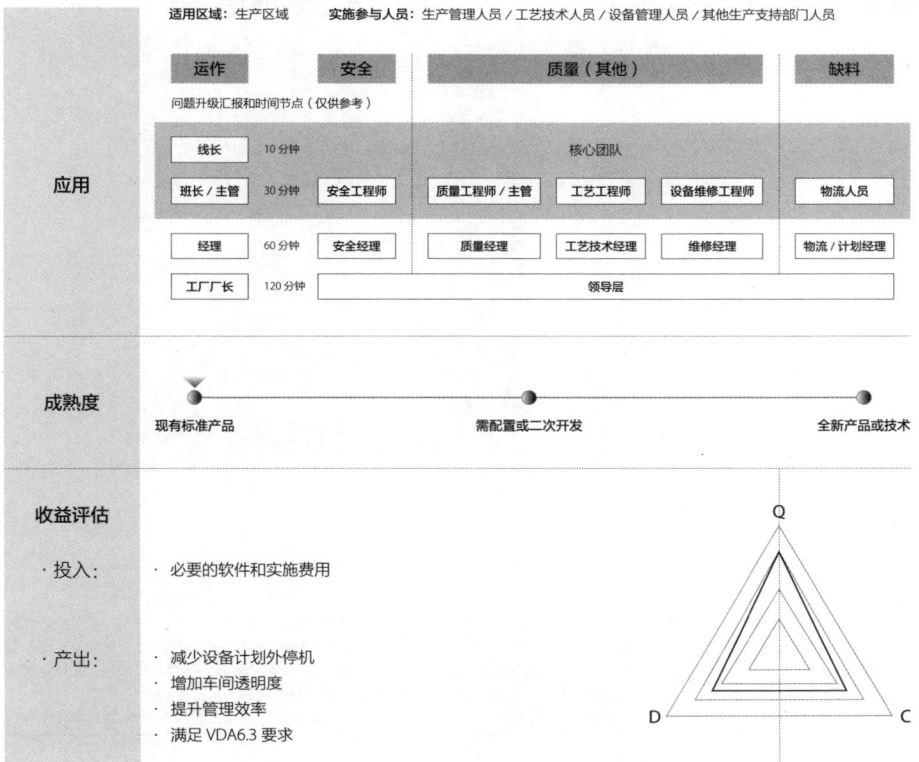

图 C-41　重点项目深入分析案例一　（续）

» 设备和工艺技术——设备数据采集和互联（见图 C-42 ）。

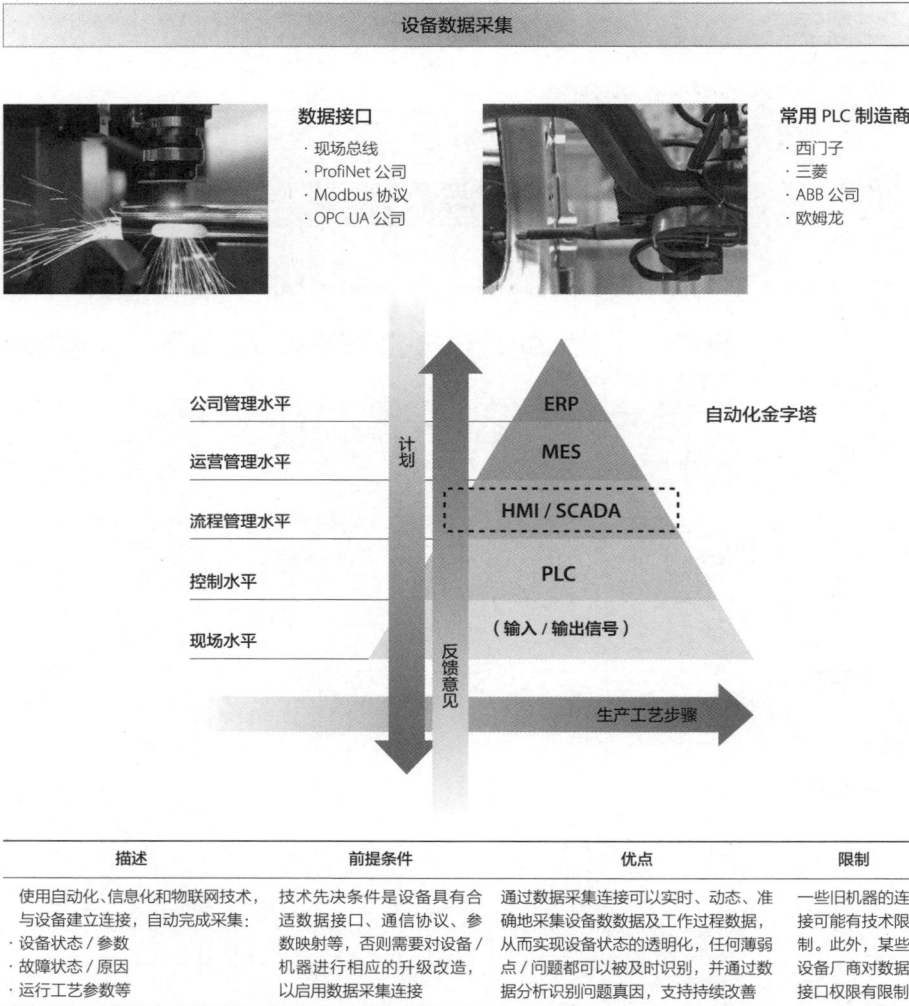

设备数据采集

数据接口
· 现场总线
· ProfiNet 公司
· Modbus 协议
· OPC UA 公司

常用 PLC 制造商
· 西门子
· 三菱
· ABB 公司
· 欧姆龙

公司管理水平

运营管理水平

流程管理水平

控制水平

现场水平

计划

反馈意见

ERP

MES

HMI / SCADA

PLC

（输入 / 输出信号）

自动化金字塔

生产工艺步骤

描述	前提条件	优点	限制
使用自动化、信息化和物联网技术，与设备建立连接，自动完成采集： · 设备状态 / 参数 · 故障状态 / 原因 · 运行工艺参数等	技术先决条件是设备具有合适数据接口、通信协议、参数映射等，否则需要对设备 / 机器进行相应的升级改造，以启用数据采集连接	通过数据采集连接可以实时、动态、准确地采集设备数据及工作过程数据，从而实现设备状态的透明化，任何薄弱点 / 问题都可以被及时识别，并通过数据分析识别问题真因，支持持续改善	一些旧机器的连接可能有技术限制。此外，某些设备厂商对数据接口权限有限制

图 C-42　重点项目深入分析案例二

评估

应用

本图作为示意图参考，数字经过脱敏处理。

成熟度

现有标准产品　　　　　　　需配置或二次开发　　　　　　　全新产品或技术

收益评估

· 投入

· 旧机器的硬件连接性升级改造
· 数据接口的编程工作投入
· 收集和存储数据的硬件和 IT 基础设施费用

· 产出

· 创建数据自动采集、信息透明的车间
· 通过实时数据监测缩短问题反应时间，减少设备停机成本损失
· 通过大量数据的分析能帮助发现潜在质量问题，支持持续改善
· 减少人工数据收集、记录、整理等操作时间，可以直接降低人力成本

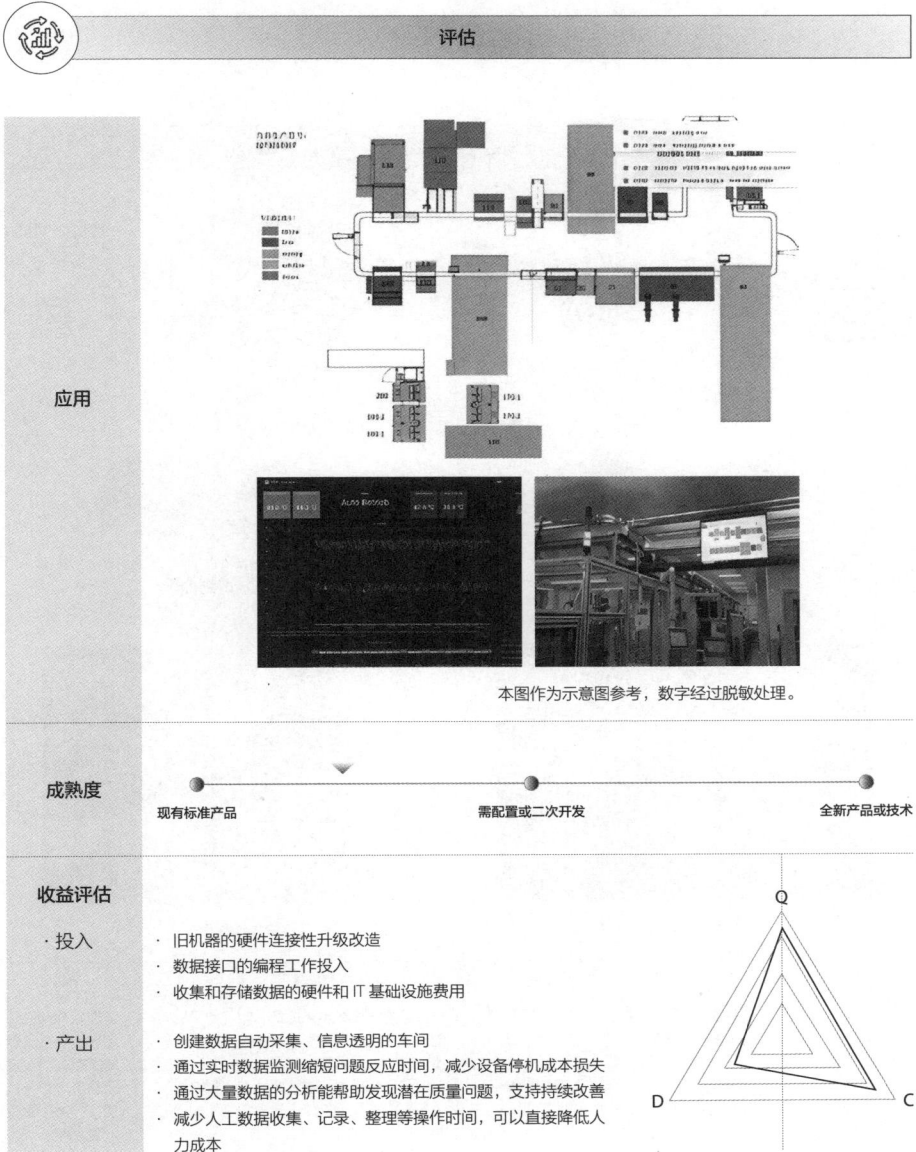

图 C-42　重点项目深入分析案例二　（续）

» 物流部——智能超市（见图 C-43）。

RFID 应用和智能超市

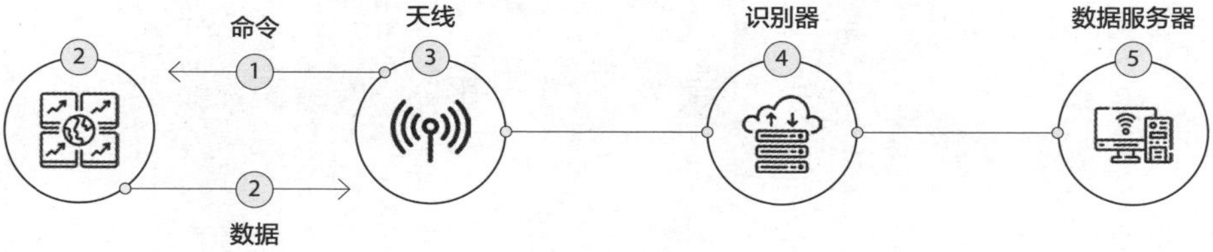

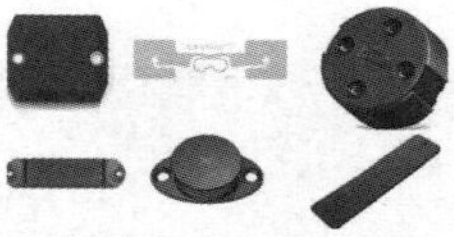

RFID- 标签

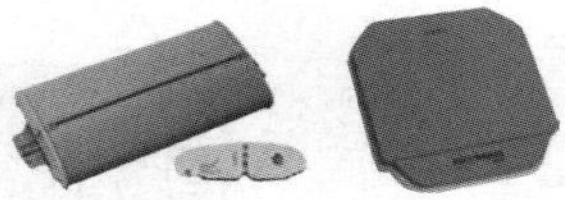

RFID- 识别器

智能超市

物料移动

描述	前提条件	优点	限制
RFID 是一种基于非接触和无可视阅读的自动识别系统，是数字化物流的基础 · 为物理事物创建数字标识，使其能接入物联网 · 使用 RFID 技术，货物（产品、包装箱、货盘或整批货物）的移动可以记录或检查，无须接触	物流过程标准化。包装和货物等方面实施标准化的流程。	1. 通过创建一个数字化追踪、实现数据的实时采集，实时展示，可以提高流程的透明度，并可以识别薄弱环节 2. 实时的系统反馈允许敏捷的过程监控 3. 大量减少在整个物流区的人工工作量，提高作业效率 4. 提高库存准确度，实现库存数据实时追踪	前期软硬件投入和物流器具改造成本较高，需要全面梳理物流过程，标准化物流器具和包装，人员工作量较大

图 C-43　重点项目深入分析案例

	技术	应用	目的
应用	RFID 技术	电子看板 智能超市 供应商看板 物流移动追踪	· 取代纸质的信息记录传递，通过电子信号记录信息，库位和标准包装盒信息通过电子信号系统对接 · 物料采购信息 · 物料收货、入库 · 物流实时数量、位置 · 实现无纸化作业 · 实时追踪物流

成熟度   现有标准产品 —— 需配置或二次开发 —— 全新产品或技术

收益评估

· 投入：
  · 硬件投入
  · 软件系统二次开发投入
  · 现有硬件升级改造投入
  · 流程梳理（PFEP），标准化提升的人员投入

· 产出：
  · 在包装和发货区域，能减少人工作业时间，提高发货准确率
  · 在内部物流价值流中，可创造透明度（物流状态、地点和时间），降低库存水平
  · 在整合物料周转过程中可以大量减少人工干预过程，因此可以对节省人力成本产生直接影响

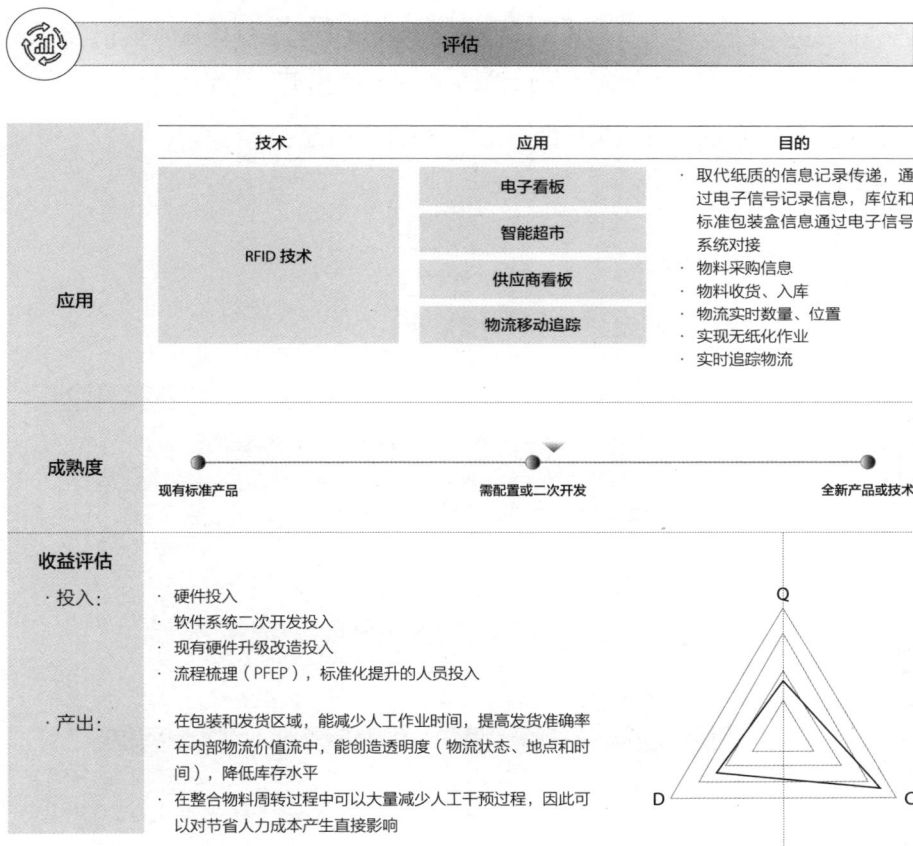

图 C-43 重点项目深入分析案例 （续）

做出这些案例时，需要有实践经验的行业专家提供建议，丰富应用场景的细节。如果此时回头看看一开始的戴珍珠耳环的少女画像过程，从规划的角度看，已经深入到细节的部分。

尽管我们仅对重点项目做了深度分析，但这并不意味着放弃了其他项目。我们需要一个总体的工厂数字化构架，按照数字化工厂的愿景和战略，有机结

合总体规划和分步实施。因此，需要一个从底层（现场价值流）到顶层（数字化智能应用）的分层结构，把数字化应用关联起来，这个就是数字化工厂整体蓝图。图 C-44 是 i－工厂数字化构架蓝图简化版。

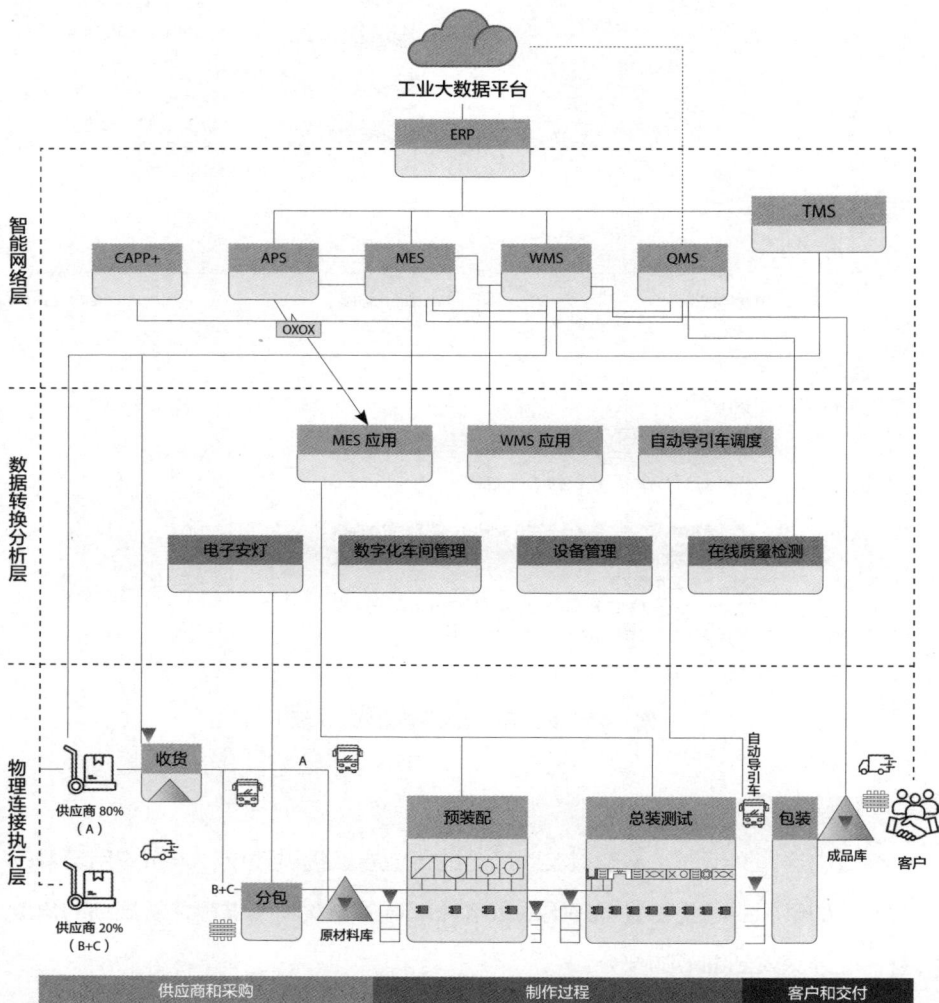

图 C-44　i－工厂数字化构架蓝图简化版

　　蓝图上的每一根线条，都代表着数据交互，以下三层结构代表数据流的三个重要组成。

» 物理连接执行层：数据产生和采集的地方，也是业务实际执行的地方，或者说通过数据应用得到的优化方案也在此落实到业务流程中。
» 数据转换和分析层：数据处理和分布存储的地方，一些现场的基本数字应用也在此层。
» 智能网络层：数据高阶应用。比如，生产计划先进排程、智能物流调度。

　　对数字化工厂的层级划分有很多种不同的看法，还有分为五层甚至七层的结构，但本质差异不大。按照能简则简的"奥卡姆剃刀"原则，我们采用三层结构描述 i – 工厂。

C1-4-2
实施路径：项目整体推进计划

　　尽管我们和制造、物流相关部门的负责人紧密地沟通项目重点进展和实施方向，了解他们的想法，我们几乎每天都会面对面沟通，但最后还是把他们邀请进了项目讨论会。现在需要制订项目实施计划，也需要确定推行的负责人。
　　出乎意料的是，i – 工厂总经理也不请自来参加了讨论，他同时带来了以下两个项目变化点。

» 能源管理将单独立项，由集团公司的 ESG 委员会组织项目推进，建立智慧能源管理平台。由于 i – 工厂以组装工艺为主，能耗不是重点，这个项目会在其他工厂先行试点，成熟以后再推广到 i – 工厂。

> » 对于 IT 信息系统构架，集团希望统一标准，以 i – 工厂作为标杆建设，集团公司 IT 部门组织项目组推进，i – 工厂信息部和相关部门作为核心成员参与项目。

所以我们将聚焦工厂内的项目，确定项目实施的顺序。这里需要考虑的是项目间的依存关系。比如，要想实现智能超市，需要先按照精益方法把当前的库存区转换成超市管理，涉及流程设计、区域改造等。这里的流程不仅是超市的管理流程，还会关联到物料补充方式、内部物流形式等。所以，这是综合技术方案和精益流程建设的全景实施线路图，还包括了对应人员组织能力建设的计划。

结合前面的所有信息，在平衡资源的情况下，我们得到了未来五年项目推行线路图（见图 C-45）。

当然对于越远期项目的描述越模糊，如远景中写了"大数据分析"这样的条目，随着不断的回顾更新和时间的接近，业务场景逐渐清晰时，我们就可以把"大数据分析"具象化成某个业务的数字化应用项目，如产品质量大数据分析、工艺过程动态参数调整。

i – 工厂总经理和几位核心部门负责人的到场，推动了分配项目顺利进行。接下来，各个部门需要协调安排资源，成立项目组，制订更详细的项目计划，按照项目管理的流程实施开展。作为数字化咨询顾问，我们会继续在项目实施阶段提供全局的支持，并根据项目进展和公司业务发展，每半年至一年组织一次战略和项目执行回顾。

几天后举行的项目总结会上，i – 工厂总经理在听完了项目结果汇报后总结了一下本项目的收益，概括如下。

> » 转变了自己的观念，不是光花钱投资设备软件就能建成数字化工厂，需要

涉及领域	现在（2023—2024 年）	中期（2025—2026 年）	远景（2027 年以后）
人员组织	精益知识传递 工厂的领导力	建立精益和数字化生产体系	
生产管理	车间管理循环 ☆ ☆ 电子安灯系统 ⓗ 5S 管理 标准化——精益化	数字化车间管理循环 ⓗ	
设备和 工艺技术	标准化工时测定 通用数据存储平台 ⓜ 互联 设备数据采集试点 ⓗ TPM 柔性生产线设计 ☆ 流程导向布局	数字化工时优化 ⓜ 信息透明化展示看板 ⓜ 装配过程控制 ⓜ 数据洞察 数据分析 ⓜ 数字孪生试点 Ⓛ 设备管理 ⓜ ☆ 数字化赋能过程控制 ⓗ	动态最优工时管理 ⓜ 数字化车间 ⓜ 数字化工厂 Ⓛ 优化提升 大数据分析 Ⓛ 预测性维护 ⓜ
物流	厂内物流 - 物料拉动 超市 为每个产品做计划 安灯拣货 ⓜ 物料传输过程数字化 ⓜ	拉动式生产 - 均衡排产 ☆ 智能超市 ⓜ 标准化包装 供应商交互平台 Ⓛ	电子化均衡计划 ⓜ 高级排程 Ⓛ 自动物流 Ⓛ 数字化可回收包装

可行性： 高 ⓗ   中 ⓜ   低 Ⓛ

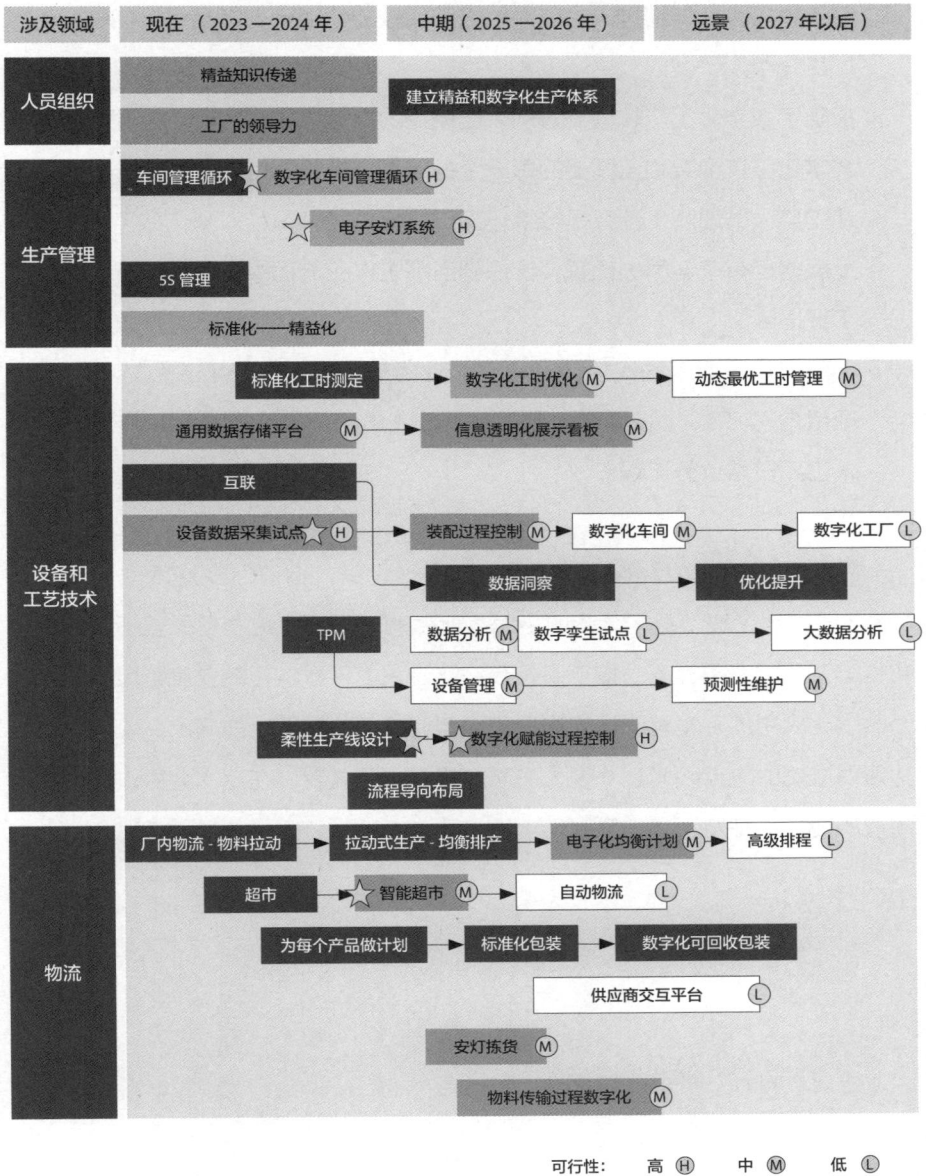

图 C-45   i－工厂数字化实施线路图

系统的投入，特别是人才能力的培养和技能的提升，涉及包括他在内的工厂每一个人。

» 指明了数字化工厂转型的方向，把模糊的概念具象化为行动；深刻了解了数字化工厂构架和蓝图上的每一个框、每一根线背后的含义。

» 让工厂人员理解了什么是数字化工厂，培养了意识，对整个数字化工厂的发展路径有了全局的理解；认识到当前工作和流程中的问题，把大家赶出了舒适区。

» IT 部门将由原来的支持部门转变为业务核心部门之一（说到这儿，总经理望向了 IT 部门的负责人），所有 IT 人员也要转变思维和工作方式，融入工厂日常业务流程。

在 i－工厂的数字化规划项目之旅告一段落，相信你在这段时间的项目"观察"中也了解了数字化蓝图是怎么诞生的，理解了这些看似差不多的数字化构架背后的业务含义。接下来，我们将进入工厂数字化的实施阶段，讨论一个数字化应用的开发有怎样的流程和需要注意哪些问题。如同前文所述，数字化取得成功的决定因素是一线人员愿意使用，所以我们在后文会重点讨论面向用户的设计和开发。

C2

数字化产品的实施和挑战

前面章节我们分别谈到了数字化转型的思考和规划，但这些都是隐藏在数字化产品后面的。数字化转型涉及方方面面，要考虑的东西很多，在考虑后真正形成规划的只是一部分，而最后显性的、大家都能看到的，是一个个数字化的产品。通俗地讲，就是想的比做的多，做的要比看到的多（见图 C-46 ）。本节以数字化产品的呈现为主题，谈谈实施步骤和可能面临的挑战。

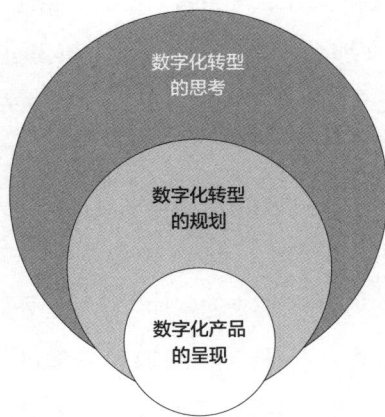

图 C-46　数字化转型的思考和呈现

在数字化规划阶段，我们会输出两个结果：一个是对应的系统构架和模块（如 MES、PLM、ERP）；另一个是优先选择后的数字化应用场景。

通常，企业会将系统模块的数字化进行外包。一方面，系统模块牵涉较多，组织通常采取的策略是应用成熟的软件倒逼企业的业务流程标准化；另一方面，一般企业也很难有人具备相应的能力进行跨部门的系统设计。

　　　在一次关于数字化的交流会上，笔者作为嘉宾出席问答环节，观众席上有人提问："老师，现在都在说数字化转型，可是我们的行业特殊，定制化要求比较高，您觉得是购买现成的产品好，还是自己找人开发功能好呢？"停顿了一下，他又问道，"但是成熟产品的功能有很多我们根本用不上，是不是采购这些软件不划算？"

很多人会纠结于"自己独特的数字化竞争力"。不过有趣的是，很多人会觉得只有在所有方面都超过对手，才会有自己的独特性。事实上，这是一种误解。差异化往往只体现在那么一两个点上。大众集团推出横置发动机模块化平台（MQB），但同样的平台诞生了速腾、朗逸、高尔夫、宝来等不同特色的畅销车型。

数字化也一样，很多关键的业务流程差别其实并不大，决定性因素可能是时间、反应、变更的控制等要素。因此，购买一个"冗余"的系统模块是完全可以考虑的，而在系统上生长出来的各种应用才是外显的特点和竞争优势。

近年来，关于"平台"的概念越来越向下兼容，传统的 MES、PLM、ERP 等平台式系统模块，更多地被小而敏捷的应用软件取代；而 IT 更注重开发基础性平台，如"让人人都能编软件"的"拖拉拽"低代码平台。

回到数字化转型中，我们以企业最有可能自己实现的数字化应用产品为例，讨论数字化转型的主要步骤和面临的挑战。

C2-1

一个数字化产品的诞生

C2-1-1
步骤 1：从场景到用户需求

当一个应用场景刚出现时，它是"大而模糊"的，如同我们要做一个社交软件，让大家可以随时进行聊天一样。这还只是一个"大概的范围"，从产品的角度讲，需要经过一系列步骤才能将这样的场景转换为产品。

要做这样的转换，首先要做的是"界定边界和范围"。

在组织管理中，"战略"或"策略"体现了类似的概念，一个通用的说法是，策略就是考虑"略"，即考虑什么是要做的，什么是不要做的。通过"做"和"不做"，明确"做什么"，以及资源投入的重点，再生发出"策"，即怎么做。

当然，要决定产品"做什么""不做什么"，这不是产品经理一个人自己决定的，必须引入多个视角。也就是说，需要"大家商量着来"，这里的"大家"，指的就是我们的用户。

举个例子，如果场景是你在给汽车做保养，车主经常跑长途，那么你必须考虑除了常规保养内容，如更换空调滤芯、机油，是否还需要做一下轮胎的检查和更换。

一位做用户体验的专家 L 找到笔者，他需要为一家制造型的公司提供数字化转型服务，和项目组一起开发"数字化灯塔工厂"的 App。由于之前他主要面对的是终端用户，所以对一些术语有一点不太适应，找笔者想了解下一些专有名词。

笔者给 L 解释了一些名词，如什么是碳中和、排程系统等。

最后，出于好奇，笔者问 L："产品项目组定义好了产品的目标是什么了吗？比如是要提高效率，还是缩短周期？" L 显得很困惑，说道："我还没让项目组定义产品目标呢，准备让他们做个用户画像和用户之旅，充分挖掘用户的痛点，找出方案。"

笔者向 L 解释道："你的方法没错。但需要注意的是，虽然制造的'最终用户'是购买产品的终端客户，但制造的价值往往会被抽象成成本、质量、效率、交付这些关键参数，这些才是你现在'用户'的痛点，当然也是抽象出来的'最终用户'的痛点。这些应该达成的目标，在制造环境下是应该最优先被定义的。"

笔者似乎没有说服他。L 将信将疑，因为在他看来：在用户体验师的模式中，用户体验应该是直接的、具体的、鲜活的，绝不是冷冰冰的数字。

最后，L 下定决心，说："你讲得也有道理，不过我好像也管不了那么多。这个让项目组去做吧，我只管这个产品的使用者是否用得顺畅。"

在实践中，类似 L 和笔者的观点碰撞并不少见。如果产品直接面对终端客户，那么毫无疑问，只需要考虑终端客户的需求。但工业数字化产品的直接用户大多并不是终端客户，而是组织中的使用者，即"内部客户"；同时，内部的数字化产品（只要不是卖给客户的直接产品）最终还是为了"终端客户"服务。所以，这就带来了复杂性。

这种复杂性在于产品开发者需要考虑不同使用者的需求，甚至某些要求是相互矛盾的。

　　X 集团的董事长有一次和笔者谈及数字化时说道："我看你讲得挺好，要不帮助我下属的 P 公司做数字化转型吧？"

　　笔者说："可是 P 公司的数字化搞得挺好的呀，我能帮上什么忙呢？"

　　董事长摇了摇头，说："那是他们自嗨，叫什么数字化？！我觉得他们方向搞错了。他们需要把数字化解决方案加在产品上，提供客户价值！数字化如果没有创新的产品加持，有什么用？！"

　　当笔者找到 P 工厂的总经理 Q，说起这个问题时，他说："我们内部数字化，交货周期缩短了 30%，怎么不叫提供客户价值？！数字化就是用来做内部赋能的！"

　　当内部用户与外部客户的需求发生冲突时，一般来说，内部用户的需求会让步于外部客户的需求，即我们会首先关注后者的需求。这一点，从我们之前谈到的规划步骤可以看出（首先会确定关键指标达成所产生的收益）。但现实情况是，当内部不同用户的需求发生冲突时，就会屈从于级别高的人所表达的需求。然而，这样做很危险！

　　仍以上文的 P 公司为例，其在 2019 年筹划上市。为了实现上市的目标，总经理 Q 对组织结构做了大刀阔斧的改革，把原来的功能性组织结构改为不同产品族的事业部负责制。笔者受邀对 P 公司在制造端的数字化转型做咨询，首先贴合组织结构的变化，定义新的订单流程和新的绩效指标。当谈到对于客户的交付指标时，我们之间进行了下面的对话。

　　"Q 总，我建议把'准时交付率'作为计划部门的第一个结果指标。"

　　"不能定义这个指标啊，大家都追求准时交付了，你想想，是不是做的订单越少，这个指标越容易达成？如果有新订单没人接怎么办呢？"

"Q总，咱们不是有订单评审吗？这个不是说想接就接，不想接就不接的吧？"

"老师，你不了解我们这个行业！这么跟你说，我们有客户订单是一定要接的，哪怕拖点时间，质量差点都要接。销售拿来的单，没有不接的道理。"

P公司分管财务和卓越营运部门的副总A，也是项目中的主要对接人，他说："Q总老是强调客户体验，那是因为他以前是销售服务中心的老大。可是吃不下的单子硬吃，现在的情况是做一单亏一单，质量越来越差，这些他可看不到！"

笔者把A副总的意见反馈给Q总，Q总雷霆大怒，说道："你告诉我谁说的这话？我就是要逼他们上梁山！这帮人就是没有客户意识！"

在项目开工会上，Q总代表管理层发言："我们进行数字化转型，坚持'以客户为中心'，贴合业务实际，打通组织壁垒，必将取得胜利！"

而一年后，P公司的两次上市启动都因为利润率不够而失败。

上述情况是常见的挑战。组织结构中，层级越高的人，往往视野越开阔，越能代表外部客户的需求，因此我们仰仗他们的意见来理解外部客户的需求，这点没有问题。可是，我们并不能据此简单地把他们的意见作为唯一的选择。在这一阶段，产品设计师必须具备一定的同理心，将自己代入不同的角色，从而理解各个层级的痛点以及背后的原因，理解产品设计创新的基本方法（见图C-47）。

此处需要注意同理心与同情心的区别。同理心是代入对方的角色，感受对方的感受；同情心是怜悯，是给予。二者虽然只有一字之差，却相去甚远。假如你踩了坑，笔者站在坑外对你说："真倒霉！要我帮你出来吗？"这是同情心。而笔者也跳进来，对你说："真倒霉！我们想办法出去吧。"这是同理心。

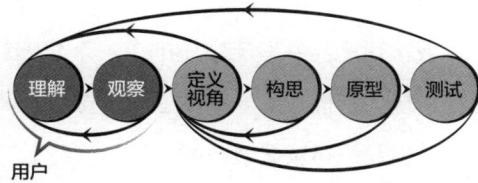

图 C-47　产品设计创新方法论

资料来源： 迈克尔·勒威克，威廉·科凯恩，拉里·利弗.设计思维手册：斯坦福创新方法论［M］.高馨颖，译.北京：机械工业出版社，2022.

二者区别的关键在于把自己置于对方境地的程度。

表 C-4 给出了一些常见的工业用户可能遇到的痛点和对产品的诉求。当然，这不是一个完备的表格，只用来作为参考。事实上，了解不同客户对于产品的诉求，永远是一个优秀的产品经理必须做的事情。

表 C-4　痛点和产品诉求结合表

用户	通常的痛点 （pain points）	产品结合点 （sweet points）
经营者	传统业务价值无法实现 没有新的增长点 没有新的业务模式	透明的数字化管理体系 数字化加持的产品（解决方案） 研发－生产－制造的打通
管理者	下属的绩效不明确 部门间存在沟通障碍 无法完成绩效指标	清晰的决策路径 流程的打通 快速响应 关键指标改善
使用者	界面太难操作 给出的行动项需要再次判断 使用数字化设备存在困难 大量数据录入很麻烦	良好的人机界面 清晰、无歧义的行动建议 简单易懂的操作 自动的数据录入和分析

我们总结一下，数字化产品开发和实施的第一个步骤：把规划端挖掘出来的应用场景转化为客户需求。而这个步骤的主要挑战在于：对多种客户的需求进行分析、挖掘、合并以及进行优先度排序。

C2-1-2
步骤 2：从用户需求到功能架构

界定了数字化产品的范围和用户诉求后，下一个步骤需要把用户诉求转换成功能架构。很多人会觉得这是 IT 部门的工作，其实这属于产品设计的一部分。用户需求和技术实现在这一步实现了"会面和握手"。

假设场景是设备维护，通过用户访谈，我们了解到用户的需求如下。

» 维护部门希望有直接的报表来展示故障率、平均修复时间（Mean Time to Repair，MTTR），平均无故障运行时间（Mean Time Between Failure，MTBF）等。

» 维修技工的诉求是在维修保养时，获得去哪里、大概做什么、应该携带什么样的配件等信息，省得来回跑、浪费时间。

» 车间管理者希望能看到实时的维修状态和预计维修时间，以便做出是否采取紧急措施满足交付的决策。

» 现场的操作人员希望不用手工输入设备故障、地点等信息，且早会时，能自动弹出相关信息。

» 数字化项目发起人则希望通过这个 App，能将维修成本、技术人员的工作负荷等数据和财务 ERP 相连，从而计算设备运行成本（包含维修成本、设备折旧、外协维修等）。

根据上面的用户需求，罗列出可能的功能模块，如图 C-48 所示。

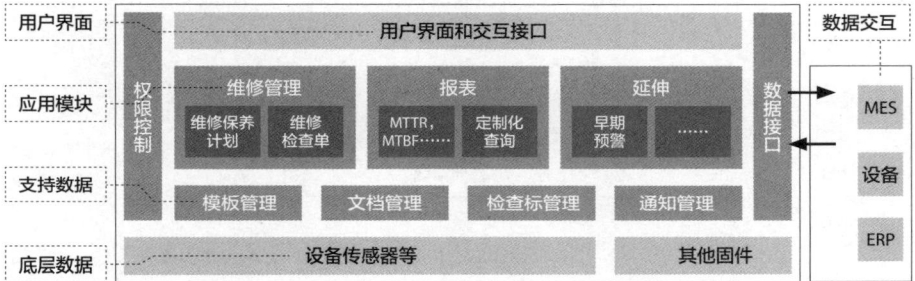

图 C-48 数字产品功能模块示例

在这一阶段，主要的挑战是：采用用户视角取代规划时的第三人视角。这一阶段从逻辑上看起来很简单，就是将用户需求分解到各个功能模块中，实际上这一步的挑战是非常大的。举个简单的例子：虽然支付和社交都是微信的重要"业务场景"，而且从业务的角度（第三人视角）来看，支付才是产品利润的来源。但是如果你打开微信，你会发现"支付"功能隐藏在二级菜单里。这是因为，用户在使用时，社交的功能使用频率更高，所以通讯录、朋友圈和聊天占据了绝大多数的一级菜单。这样的设置其实就是从用户角度出发形成的。

B 公司的南京工厂做了一个数字化场景的产品：审批流程的无纸化（数字化）。项目组刚开始时，简单照抄流程，其功能架构就是按照审批事件来分类的，如表 C-5 所示。

这就是典型的第三人视角了。审批流程分散在不同的流程中，主要是因为审批其实是流程控制的一部分，就像路上的红绿灯一样。所以在流程

表 C-5　无纸化项目审批功能模块构架

序号	审批功能模块
1	固定资产审批
2	行政审批
3	生产类审批
4	其他审批

划分时，审批流程更多的是作为主流程的附属流程，如固定资产审批流程附属在固定资产管理流程中，这就造成了表 C-5 中的审批流程分类。

可是，从使用者的角度看，可能是另一幅景象：驾驶员不会关心一条路上有几个红绿灯才算合理，他们只会关心每个红灯需要等多长时间。同一个人，可能会按审批权限不同而需要同时处理多个审批流程。比如，对总经理来说，可能 1 万元以上的申请单都需要他审批。因此，从总经理的角度看，表 C-5 的分类可谓毫无意义。

不过，项目组没有意识到架构的重要性，而仅仅把"架构"作为"技术方案"的一部分细节来对待。在项目会议上，当产品经理要表述"技术方案"时，项目发起人——工厂厂长不耐烦地挥了挥手，说道："哎，算了算了，今天时间也不早了，技术上的事情我也不懂，你们把关就行。我就问一句，时间上能不能再早一点，赶在全球制造会议开始前上线？让我们的 CEO 好好看看我们的成果！"

在全球制造会议上，厂长介绍完现场的数字化改善后，意犹未尽，准备当场给 CEO 展示一下无纸化办公的快捷和高效。当他打开相关界面，准备演示由他审批的事项时，点进"固定资产"，没有；点进"行政"，没有……CEO 冷冷地说道："工厂数字化问题很大啊！"

　　于是，集团引入了用户体验和设计思维的培训，力求公司数字化产品组的架构师都能多一些对用户的考虑。

　　很多人都觉得脑袋僵化只存在于大公司，是大公司病。诚然，有一部分大公司确实存在这样的问题，然而，千万别觉得这只是大公司病，只要组织文化强调执行力、自上而下，就有可能存在这样的现象。

　　在制造领域，提到问题解决，很多人会说到鱼骨图，而提到鱼骨图，几乎所有的鱼骨都是"人机料法环"。此概念影响太大，以至于有一次，一个民营企业的老板说："老师，我不明白你为什么要让我出钱做什么数字化愿景、策略。我们工厂嘛，看看'人机料法环'存在什么问题，你出个解决方案不就行了？"笔者环顾四周，各位职业经理人，要么默不作声，要么面带微笑，似乎这位老板道出了他们的心声。

　　说到底，架构师固然是实施阶段非常重要的角色，但是组织的文化氛围更重要。各位是否还记得前面我们提到的，在数字化转型过程中，"用户"其实是多类型的？在复杂的环境下，架构师要想正确回答"什么是我应该采用的主视角"这一问题，其实更多地取决于组织的价值观。如果你想实现创新，那么至少在实施阶段应该鼓励多样性的功能架构划分，而不要急于进行下一个步骤。

　　另外，不要单纯地把架构看作技术的事情。架构是分类，而分类并不一定是按技术维度进行的。

　　想象一下，如果你是总经理，看到现场的机器经常停机，你会跳上去自己修机器吗？如果你这么做了，可以想象的是，全厂的机器停机都会等着你去修。那么，全厂的管理干部要么羞愧难当——"我领这份薪水好没价值啊"，要么欣喜若狂——"出了事情，有老大顶着！咱们可以摸鱼"。

　　管理上的一条原则就是：问题由责任人来解决。更聪明的做法是，找到责任人，这样你不会忙死，责任人也不会闲死。要找到责任人，你不得按责任区域分类吗？比如，A 车间的车间主任负责 A 区域的机器停机，B 车间的车间主任负责 B 区域的机器停机；生产部门的问题生产部门解决，物料部门的问题物料部门解决。

由此可见，架构分类其实更多的和组织管理有关。所以，一个好的架构师可能并非来自组织外部，而是来自组织内部。求人不如求己，培养数字化能力还得自己发力。

C2-1-3
步骤 3：构建产品原型

当定义了主要的功能模块后，下一个非常重要的步骤就是构建产品原型。你可以认为一个产品原型相当于一个纸面的数字化产品。在这个阶段，你并不需要呈现一个完成度很高的产品，而是尽可能地将产品概念用最省钱的方式表达出来，接受客户的反馈，然后做一些调整和风险评估，再交由真正的开发团队进行开发。

1. 选择一个最小可行性产品

最小可行性产品（MVP），主要是指让软件使用者有完整体验的功能模块集合。否则，在产品原型测试环节，你很难让用户提出有效意见。

比如，前文我们提到的维修管理的产品，它可能包含多个核心模块，如维修管理模块、报表模块等。我们可以只选择其中一个核心模块来做产品原型，但是其他功能，如登录、退出等，也必须作为 MVP 的一部分同时呈现。

MVP 最早的概念是指，客户愿意为之付钱的最小单位。如果把握不了 MVP 的尺寸大小，可以问问自己：如果我是客户 / 使用者，我愿意为这个功能付钱吗？哪怕只是一个粗略的功能。

比如，你现在要做的产品是汽车。传统的产品设计思路是一步步来，从车轮、外壳、动力装置、内部装饰一个流程接一个流程做起，最后得到一个完善的产品（见图 C-49）。

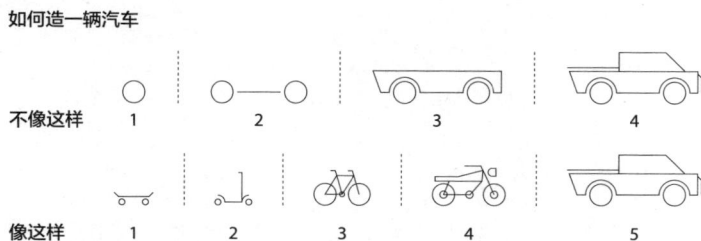

图 C-49 最小可行性产品示意图

按照 MVP 的思路，可能会先做一个小滑板车或自行车（更重要的是展示出行产品的细节），看看用户对出行工具的认可程度。如果用户认可我们的产品概念，那么我们就可以继续生产摩托车、小轿车。

2. 绘制系统流程图

有了 MVP 的概念，就应该绘制系统流程图了。系统流程图和前面所说的流程图类似，不过流程图的 Y 轴一般是功能部门，系统流程图的 Y 轴则是功能模块（见图 C-50 ）。

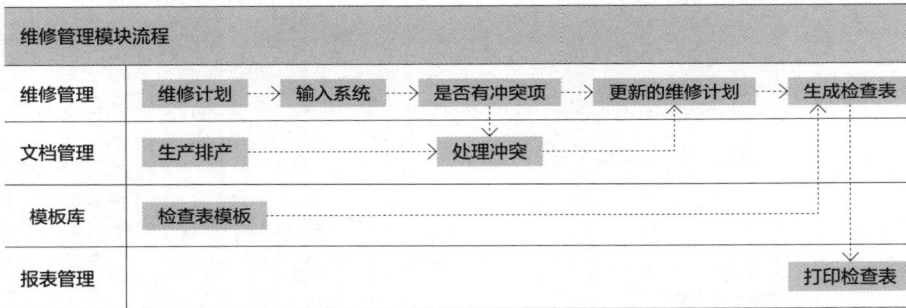

维修管理模块流程					
维修管理	维修计划	输入系统	是否有冲突项	更新的维修计划	生成检查表
文档管理	生产排产		处理冲突		
模板库	检查表模板				
报表管理					打印检查表

图 C-50　系统流程图

系统流程图所揭示的，就是模块之间的关系。注意，这里也有一个重要的思维转换——确定各个模块的时序关系。

先穿左脚的鞋，还是先穿右脚的鞋

P 公司要实施数字化转型项目，锚定了几个数字化应用场景；项目采用互联网常用的方式——黑客松（程序员们的马拉松，即 sprint 冲刺）。他们找到笔者做业务顾问，为项目组提供业务上的指导。与此同时，他们又邀请了 IT 部门为项目组写代码，开发对应的软件。

其中一个应用场景的选题是：根据计划员的不同计划，自动运算出不同计划可能产生的成本，从而推荐计划员做出较优（主要考虑成本）选择。

项目组很快做出计划的参数和成本之间的因素模型，如表 C-6 所示。

表 C-6　计划的参数和成本之间的因素模型

参数（数据）	成本
班次	班车、食堂、能源
计划超出工时	加班工资
人员数	人员工资
产量	库存成本

于是，项目组成员开始在一起开心地闲聊。笔者问项目组："你们的系统流程图画好了吗？"

项目组组长（产品经理）说："我们已经列好了成本和数据的对应关系了呀，不需要画什么流程图啊！"

笔者对项目组组长说："好！假设现在你要出门，必须穿鞋。请问你先穿左脚的鞋，还是先穿右脚的鞋？"

项目组组长显然没有明白笔者的意思，说："随便啊，没啥影响啊。"

笔者说："那好，既然没关系，你把我当计算机，随便给我个计算顺序呗，行不？总之，你必须给个顺序啊，不然计算机怎么知道怎么算？"

当项目组在安排计算时序时，才发现各要素之间其实是存在先后顺序的。比如，业务流程上，班次由于涉及报备和准备支持工作，是第一个要考虑和确定的因素，而每班的人员数和加班时间是基于产量的真正需要进行计算和确定的；但产量和库存根本不在排班计划的考虑范围内（这个因素早在周计划确定时就已经确定了）。

由此，当你让软件来实现你的想法时，你要记得自己面对的是一台机器。虽然现在大数据分析非常流行，但你千万不要认为世界已经进化到硅基生命时代了。总体来讲，机器还是处于学习阶段；假设真的不在意事件的先后顺序，那就随意指定一个时序吧，因为机器是严格按照时序工作的。

3. 定义系统流程图的数据类型和约束条件

定义每一个步骤所需要的数据，意味着可以据此构建输入输出界面进行仿真，让用户能"触摸到真实的场景并做反馈"。

其中涉及的软硬约束条件，则是定义系统判断情形并介入的优先顺序。如图 C-51 所示，如果维修计划和排产发生冲突（维修计划来自该软件，排产来自 APS 高级排产系统），那么人为定义的"优先满足生产计划"就是硬约束条件，软约束则可能是"估算产能，尽量把维修放入同一天"。

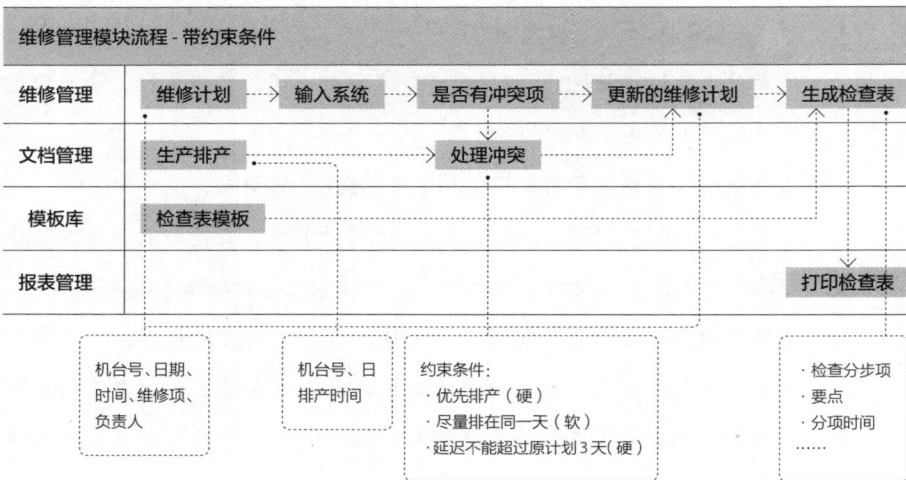

图 C-51　带约束条件的系统流程图

软硬约束条件为算法提供了依据，所以只有定义好软硬约束条件，和客户进行约定（甚至是签订合同），才能进行真正的产品开发。软硬约束条件也是进行客户测试的内容之一。

需要注意的是，在这个阶段，定义软硬约束条件时，并不意味着需要提供解决方案（其实这个算法才是真正的技术解决方案），而是仅需要提出要求。通常，这些要求往往是与业务限定条件有关的。

4. 搭建产品原型和测试

» 原型搭建

原型设计的理念来源于 20 世纪 60 年代后期的"所见即所得"概念，其主要意思是：我们接受那些呈现在我们面前的东西。因此，在产品开发前进行原型搭建，其实已经在一定程度上与客户进行了沟通，从而影响他们的选择。

一个数字化产品的原型，如果涉及硬件，一般会用乐高、纸盒等能触摸的道具进行模拟替代；软件则需要模拟出各个界面，以及提供界面所能实现的结果，很多人更喜欢用手绘海报的形式呈现。当然，现在也有在电脑上编辑的 Mastergo 之类的软件，可以轻松地展现你希望看到的界面，并实现一定的跳转。

很多内部的产品开发团队要么缺乏严谨的工程思维模式，要么缺乏充满想象的创造力。B 公司以工程师的能力闻名于制造业。有一次，当笔者辅导 B 公司的工程师做产品原型时，遇上了不小的挑战。那次要做的产品原型是车间指标管理的数字化，当要求项目组做出产线数据采集的原型时，项目组交出的还是一张张 PPT。唯一不同的是，原来"感应器"的上面多了一个感应器的照片，原来"扫码"的上面也多了一把扫码枪的照片。

笔者让项目组用硬纸板裁剪出扫码枪的形状，用纸折出传感器，然后让项目组将它放在产线的对应位置上。项目组很快发现了问题：扫码枪的固定位置会影响员工的操作，感应器则太大了，会阻碍产品的传送。

如果我们回顾之前的步骤，你会发现原型搭建是数字化转型中的一个关键跨越。之前的步骤都是抽象和逻辑思维主导的过程，而原型搭建让我们将这些脑中的概念还原成具体和可操作的东西，为产品的"落地"提供了保证。原型搭建是真正意义上的"实施"的开始，要做好这个转换，必须尽量充实原型的细节，如尺寸、界面、触感等。这并不意味着这些就是最终的成品，而是让"脑中的世界"和"真实的世界"进行有效的联结。

» 原型测试

笔者辅导过一个关于故障报修的数字化产品，其中一个环节是统计设备维修时长。在产品原型中，项目组直接以设备重新启动作为维修结束的节点，然后以此记录停机的时长。在测试时，现场的班组长提出了异议："我们需要确认设备是否真的修好了，所以，最好是在界面上有个'确认'按钮，按下'确认'按钮表示设备已修复。应该以此作为计算时长的依据。"

原型测试应该能够发现问题，从而让原型更像一个有用户价值的产品。通常，在测试前，需要对测试场景和测试目的做一个计划，具体包括以下内容。

- 我们想测试什么？
- 参与测试的人员有哪些？
- 我们应该问哪些问题？

　　某厂自行开发了一个关于能源的数字化平台，笔者参与了项目组的选题和辅导，经过业务需求分析、用户洞察、功能架构确认、MVP 等阶段的确定，现在到了产品原型测试阶段。

　　笔者让项目组制订一个"原型测试计划"，以及准备测试的场景和问题。

　　第二天，项目组反馈了他们的测试计划，大致如表 C-7 所示。

表 C-7　测试计划表一

测试场景	测试对象	测试步骤
输入参数，得到能源报告	工程部	1. 解释该产品的价值、目标和必要性 2. 展示报告模板 3. 报告模板是否可行 4. 对你的工作是否有帮助 5. 你有哪些建议

　　如果你看到这样的问题，会有什么感觉？是不是感觉项目组等着你说"好"，然后就可以开干了。

　　笔者给项目组的反馈是：结合场景，用简明的开放性问题。具体如表 C-8 所示。

表 C-8　测试计划表二

测试场景	测试对象	测试步骤
输入参数，得到能源报告	工程部	1. 你喜欢输入界面的哪些地方？为什么？你不喜欢哪些地方？为什么 2. 你喜欢报告模块上的哪些地方？为什么？你不喜欢哪些地方？为什么 3. 你有哪些建议

出现上面的情况并不奇怪，因为很多人只知道搭建原型进行测试的结果，即找出潜在的问题进行改进，但是他们并不知道其背后的思维方式。

对原型进行测试并不是要证明我们有多么成功，之前的用户需求挖掘和业务需求洞察有多么彻底，而是证伪，即通过质疑之前的假设，不断地接近真正的用户需求。这也意味着，在原型搭建和测试中的一条铁律是：绝对不要只做一遍！而我们也不是简单地按照用户的要求进行改进，而是要多问几个"为什么"，寻求用户反馈背后真正的动机和原因。这就是所谓的迭代思维。线性思维与迭代思维对比示意图，如图 C-52 所示。

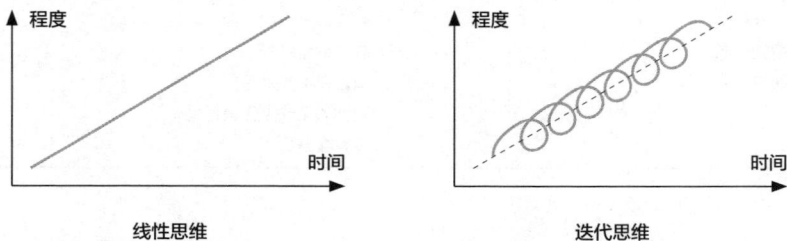

图 C-52   线性思维与迭代思维对比示意图

一个有趣的测试线性思维[1]的例子：假设一家比萨店进行促销，10 元钱能买两个 6 英寸[2]的比萨，或者同样的价格可以买一个 10 英寸的大比萨，请问你会选择哪一个？凭直觉快速选择！

你是不是倾向于买 2 个 6 英寸的？感觉 2 个 6 英寸的更大一些，是吧？如

---

[1] 这里的线性思维是指靠经验和直觉进行判断的简单化思维。
[2] 1 英寸 =2.54 厘米。

果你是这样认为的，那么你就陷入了线性思维的陷阱！面积计算公式 $S=\pi \cdot r^2$

第一个选项的比萨面积：（3.14×3×3）×2=18×3.14

第二个选项的比萨面积：（3.14×5×5）×1=25×3.14

大部分人其实是凭直觉进行判断的，因为更快。这也是线性思维屡见不鲜的原因。

线性思维的存在如此普遍，以至于我们必须时刻提醒自己，我们是否遗漏了什么。

在经典的战略研讨会中，进行 SWOT[①] 分析后，根据 SWOT 的组合进行头脑风暴，列出可能的措施。很多人觉得这就是经典的分析方法。而来自澳大利亚的引导师汤姆（Tom）绝不会止步于此。通常，他会引导参与者将措施按类别分类，形成"重点行动区域项"，然后让参与者进行头脑风暴，思考还有什么措施可以加入这些类别。

汤姆解释说，当第一次头脑风暴时，参与者还处在 SWOT 这样的宏大叙事中，因此制订的措施只能指明人们大脑中大概的重点区域，但是不能全面给出所有可能的措施；而经过第二次转换，人们的注意力转移到行动本身，这样才能触发真正有效的行动。

用原型进行测试时，为了了解用户真正的动机，问"为什么"很重要（即使我们认为自己已经知道了答案）。测试访谈中的首要任务是学习，而不是

---

① 优势（Strengths，S）、劣势（Weaknesses，W）、机会（Opportunities，O）、威胁（Threats，T），企业战略分析法。

解释原因或推销原型。在搭建原型时，我们并不要求项目组已经知道解决方案，以及解释系统是如何运算出结果的，而是寻求用户对产品提出更多的潜在需求。

　　数字化能源的项目组拿了新的问题去做原型测试，很快发现了问题：用户反馈说在参数输入界面，他非常不喜欢"确认"按钮。当被问为什么时，用户说："如果每次调整参数都要确认，很麻烦。"项目组进一步讨论发现，用户的真实需求不是输入参数得到报表，而是需要一张"好看的报表"，反推需要得到哪些参数。

　　于是，项目组做出了修正——把参数和报表放在一个界面中；参数变动，报表随之变动。该功能也从"报表模块"分离变成了"模拟结果报表"模块。

以下是做原型测试的要点表，各位可以对照一下，是否都满足了下面的要点。

（1）定义了测试场景和测试目标。

（2）制订了测试计划，准备好了测试问题（开放式的，简单明了、易于回答的）。

（3）选取用户进行测试；如不可行，可选取态度中立的人（测试的人不应当是原型构建者）。

（4）多问一句"为什么"。

（5）30 分钟左右的测试。

（6）产品组人员在场，第一时间记录客户反馈。

（7）不要引导被测试者侧重于某一方面思考。

（8）除非客户提问，不要解释计算逻辑，只聚焦在用户的感受上。

（9）进行复盘，迭代产品原型，准备下一次测试。

5. 投入产出比的计算

通常，在完成产品原型和测试以及相应的迭代更新后，在正式开发前，就可以进行粗略的成本估算了。

一个数字化产品需要考虑的成本有以下几个方面。

（1）硬件投入成本，这意味着在数据采集、存储方面所需要投入的成本。例如，为了记录设备的停机时间，可能需要额外的传感器记录机器停机和恢复工作的时间，或者员工需要手工填写停机记录表。

（2）软件投入成本，这意味着软件开发本身所需要的人员成本、时间成本等。

（3）风险成本，软件投入营运后因为可能的失效造成的潜在损失等。

完成了上述步骤，组织内部已经基本完成了工作的主体部分，剩下的工作就是确定算法和进行编程了。这些都属于软件技术的范畴，我们在此不再赘述。

C2-2

数字化转型的启动时机

相信看到这个标题，你会发出疑问：什么？！转型还需要启动时机？不是时不我待，只争朝夕吗？行动力就是要想到就干，抓住当下就是最好的时机！

诚然，各位的想法没有任何问题，数字化转型确实是必须马上考虑的事情，但这并不意味着马上动手。行动力不是简单的"想做就做"，也包括思考、复盘、纠偏、再行动等联系在一起的步骤。所以，毫无疑问，我们的思考从未停止，但是付诸行动或者按变革的说法，开始和人进行沟通并进入实质性的、看得见的层面，这个时间点是需要做一些考量的。

让我们来思考一个问题：什么是数字化转型的启动？

所谓启动，就是大家都知道要开始了。这里非常重要的一点是，开弓没有回头箭。按照经典的变革理论来讲，我们需要保证的是"一场被计划好的胜利"。从时间上讲，启动的时机应该尽量放在规划后，也就是说，启动就意味着规划阶段的结束，正式进入实施阶段。

为了保证数字化战略的顺利落实，B集团准备在全球推行价值流组织，即在原有部门的基础上，增设一个价值流经理，负责产品族的质量、交付和成本。而原有功能部门，如物流、生产、采购等则作为"专业服务部门"来支持价值流经理的工作。这样做的目的是，打通组织内部的壁垒，扫清数字化转型的阻力，为业务系统的贯通构建基础。

B集团的中国工厂很快就执行了集团的指令，但是东南亚的工厂动作就慢了一些。集团催得很紧，于是马来西亚工厂的厂长找到笔者，希望笔者作为"率先实施价值流组织的标杆工厂实践者"，给马来西亚工厂开一场研讨会，目的是在工厂内顺利推进组织变革。

笔者按照在中国工厂的经验，准备了不少材料，比如从数字化开始，所涉及的时间紧迫性、实施的好处、集团的战略等。

在笔者将要启程去马来西亚时，马来西亚工厂的厂长打来电话，让笔者不用再过去了。电话里问他原因，他支支吾吾半天。笔者后来才明白，由于他比较急切，在工厂内部早早就把将要做价值流组织的消息放了出去。于是，有人找到了工会，而工会以会影响部分同事的工作为由，不允许召开研讨会。

再后来，笔者了解到，由于工厂的指标完成情况和业绩都不好，该工厂早就流传着"减员增效"的说法。当碰上"要搞价值流组织"，该工厂的同事非常担心这是一件"砸饭碗"的事情，因此抢先一步告到工会，强烈抵制该研讨会。

事后，笔者再和该厂长进行复盘时，他终于说出了顾虑：他觉得笔者准备的材料都是宣传企业成长、扩张等带来的机遇和挑战，这和他们面临的业务情况不一样，他觉得很难说服参与者。加上工会的施压，要求他说明研讨会将对组织结构和薪酬带来什么影响，最终他选择了暂缓进程。

毫无疑问，这个失败的例子充分说明了数字化转型过程中掌握启动时机的重要性。

首先，根据变革的经典理论：在变革发生前，不要过早地透露变革的消息。很多人会忽视这样的原则，误认为将消息早些透露出去，是对员工的信任。特别是数字化的变革，似乎透明性是数字化的天然属性，我们潜意识里会觉得这是一件大好事，所以会迫不及待地与他人共享。但这样的做法，其实会引起大麻烦。类似地，如果我们准备把组织里每个人的薪资都提高，这算好事吧？但可以预见，即便在每个人都涨薪的情况下，也会有人觉得自己的薪资应该多涨点，或者觉得某同事的薪资涨得太多了。

过早地放出变革消息会造成组织内的相互猜疑，由此带来绩效的下降。所以数字化进程的启动，应该在准备充分的情况下进行。最好的做法是只有核心人员知道，在沟通计划和叙事模式准备充分的情况下才启动。

其次，需要注意数字化的叙事模式。如果让你联想一下，数字化和下列那几个词语更为搭配？你会选择哪几个？

成长 / 突破 / 衰退 / 创新 / 成本 / 确定性 / 波动 / 控制

我们是不是更多地会联想到"创新""成长""突破"？很少有人会将其与"控制""确定性"甚至"衰退"之类的挂钩吧？

在B集团时，笔者与德国同事给一家国内的公司做数字化整体转型的咨询。在谈到产品全生命周期时，德国同事问了对方一个问题："目前，你们公司对于即将退市的产品是如何管理的？"对方略显诧异地回答道："我们从来没有考虑过这个问题。产品退市就退了，我们再找新产品做啊！"德国同事对此很难理解，问道："但你们是负责制造的啊？虽然可以有新产品，那是研发的事情，但退市产品的生产设备难道就此废弃了吗？这些难道不是设备全生命周期要考虑的事情吗？"

同样地，当我们考虑数字化转型的时机时，是不是认为只有在成长期的企业才有资格做数字化？如果企业处在发展比较平稳的阶段或者面临困境，数字化能带来什么呢？数字化能不能帮助其跨越周期，实现持续的成长呢？

尽管每个组织面临的情况各不相同，但在数字化转型启动时，一个重要的环节就是讲好企业自己的转型故事。如果讲故事的能力够强，其实任何时机都能成为企业实现数字化的契机。

我们回到 B 集团马来西亚工厂的后续故事。和厂长讨论后，笔者意识到，由于前期的偏见，笔者没有把握住研讨会的背景，从而陷入困境。好在厂长只是把议题发了出去，还没有详细地列出关键信息。所以，现在工厂还是处于"阴云密布"的阶段，情况不算太糟。

笔者调整了研讨会的目标，叙事模式从工厂的"数字化发展"变更为"价值流组织如何创建新的职位，并为将来的发展打好基础"，并且让厂长把研讨会的详细议程告诉参与者。终于，在延迟了一个月后，研讨会顺利召开了。

对受众来说，数字化时代一个明显的趋势是"所见即所得"，热点层出不穷，并且涌现和消逝得更快，此起彼伏。因此，在数字化转型中，抓住热点并讲好转型故事，对成功实施变革非常重要。这也就是"时机"在数字化转型中尤为重要的原因。

C2-3

转型的实施、结果验证和业务融合

C2-3-1
设立转型的"监控指标"

　　如前所述，规划阶段会定义数字化转型的愿景、目标和策略。但是衡量变革是否成功，不单单看是否实现了目标，因为目标和愿景是构建在一定的假设基础上的，而我们并不能确保这些重大的假设一定是正确的。所以，一方面，我们要求敏捷和快速；另一方面，我们在实施阶段必须保持一定的警醒，对变革过程做一些监控，并快速迭代和重新设计。与此同时，这个过程也是将数字化融入日常管理的必要步骤。

　　X公司生产高压电控柜，由于新能源行业的井喷式发展，公司也跟着快速发展，产品供不应求。同行都在疯狂建厂扩充产能，X公司的很多高管也在讨论是否要建厂扩充产能，董事长却力排众议，说道："这波行情可能只有几年，如果大家都去投资，那么四五年后就会面临产能过剩的情况；而当前公司的人员效率还有很大的提升空间，所以我们的策略是保质增效。"

　　这位董事长做出决策，是依据这样的假设：人员效率还有提升空间。通过精益改善的试点，X公司确实发现实施生产线的精益设计，理论上能提升30%的装配人效。也就是说，如果保持现有人力，产量可以提高30%。

　　然而在项目实施后发现，实际产能提升并没有那么多。实际情况是，由于物料短缺、不能齐套，人员和设备经常处于等待状态。

X 公司陷入了困境，公司内对精益实施的怀疑越来越多，董事长不得不调整策略，将精益的重点从"自动化设备和精益产线设计"调整为"供应链能力的建设"。

在众多数字化转型的目标设定中，一个常见的误区：决策者并没有意识到，目标的制定是一个动态的、不断沟通的过程。很多决策者认为：我既然制定了目标，就一定要达到；如果没达到，就是执行的人有问题。这种想法普遍存在。我们仔细想一想，如果出现了这样的问题，是不是要进行沟通和调整呢？即便我们的想法是"目标不变"，不能轻言放弃，但作为领导者，是不是要说服或指导下属发现新的策略来达成目标呢？解决问题的逻辑如图 C-53 所示。

图 C-53　解决问题的逻辑

更进一步，如果决策者做出的重大决策出现了失误，往往是因为他们对外部市场趋势或客户需求的误判；然而，很多决策者引以自豪的是他们对市场非同寻常的嗅觉——认为自己非常厉害，是天生的领导者。真正对决策者构成挑战的，往往是因为对现状不了解而造成的过度乐观。虽然乐观被看作重要的领导品质，但是自信过头绝不是好事，历史上骄兵必败的例子比比皆是。因此，领导者掌握现状的一手事实，显得非常重要。

掌握一手事实和问题，并不是要求领导者去解决具体的问题，而是为了更好地监控数字化进展情况，从而及时做出必要的调整。在数字化以前，要掌握现状，最实用的方法是去现场，日本人叫"三现主义"，即现场、现物、现时。当然，现在有了数字化带来的虚拟现实，更易于掌握现状。所以，在实施数字化转型的过程中，我们需要设立一些"监控指标"，从而让整个变革过程处于可控状态。这也是"数字孪生"的一部分。

对数字世界的认知，很多人认为就像电子游戏一样，将物理世界的物体建模，投射在虚拟世界就可以了。实际上，数字孪生并不意味着将实体的每一个细节都投射出来，而是将物体的特性进行投射。另一个更重要的特点，是将物理世界中的隐性关系显性化。

我们举个生活中的例子。假设你的愿景是保持健康的体魄（见图 C-54 ），那么如何体现你健康的体魄呢？我们需要设定一些具体的目标，比如，$BMI \leq 24$，我们把这个叫作"结果目标"。为了达到 BMI 目标，可以做第一步分解，$BMI=$ 体重 / 身高^2。由于身高一般固定，那么可以变化的要素就只有体重了。比如，身高 1.7 米，那么改善的目标是体重 $\leq$ 69 千克。注意，这里对结果指标做的数学分解，因果关系是确定的，因此我们并不需要设立监控指标。你可以将体重 $\leq$ 69 千克作为结果指标，也可以把 $BMI \leq 24$ 作为结果指标（见图 C-55 ）。

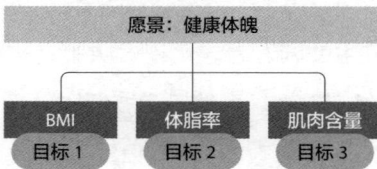

图 C-54　愿景分解示例　　　　　　　　　　　　图 C-55　目标指标分解示例

　　需要指出的是，只要是统计指标，都能够也应该根据数学计算关系分拆和显性化各个要素，这是数字化可以轻松做到的事情。而现实情况是，很多企业并没有把这些纳入数字化的范畴。比如库存作为一个单独结果指标，没有被纳入财务的成本核算等，从而造成数据结构和关联的缺失。

　　回到体重指标，再分解下去，很有可能就是基于假设的情况了（见图C-56）。

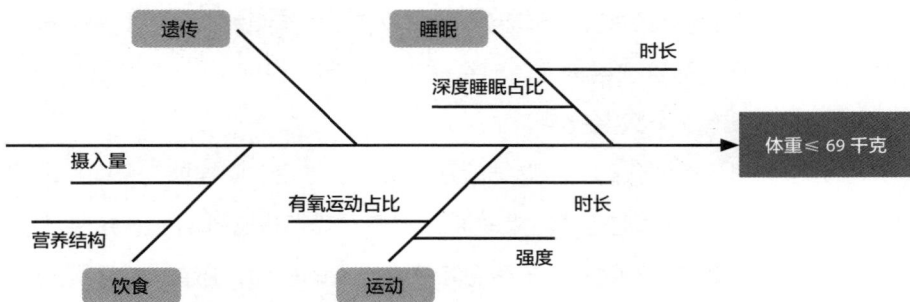

图 C-56　原因分析鱼骨图

　　比如运动不够，要加强运动；睡眠时长不够，要增加睡眠时长等。这时，我们就需要对采取措施的各个方面建立监控指标了。比如，每天运动时长 ≥ 30 分钟，中高强度运动占比 > 50% 等。

　　建立监控指标的意义有两个。第一，验证假设和目标是否存在正相关的关系。如果不存在，那么证明我们的假设存在错误，需要立即调整。第二，监控实际活动有没有达成监控的目标。对一个庞大的组织来讲，基层的员工可能只会看到运动时长有没有达标，而不会关心 BMI 的计算和达成。

　　在数字化转型的过程中，经常发生的悖论是：数字化转型不是应该让我变得更简单吗？为什么我的工作比以前更复杂了？

实际情况是，数字化发展的趋势的确会让终端用户越来越方便，但这都离不开把复杂的结构转变为简单的操作。所以对系统设计者来讲，工作不但不轻松，反而会更复杂。

C2-3-2
目标和目标条件

我们的故事还没有讲完，还有另一个"反转"。按照前文所述，为了转型的成功，我们在目标管理结构上需要有结果指标和监控指标。需要注意的是，这些指标不是只有一个数字就可以了。

社会学家对这个时代的一个总结就是越来越不稳定。同样地，公司和组织想尽可能地营造一个稳定的环境来对冲，可是，我们也必须看到，这种"稳定"的周期越来越短。"稳定"的概念除了幅度上的波动，还有一个就是时间上的长短。波动越小，维持的时间越长，就越稳定；反之，波动越大，维持的时间越短，就越不稳定（见图 C-57 ）。

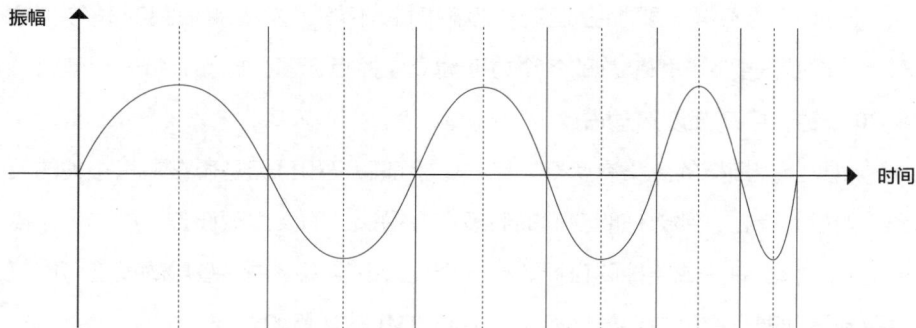

图 C-57　稳定状态缩短示意图

同样地，当我们提到这些"结果指标"或"监控指标"时，也有一个"稳定区间"的概念，因为绝对的稳定是不存在的。同理，我们的成功必然是达成一定范围内的目标。

当我们说"按时参加培训"时，目标是早上 9：00，但是 9：01 到，也会接受；这就是"幅度"的通俗理解。如果是连续 3 天的培训，那么我们的要求可能是"每天早上 9：00+1 分之内到（早到多少时间都可以），连续 3 天早上都要达到这个要求"。

我们把包含了目标、时间和允许幅度的综合描述称为"目标条件"。只有明确目标条件，才能真正衡量结果是否取得了成功。

还是减轻体重的例子。如果要把体重降到 69 千克以下，假设不规定"目标条件"，完全可以断食 3 天，然后上秤宣称减肥成功。随后大吃大喝 3 天，体重反弹也没关系，因为目标"曾经达到"。

笔者碰到过不少组织，启动了一大堆项目，汇报时的成果也不错，但是最后归结为一句话："做完了就完了。"那是因为，很多成果都是理论上可以达成的，而企业追求的是量产，并在复杂环境中能持续达成。

C2-3-3
数字化转型的监控指标

在数字化转型项目中，针对具体的实施，需要定义具体的监控指标和目标条件，从更高的维度考虑整个数字化变革的成功与否。我们会建议各位从以下几个方面来考虑选择监控指标。

» 客户满意度：我们的内外部客户是否满意，如何衡量？

» 成本：是否有效地降低了成本？降低了哪些成本？

» 效率：是否提升了效率？人效有提高吗？资金效率呢？

» 敏捷：是否有更短的交期？是否有更快的反应速度？

» 创新：有没有新的产品附加值？有没有新的业务流程？

» 员工参与度：员工的参与度如何？怎么衡量？

» 投入产出比：投入产出比怎样？如何衡量？

C2-3-4
数字化转型的结果验证和迭代

衡量数字化转型是否成功，除了结果指标是否达成，更重要的是，验证所有的重大假设是否符合预期，即监控指标是否达成。如果结果指标和监控指标只能达成一个，那么必须重塑结果与假设之间的因果关系，从而得到真知。

设想一下，如果我们最后达成了体重 ≤ 69 千克的结果目标，但是没有达成每天运动半小时的监控目标，这就意味着运动可能不是现阶段构成我们体重减轻的关键要素；或者，我们达成了所有运动目标和睡眠目标，但是没达成最终体重减轻的目标，那么关于减轻体重要素的设想就存在偏差。无论哪一种情况，都会触发持续学习和进一步的验证过程，从而延展关于体重的独特知识（而不是通常的理论模型）。

而数字化的好处是，我们可以通过机器学习快速地实现这一过程。

很多人会有的一个错误想法是：既然这么复杂，那么我要好好想想，争取给出一个完美的方案。事实是，完美的方案是不存在的，只存在一段时间内有效的方案（见图 C-58）。如果能尽可能地看到事情的本质，那么我们的解决方案可能会维持相对长的时间。比如，城市下水道能抵御百年一遇的大降水，但是，所谓的"百年一遇"也在发生变化。

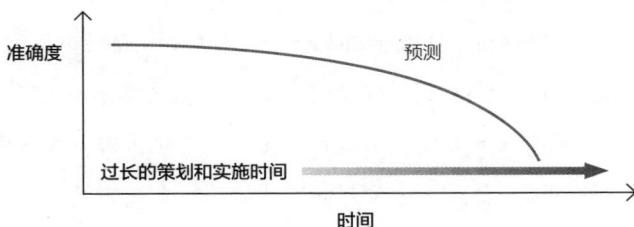

图 C-58　预测准确度和时间关系图

与之相对应的另一个错误想法是："既然要快，那么还想那么多干吗？反正是要改的，先做了再说！"这种想法在当下强调快速的环境中，更为普遍。因此，也可以说这是一种更为危险的想法。事实是，如果没有前期规划，那么我们就无法准确抓取各类要素，在后期就会投入更多的资源来纠正和补课。

C2-3-5

将数字化转型融合在业务中

如果说组织的日常就是持续改进，那么将数字化转型融合在业务中就意味着在持续改进的框架中持续进行数字化。

　　谈到数字化，大多数会与"革命""变革""变化"这类相对激烈的词语相联系。即便是中性的"互联互通"，很多人也会使用"打通"这样更有力量感的词，似乎不这样就不足以达成转型的效果。然而，即便我们说转型是一场变革，但请别忘了，变革的最终目的是"融合"。

　　霍尔格·拉斯格博（Holger Rathgeber）和约翰·科特（John Kotter）在《冰山在融化》中描述了一个经典的变革故事：生活在冰川上的企鹅们发现冰川在融化，然而很多企鹅并不愿意相信这个变化，因为这意味着它们将要抛弃现在的家园。但经过一系列的变革操作，企鹅们最终迁移到了新的家园，并且形成了一个新的价值观：只要我们在一起，就是家园。当这个价值观被验证后，物理世界中的迁移便会被视为一项常规操作，搬家再也不是一个变化了。

　　所以，变化的目的是回归日常。

那么，组织的持续改进意味着什么呢？数字化又如何融入呢？

1. 分解业务需求，创建和发布焦点任务

　　所谓业务需求，就是组织需要满足的内外部需求。比如，客户需要的产品、交期、质量，股东需要的利润，扩展市场需要的新产品导入，满足社会责任需要的减排、员工就业等。

　　接下来，便是明确如何满足这些需求所面临的问题。

　　假如你的新年愿望是"年轻有活力、多赚钱"，你的朋友很可能嘲笑

你："大家都会这么想，但你看有几个人真正实现了？"确实，如果你采用割裂的思考方式，很有可能这些目标是冲突的：要想年轻有活力就要减少工作时间，但是想多赚钱就可能要增加工作量，就要多花时间在工作上，这个问题如何解决？

组织每年制定战略的过程与上面的例子类似，要是没有一个思考后的"抓手"，满足各方面的需求几乎是不可能的事情。

但是，经过思考，很可能今年就和运动杠上了：运动可以让自己显得年轻有活力，还能对冲工作时间过长（为了赚更多的钱）带来的压力，看起来是个不错的选择。

然而，例子中的思考是禁不起推敲的，因为我们用的是假设。前文讲过，经过不断的迭代，数字化的目标是消除假设，利用事实和数据，通过数据之间的结构和关系，形成决策辅助系统，从而帮助组织进行聚焦。

顺便说一句，当全部假设被消除后，基本上就是一个自动决策系统。那时面临的问题就是内部的实施速度能不能赶上外部的变化速度了。

2. 在物理世界实施并监控稳定性

正如前文所述，这一步的关键是在物理世界中稳定地完成任务，并将完成情况（监控指标）返回系统。

在新年愿望的例子中，这就意味着我们建立了运动时长等监控目标，并采取各类措施保证运动时长能达到。

3. 纳入日常工作并持续监控

组织需要将新的任务转换为标准操作，并保留必要的监控指标，实时反馈给系统。

现在，若在每天早上 5：30 起床进行半小时的有氧运动，就有望完全实现新年愿望，成为生活习惯，那么监控指标就演变为衡量每周的运动时间。如果每周运动时间不符合要求，就会重新采取措施，如周末多增加半小时运动时间；否则，会保持这个习惯，直至新年愿望被迭代。

D

数字化工厂的
风险管理和未来展望

D 章知识要点体系 >>

　　大多数企业本质上是一个以营利为目标的组织，按照诺贝尔经济学奖得主罗纳德·科斯（Ronald Coase）的说法，企业存在的本质是为了降低交易成本。一家企业交易过程中的成本，大体包括获取订单的销售成本、订单到交付的制造成本、售后服务成本等核心成本，还包括为了满足交易需要的管理成本，防止交易损失的风险管理成本等。

　　我们把企业的范围缩小到制造工厂的层级，数字化技术的本质是通过提供更加透明、准确、实时和丰富的信息，帮助工厂降低成本，包括产品设计成本、制造成本、工厂运营管理成本等。

　　从这个角度出发，工厂数字化转型的基本出发点一定不是为了使用新技术而使用新技术！如果说数字化工厂规划还是处于纸上谈兵阶段，那么建设和运营阶段就会实际发生大量的资源投入。从产品生命阶段的角度看，数字化工厂的建设已进入灰色标识的部分（见图 D-1）。处在这个阶段，就需要重点考虑一下风险管理这个议题。

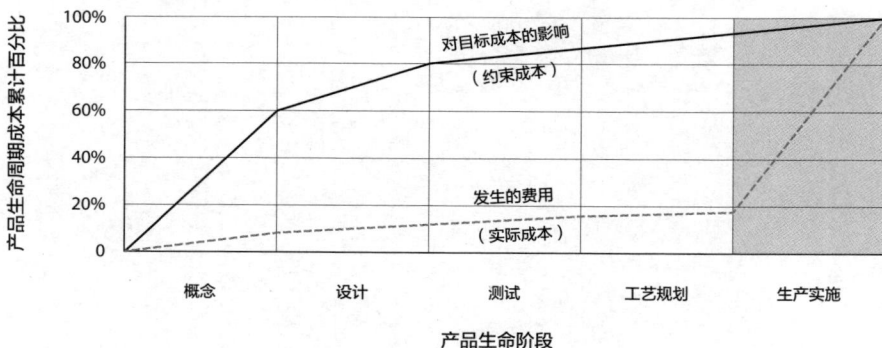

图 D-1　产品生命周期和成本关系图

资料来源：基于 David M. Anderson 所著的 *Design for Manufacturability* 一书绘制。

本章会分为以下两个部分进行讨论。

D1 数字化工厂的风险管理：分别从建设和运营两个阶段讨论存在的风险和风险管理策略。

D2 由数字化工厂到数字化生态的进化：讨论由数字化工厂转向数字价值链及数字生态进化的技术路线和特征。

D1

数字化工厂的风险管理

在中国人民银行和中国银行保险监督管理委员会编著的《中国小微企业金融服务报告（2018）》中有这样一段描述：

> 数据显示，我国中小企业的平均寿命在 3 年左右，成立 3 年后的小微企业持续正常经营的约占 1/3。而美国中小企业的平均寿命为 8 年左右，日本的中小企业平均寿命为 12 年。

进一步看，原国家工商行政管理总局企业注册局、信息中心于 2013 年 6 月发布的《全国内资企业生存时间分析报告》数据：

> 近 5 成企业年龄在 5 年以下；企业成立后 3～7 年为退出市场高发期，即企业生存时间的"瓶颈期"；近 5 年退出市场的企业平均寿命为 6.09 年，寿命在 5 年以内的接近 6 成。多数地区生存危险期为第 3 年。

更为严峻的情况是按照耶鲁大学理查德·福斯特（Richard Foster）教授的统计，美国标准普尔 500 指数的成分股公司平均寿命从 20 世纪 20 年代的 67 年降低到 2012 年的 15 年。也就是说，现代社会发展和技术迭代的加速，使得企业迭代也在加速，企业的平均寿命在缩短。

这种情况在中国企业中也不例外，甚至更加突出，当然企业寿命由很多内外部的挑战决定，但不管从哪个方面来说，企业数字化转型也会关乎企业的兴衰存亡。尽管前文已经谈到了很多数字化转型必要的准备工作和规划实施中如何避免"踩坑"，不过事关生死存亡，还是有必要专门谈一谈数字化工厂建设中的风险管理，特别是当我们认为数字化技术按照设计蓝图在工厂内已经实现后的运营风险管理。

D1-1

数字化工厂建设风险

通常情况下，企业家是一群值得敬畏且特别精明的人。他们的决策一定是经过理性思考的。然而，企业家也是人，其决策水平也受到大脑结构的制约。引用一下埃利泽·斯滕伯格（Eliezer Stenberger）在《神经的逻辑》中对人脑的描述：

> 人脑会识别并且预测熟悉的模式，以此将思维的效率提到最高……
>
> 大脑会竭尽所能地编造故事。脑中的无意识系统擅长发现模式，预测将来，还会利用环境线索填补图像中的空缺。无意识系统都会急于得出结论，还可能因此上当。

按照大脑处理信息的机制，人会很容易按照既往形成的习惯、过去的成功经验甚至外部信息暗示（如从众心理）等"省脑"的方式做出决定，而理性思考是"费脑"的。因此，越成功的企业家越有可能被他们的成功经历蒙蔽，缺少真正理性的思考，也就越容易"上当"。

笔者和一位刚刚成功上市的设备制造公司的老板交流过。他说自己参加一个关于自动化议题的论坛，其间有各类人员找到他，一边鼓吹他的成功，一边向他兜售各种解决方案。他是技术出身，所以能保持冷静，对各种解决方案的应用收益和可能遇到的问题有比较清晰的认识。"毕竟几年前，我也和这些人一样，围着公司的老板推销自己的产品……"不过随着时间的推移，当老板离开一线越来越久，他就会被置于"信息茧房"，得到的信息都会是他喜欢听的，非常容易被误导。更多的中小企业老板在快速致富、弯道超车等互联网神话的影响下，往往更关注对远方的憧憬，而忽视眼前的真实情况，或者自以为对自己企业的情况了如指掌，实际上他仅仅了解自己喜欢的"真实情况"。

因此，在工厂的数字化转型中，企业管理者需要足够的理性和谨慎。切记，在工厂中增加任何东西都会带来成本！所以，作为企业管理者，你必须考虑自己能从中得到什么？如果失败了或没有达成预期效果，你会失去什么？

下面谈谈几个需要重点关注的事项。

D1-1-1
财务风险：可承受性

财务风险似乎是个尽人皆知的考虑项，甚至是每家企业首先会考虑的问题——投资回报分析。且慢！我们不要被这个最普通的问题蒙蔽了，一起看看通常是怎么计算项目中的投入和收益的。

» **投入**

·**硬件费用：** 机器人、立体仓库、自动导引车、计算机、传感器等，即看得见摸得着的东西。

·**软件费用：** 数据库、应用软件（WMS、MES、APS……）、一次性授权许可费用或定期使用订阅费等，即看得见用得上的东西。

·**实施费用：** 投入的人员、支付的服务费等。

» **收益**

直接收益： 减少产品报废和过程返工、节约直接员工人力、提高产量、提升设备利用率、节约生产区域面积等。

间接收益： 提升企业形象（间接获得更多的订单）、培养员工能力、提升支持性部门员工流程处理效率等。

现在我们来详细讨论分析每项数据。假设项目需要投入 200 万元，量化计算每年直接收益 100 万元，投资回报周期 2 年，未量化计算间接收益。你认为怎么样？这是不是个好项目？

首先，我们需要看一看所谓的直接收益是不是真的直接收益。就上面例子中关于直接收益的描述，除了减少报废和返工，其他的几项都值得再评估一下。

» **节约直接员工人力：**除非减少新员工招聘或裁员，否则不算直接收益。

» **提高产量：**除非客户订单出货量相应提升，否则不算直接收益。

» **提升设备利用率：**除非避免计划发生的新设备投资，或者提高出货量（提升了瓶颈工序），否则不算直接收益。

» **节约生产区域面积：**除非有扩大产能的投资计划能避免新建或租用额外空间，否则不算直接收益。

其次，需要看一看成本投入是不是疏漏了什么。让我们再次借用冰山模型，从规划、建设、实施应用、后期维护的整个生命周期视角来看一看数字化应用方案的成本构成（见图 D-2 ）。

怎么样？依旧是同一个例子，如果计算 2 年运营中的隐性成本，我们假设总投入变成了 300 万元，而严格计算后的收益可能仅有 50 万元，投资回报的周期是 6 年。这是不是一个可以承受的好项目？

你可能会说，这个计算不合理啊！在计算投入时把显性成本和隐性成本都算进去了，但计算收益时却严格限定了直接收益，应该把间接收益也算进去，这样才合理！

图 D-2　成本冰山模型举例

　　是这样吗？通常情况下，无论你的外部解决方案供应商，还是内部想要快速立项做出成绩的项目经理，都想把这个项目计算成一个好项目。所以，以他们的视角："在项目中实际发生的金钱支出自然是项目投入。至于公司人员成本的投入，既然已经支付了工资，不管干什么都一样付钱，那么当然可以不算投入。而计算收益时，因为项目执行后才有收益，一定是预估的，那么自然要计算潜在的收益，这是常理……"实际上，笔者遇到的 10 个项目中，至少 8 个是这么被计算成"好项目"的。但是，在这样一个关键问题上，企业主可不能成为这样一只善良的"羊"[①]！不管你的项目经理或财务经理是怎么说的，你自己需要清楚地了解全部的投入和最保守的收益，以确定投入是不是可承受的。项目管理有一个金句："最好的期望、最坏的打算。"（Hope for the best, plan for the worst.）

───────────────

① "羊"：盖温·肯尼迪所著的《谈判是什么》中提道："这种人对任何东西都能接受，总是听人摆布来做抉择。"

D1-1-2
技术风险：适用性

　　"遥遥领先""突破性""革命性""创新""下一代"等这些具有蛊惑性的形容词在工厂，特别是在制造工厂内应用时需要谨慎。企业的本质是降低交易成本，所以我们首要追求的是技术的实用性，即技术能适用于企业的业务流程、降低流程中的成本（降本增效），这是根本性的判断。

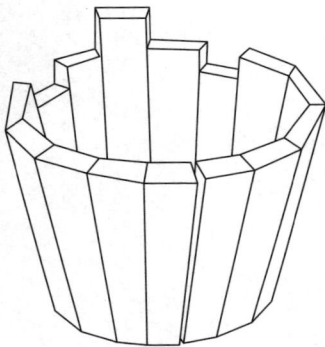

图 D-3　木桶原理

　　此外，如前文反复强调的：数字化工厂是一个有机系统，我们优先考虑的是补上短板。想想木桶原理（见图 D-3），就一目了然了。

　　你或许已经研究过木桶原理 2.0、3.0，甚至其他进一步升级的版本，对 1.0 版本不屑一顾。请多想一下，不管是把木桶往长板方向倾斜（如何维持平衡），还是找来长板打造成新桶（本质上还是补齐短板），付出的努力和代价同样不小。

　　笔者通过这个例子，想强调的是：在选择数字化技术和解决方案时，应坚持实用主义，保持灵活性，保持敏捷思想。技术适用于当前状况，达成预期收益；同时应保持开放结构，随着业务的发展而快速迭代。

　　在数字化解决方案上另一个特别重要的问题，也是笔者在项目中最常遇到的问题：购买市场上的现成产品还是自己开发？

　　在之前的章节中，已简单提过。但因为这个问题非常普遍，在这里展开讨论一下。下面是一个有关购买和自研方案的优缺点对比表（见表 D-1 ）。

表 D-1　外购和自研方案优劣势对比表

	外购方案	自研方案
优点	**成本效益**：只需支付许可证费用或订阅费用，无须投入大量资源进行自主研发，从而降低成本 **成熟性和稳定性**：经过开发和测试，甚至行业内应用，具有一定的成熟性和稳定性 **快速实施**：外购数字化解决方案可以即插即用，实施周期相对较短 **有限的灵活性和可扩展性**：可以根据企业的需求进行一定程度的二次开发，适应企业的独特需求，但需支付额外的费用	**适用性**：可以根据企业的独特业务需求、流程复杂性或行业特殊性进行定制开发，确保系统能够完全满足企业的要求 **控制权**：可以更好地掌控系统的控制权，可以根据企业的需求进行自由定制和扩展 **安全性**：可以更好地保障数据安全和保护隐私 **技术掌握**：可以帮助企业更好地掌握相关技术，培养自身的技术能力和研发团队，形成一定程度上的技术优势
缺点	**适用性限制**：外购标准数字化解决方案通常具有较高的通用性，适用于广泛的企业需求。对于具有特定业务需求的企业，可能无法完全满足其定制性需求 **集成难度**：可能需要与企业现有的系统进行集成，而集成工作可能会带来一定的成本，具有一定的难度 **技术支持和服务**：依赖外部供应商的技术支持和服务；如果供应商的服务不到位或技术支持能力不足，可能会影响企业的业务运营 **供应商风险**：如果供应商出现破产、服务中断或其他问题，可能会影响企业的业务运营	**成本高**：需要投入大量的人力、物力和财力资源，成本相对较高 **时间长**：需要一定的研发周期，可能需要较长的时间才能完成该系统的设计和开发工作 **技术难度**：需要具备一定的技术实力和研发能力；对于一些技术难度较高的领域，需要投入更多的资源和精力 **维护难度**：自主研发的解决方案在后期维护和升级方面可能存在一定的难度，需要企业具备一定的技术实力和经验积累

　　我们可以看到，外购标准方案的优点即自研方案的缺点，反之亦然。所以选择哪种方式没有标准答案，而是高度取决于企业自身的规模和战略方向。当然，还有一些关键方面需要参考。在企业经营管理中，越上层的流程一般越标

准，越接近生产制造现场，其差异化往往越大（见图 D-4）。

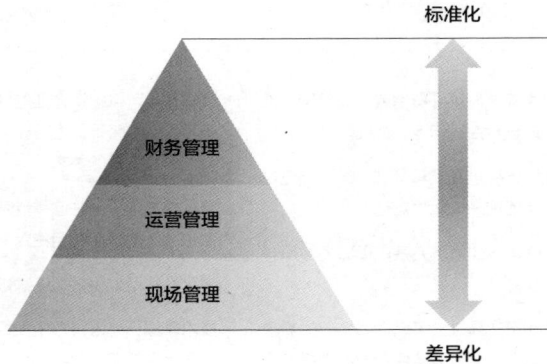

图 D-4 流程差异化随层级变化示意图

因此，如 ERP 这样的业财一体化资源管理软件，选择市场上的成熟产品是明智的选择。此外，像 PLM 这样的大型软件，也不是一家非专业公司能轻易开发成功的。

而对于中间层的 MES、WMS 之类的应用，市场上可供选择的产品非常多，但其适用性存在或多或少的差异。对大型集团来说，可以根据自身情况，决定是否自研；中小企业自研在可承受性方面，需要斟酌。

对于现场管理的应用，如电子看板、电子安灯、设备维护工作流等，自研确实是一个值得考虑的方向。

对企业来说，还有一个非常重要的考量点——业务模式和战略。比如，笔者在咨询项目中遇到过一位工业产品企业的老板，尽管企业规模不大，但是他坚持投入人力和财力自主研发一套供应链协同的系统。他的目标是未来建立一套制造平台，向行业内推广这套应用系统。

对于国际企业的案例，比如笔者工作过的博世公司，它是德国工业 4.0 的倡导者。博世公司自我定位的战略是双重的：既是工业 4.0 内部工厂的应用开发者，也是工业 4.0 解决方案的供应商。

用一句话来总结：适用的才是最好的。

D1-1-3

服务风险：可持续性

建设一家数字化工厂是一个时间跨度较大的工程，就如同在前文蓝图规划中所看到的，需要 3 年、5 年甚至更长的时间。即使某个流程的数字化应用也需要短则半年、长则一两年的时间。在这样的一个时间跨度中，项目参与者的稳定性、供应商提供服务的可持续性是一个非常值得关注的问题。

我们在前文提到财务风险时采用了非常苛刻的投资回报周期计算方式，但是在谈判结束、签订合同时，希望采用"枭"的思维模式[①]。我们追求的是项目成功，而成功的项目必定建立在"双赢"的基础上。

工厂要想获得可持续的项目支持服务，就必须让项目参与的各方（内部、外部）都获得适当的收益，尤其是外部服务提供者。这样的合作，双方与其说是甲方和乙方这样泾渭分明的关系，不如说是合作伙伴的关系。如果提供服务方是一家小微企业，就尤其需要关注该企业的稳定性和变化情况，其中沟通和协作就要强于单向施压。

作为工厂（客户）一方，还需要加强内部团队的建设，不管是能力建设，

---

① "枭"的思维：盖温·肯尼迪在《谈判是什么》一书中提道："这种人在谈判中具有长远眼光，重在建立真诚的关系，以求取得想要得到的东西。他们面对威胁与机遇都能处变不惊，从容应对，以自己的言行赢得对方的尊敬。"

还是职业发展，都要确保核心团队的稳定性。笔者也遇到过不少项目中与客户对接的项目负责人几个月换一次的情况。这样的话，项目的初始目标已经完全模糊了，过程非常混乱，大家也会失去工作热情，最终项目草草收场。

D1-1-4
组织风险：适配性

在建设数字化工厂的同时，人员和组织方式也必须适配数字化转型的要求。这似乎又是一个近乎废话的说法，现实中笔者遇到不少企业是老板要推行转型，而其他管理层都缺乏认知或动力，项目虽然开展了，但被称为"老板项目"。所有参与人员是来"交作业的"，而原来的思维和工作习惯一点没变，只是额外增加了要为数字化项目做的工作。这完全背离了数字化转型的初衷。对此，笔者给出的建议如下。

» 在数字化解决方案实施前，选择适当的项目范围和试点流程，不要试图一步到位，走得太快；小步快走的敏捷思维很重要，要选择和当前组织流程变革"跳一跳、能够到"的目标相适配的解决方案。
» 如果选定了实施方案，就必须做好变革管理，进行充分的沟通、培训。
» 坚决执行。变革总有阵痛期，必要时坚决调整人员和组织方式以适配新的数字化工厂运营理念。

关于数字化工厂建设的风险，我们主要讨论这些，当然还有其他一些风险，如法律合规风险。因为数字化工厂涉及大量数据管理和隐私保护，需要遵守相关法律法规，保护用户数据和隐私。感兴趣的读者可以找到更为细分的论著进行了解。

最后，总结一下防范数字化工厂建设风险的措施，具体如下。

» 制订和执行严格的质量管理计划。
» 完善项目管理流程。
» 加强沟通和协调。
» 建立应急预案。
» 加强人员培训和管理。

以上内容可能看起来极为普通，但在项目执行过程中真正做好不容易，大家要对困难有足够的预估。

D1-2

数字化工厂运营风险

> 陆生时时前说称《诗》《书》，高帝骂之曰："乃公居马上而得之，安事《诗》《书》！"陆生曰："居马上得之，宁可以马上治之乎？"
>
> ——《史记·郦生陆贾列传》

如果把数字化转型在项目阶段比作打天下，那么项目结束后投入正式的日常运营，就类似治理天下了。项目阶段和日常运营阶段需要采取不一样的策略。上文我们谈了数字化工厂建设项目阶段的风险，本节就数字化工厂运营风险做些讨论，重点谈一下技术、服务、安全、人才和组织这四个方面。

D1-2-1
技术更新风险

数字化工厂运营与传统工厂的显著不同是更加依赖先进的数字化技术和设备。现实中的技术发展呈现越来越快的趋势，这是数字化工厂面临的一个重要挑战。

» 技术迭代速度过快：数字化工厂所依赖的生产设备和信息技术系统更新换代速度非常快，而且很有可能旧的技术不再提供服务（这一点在软件产品上尤其突出），导致工厂的设备和系统无法满足正常运营操作，进而影响工厂的正常运作。

» 高成本的技术更新：如果企业不断地进行设备和系统的更新与升级，这需要投入大量的资金和人力资源，可能会加重企业的成本负担。

» 技术兼容性问题：在进行技术更新时，可能面临新旧技术的兼容性问题，新的设备和系统可能无法与原有的设备和系统完全兼容，需要进行技术整合和升级，增加了更新的复杂性和成本。

此外，迫使工厂进行技术更新迭代的不仅仅是外部技术发展的驱动力，还有无法避免的来自内部的驱动力。数字化工厂会产生巨量的数据，存储、处理和使用这些数据会对整个数据网络的软硬件形成挑战，而工厂为了维持正常的运作，可能不得不升级更新技术。

D1-2-2
服务风险

显而易见，企业管理者希望数字化工厂建成后，相应的技术和系统能为工厂运营提供持续的服务。

1.服务的可持续性风险

作为阅读爱好者，笔者习惯在亚马逊平台上购买电子书，并且有 3 台 Kindle 阅读器。笔者一直保持着这一阅读习惯，直到在亚马逊官方网站上看到了中国电子书店运营调整的通知（见图 D-5），一时难以接受。

就这样，笔者手中多了 3 个"泡面神器"（见图 D-6），尽管笔者从来不吃泡面。这是典型的服务风险，Kindle 阅读器获取正版电子书的服务失去了可持续性。这也是一类需要警惕的风险——外购的服务有可能由于服务方运营战略调整等因素被有意中断。

Kindle 中国电子书店运营调整通知

亚马逊将于一年之后即 2023 年 6 月 30 日，在中国停止 Kindle 电子书店的运营。在此之后，您将不能购买新的电子书。对于已经购买的电子书，您可以在 2024 年 6 月 30 日之前下载，并且可以在此后继续阅读。

亚马逊将继续为 Kindle 电子书阅读器提供客户服务和质保服务。对于在 2022 年 1 月 1 日之后购买 Kindle 电子书阅读器并且符合相关退货条件的用户，亚马逊还将提供非质量问题退货服务。退回亚马逊的 Kindle 电子书阅读器须购买于亚马逊中国授权经销渠道，且处于可正常使用状态。请参考下面的表格以了解此次调整的具体细节：

点击查看 Kindle 设备退货政策及流程（适用于 2022 年购买）

日期	说明	在此日期之前您可采取的行动	之后您可继续使用的服务
2022 年 10 月 31 日	Kindle 中国电子书阅读器退货截止日期	在 2022 年 10 月 31 日之前，您可将符合要求的 Kindle 电子书阅读器退回给亚马逊	• 购买电子书 • 下载已购买的电子书 • 阅读已下载的电子书
2023 年 6 月 30 日	Kindle 中国电子书店运营截止日期	在 2023 年 6 月 30 日之前，您可以继续购买并阅读电子书	• 下载已购买的电子书 • 阅读已下载的电子书
2024 年 6 月 30 日	Kindle 中国电子书下载功能关闭日期	在 2024 年 6 月 30 日之前，您需要将电子书下载至本地设备中	• 阅读已下载的电子书

图 D-5　运营调整通知

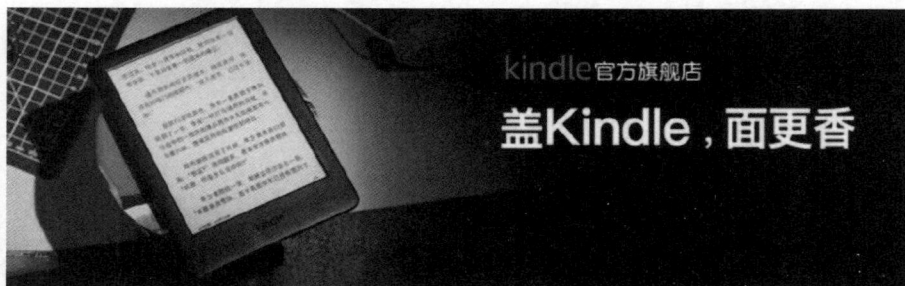

图 D-6　"泡面神器"宣传图

2. 意外中断风险

在笔者写下这些内容时，有一个消息在中国互联网上形成"风暴"——阿里云故障。下面引用媒体的报道：

> 日前，关于阿里云故障一事引发业界关注。此次故障因涉及的产品线和区域之广被业内称为历史级故障。包括钉钉、阿里云盘、饿了么等多个阿里系 App 出现无法访问或服务异常的情况，由阿里云提供服务支持的部分科技平台也无法正常使用，受影响的地域包括北京、上海、广州、深圳、孟买、硅谷、迪拜、吉隆坡等。根据市场份额情况，目前中国 80% 的科技企业和一半的大模型公司都跑在阿里云上……
>
> ——《阿里云怎么了？影响几何？》，通信产业网

这是第二类风险，意外故障、服务中断。

当然，阿里云的服务从中断到修复的时间可能只有两三个小时，但是直接影响是广泛的，次生的影响不可估量。

> 比如，很多学校的学生不能再使用宿舍里的洗衣机了，因为大部分学校里共享洗衣机服务商的业务跑在阿里云上。此外，还有很多人因此遭遇了无法使用直饮水机、无法给电瓶车充电等问题。
>
> ——《刚刚，阿里云经历了可能是历史级的大故障！》，白犀牛通信

尽管我们不该因噎废食，过分夸大技术和服务风险，但是作为一家工厂，还是需要对数字化技术在日常运营中的服务风险有一个清晰的认知。这种服务是不是可持续的？服务提供者能不能建立一套完整的安全防范措施？甚至我们

能不能在数字化服务完全停止的情况下，开展正常的业务？比如，通过人工替代的紧急预案快速恢复业务运作。

如果选择的是中小型数字化解决方案供应商，那么必须充分评估应用的复杂度，识别供应商的技术支持和服务水平，企业自身也必须建立对应的基本问题解决能力。毕竟中国中小企业的平均寿命不到 3 年，而很多数字化解决方案供应商可能迭代得更快。

应对这种情况没有完美的解决方案。很重要的一点是，我们的流程必须始终保持简明和清晰，要让每个员工理解自己在做什么和为什么这么做，而不能成为"被软件系统驱使的木头人"：对着一个"黑盒子"系统输入一些数据或者从系统中接受一些指令，然后机械办事。倘若这样，一旦服务出现中断，对工厂而言就是一场灾难。因为没有人知道，离开了这些系统该如何开展工作！

D1-2-3
安全风险

1.数据和信息安全

由于数字化工厂涉及大量的数据传输、存储和处理，因此数据安全问题成为优先级极高的问题。数据泄露、黑客攻击、病毒传播等都可能对工厂的数据安全造成威胁，从而影响工厂的正常运营。除了技术防范的手段，信息的安全管理以及人员的信息安全意识尤其重要，"社会工程"[①]（Social Engineering）攻击是常见的威胁信息安全的手段之一。

---

① "社会工程"：通过欺骗或诱导让受害者犯错，获取重要信息、系统访问权、重要数据和虚拟财产等。从单纯的技术角度看，社会工程并不是一种攻击技术，它更像是一种"骗术"，是适应了数字化时代的骗术。

2.技术安全

数字化工厂中有大量的智能设备、各类机器人和物流车等，而设备自动化程度的提高，也会导致设备失控风险的增加。一家媒体在报道 2023 年 11 月 7 日发生在韩国一家农业配送中心的机器人"杀人"事故时，盘点了过去发生的自动化失控伤人事件。下面挑选几条作为警示。

> 1978 年 9 月 6 日，日本广岛一家工厂的切割机器人在切钢板时，突然发生异常，将一名值班工人当作钢板操作，这是世界上第一宗机器人杀人事件。
>
> 1981 年 7 月 4 日，日本川崎重工业公司明石工厂的一名修理工人，无意中触动了机器人的启动按钮。这个加工齿轮的机器人立即工作起来，把那个工人当成齿轮夹起，放在加工台上砸成了肉饼。
>
> 1989 年，苏联国际象棋冠军古德柯夫和机器人对弈，古德柯夫连胜 3 局，十分得意地宣称机器人的智力是斗不过人类的。然而，悲剧突然发生了！机器人向金属棋盘释放了高强度电流，恰巧古德柯夫的手正放在棋盘上，在众目睽睽之下，一代国际象棋大师死于非命。
>
> …………
>
> ——《羊城晚报》，2023-11-10

那个机器人杀死国际象棋大师的事件读起来更像是一个故事，带着一抹科幻惊悚小说的色彩。当然这些事件都发生在几十年前，如今技术的进步和对安全防范的关注已大大提升了自动化设备的安全性和可靠性。然而，最近的韩国机器人"杀人"事故还是给了我们一个重要提醒：不能忽视安全事件发生的可能性。

关于安全使用设备方面，特别需要注意的是设备非正常运转状态下的安全，比如，设备安装、调试阶段；设备更新、调整活动；维护保养过程；故障维修过程。在这些特殊状态下，安全防护功能可能会被屏蔽或失效，所以要针对这些特殊状态下的作业和活动，制定严格的安全操作指引与规范；要限定运动部件的活动范围，人员要严格在安全区域内作业，最好加上可靠的物理隔挡。

D1-2-4
人才和组织风险

　　数字化工厂需要具备数字化技能和知识的专业人才，如果人才短缺或人才流失严重，必定会对工厂的运营造成影响。同时数字化工厂的组织架构和管理方式需要适应数字化转型的需求，如果组织架构不合理、管理方式不够灵活，也可能会影响数字化工厂的运营效果。

　　尤其是数字化工厂人员的技能、职责和工作方式等都会因转型而发生巨大变化，理解和管理好这种变化对工厂数字化转型的成功至关重要。

- » **技能要求的变化**：应用先进的数字化技术和设备需要掌握数字化技术、自动化控制、数据分析等方面的技能，对人员的能力要求更加广泛。任何一个在工厂中工作的员工都不可避免地要进行数据处理和分析，并使用各类软件系统进行工作。
- » **职责和角色的变化**：员工需要承担更多的数据分析、预防性管理、预测性控制和系统维护管理等职责。同时组织结构可能扁平化、网络化，对团队合作的要求更高，很大程度上要消除"部门墙"，员工需要更多的协同工作来解决问题和应对挑战。
- » **创新和学习能力的要求**：数字化工厂内技术的更新和发展更快，因此员工需要具备更强的学习能力和开放的心态，需要不断学习和掌握新的技能与知识，以适应不断变化的管理模式变革和技术创新。

同时，我们也不排除数字化工厂运营中还会有其他类似传统工厂的风险，如法律法规、供应链等方面的风险。总之，数字化工厂不是一件神奇的法宝，一旦得到就万事大吉；恰恰相反，数字化工厂需要不断地投入精力、细心呵护，才能带来收益，帮助企业发展壮大。

最后以李世民与房玄龄、魏征的对话结束本节。

> 上问侍臣："创业与守成孰难？"房玄龄曰："草昧之初，与群雄并起角力而后臣之，创业难矣！"魏征曰："自古帝王，莫不得之于艰难，失之于安逸，守成难矣！"上曰："玄龄与吾共取天下，出百死，得一生，故知创业之难；征与吾共安天下，常恐骄奢生于富贵，祸乱生于所忽，故知守成之难。然创业之难，既已往矣；守成之难，方当与诸公慎之。"玄龄等拜曰："陛下及此言，四海之福也。"
>
> ——《资治通鉴·唐纪》

不管当初在建设数字化项目过程中遇到了多少困难和风险，都已是过去时；从今往后，如何运营好数字化工厂还需要工厂中的每个人慎重对待，时刻保持专注，准备好应对各类风险和挑战。

D1-3

风险的管理策略

现代社会中的人们往往会沉迷甚至膜拜新技术。技术本身很炫酷，且新技术描绘出了灿烂图景。在大多数情况下，企业对技术和技术应用带来的收益非常有热情，往往轻视甚至忽略了背后的风险。

越精密细致的东西就越容易出错，数字化工厂对比传统工厂实际上更加脆弱。一次网络故障、某个存储器数据丢失、某个应用出错等都可能引起连锁反应，导致工厂停运，所以企业需要建立数字化工厂的风险管理机制。简单地说，该机制包括风险评估流程和风险防范措施。

D1-3-1
风险评估流程

风险评估的概念与常用的质量工具——失效模式与影响分析（Failure Mode and Effects Analysis，FMEA）的理念非常类似。它主要包括以下几个过程。

» **风险因素识别**：系统识别可能发生的风险点，包括软件、硬件、基础设施和流程，以及正常运行状态和其他状态（更新、维修、调试、保养等）。

» **发生概率评估**：对每个风险因素发生的机会进行评估，确定其发生的可能性。可以通过历史数据、专家意见或类似项目的比较来估计风险概率。

» **风险影响评估**：评估风险因素出现问题时的影响程度，包括对安全、质量、成本和交付等方面的影响。

» **优先级评估**：根据风险概率和影响程度，对风险因素进行优先级排序，确定哪些风险因素需要优先关注和采取措施。

» **应对策略评估**：根据风险优先级评估结果，制定相应的风险应对策略，包括规避、转移、减轻和接受等策略。评估每种策略的可行性和效果，选择最佳的风险应对策略。

在进行运营风险评估时，企业需要注意以下几点。

» **动态评估**：运营风险评估不是一次性的静态过程，而是需要随着运营情况和技术更新进行动态的调整和更新。

» **数据支持**：在进行风险评估时，需要尽可能多的数据支持，如历史数据、行业参考数据等。

» **专业人员参与**：因为数字化工厂还是在不断发展中的新事物，所以最好邀请专业人员参与和支持，包括风险管理专家、行业专家等。

D1-3-2
风险防范措施

"我们的企业太年轻了，年轻到没有经历过真正的磨难和波折，没有建立风险管理的意识；我们的企业发展得太快了，快到即使建立了风险管理流程也形同虚设，甚至认为只会阻碍企业的快速发展。"

笔者碰到的大部分企业家都希望打造基业长青的企业，使其成为百年企业。而成为百年企业必不可少的一条就是建立风险防范措施，具体包括以下内容。

» **风险管理制度**：完善的风险管理制度是运营风险防范的基础，包括制订风险管理计划，明确风险管理责任人，建立风险评估和监控机制等方面。

» **安全监督制度**：健全内部安全监督管理机制，定期进行安全检查，不断进行安全培训，强化教育使员工充分了解风险，并积极防范控制。

» **应急预案**：针对可能出现的突发事件和紧急情况制定相应的应急预案，及时响应和处理突发事件，避免事态扩大和损失扩大。

我们以诸葛亮《便宜十六策·思虑》中的一段论述总结对风险管理的重要度应该具有的认知：

欲思其利，必虑其害；欲思其成，必虑其败。

D2

由数字化工厂到数字化生态的进化

我们在前文从概念、准备、规划实施和风险管理等方面讨论了数字化转型中的核心——数字化工厂（见图 D-7）。

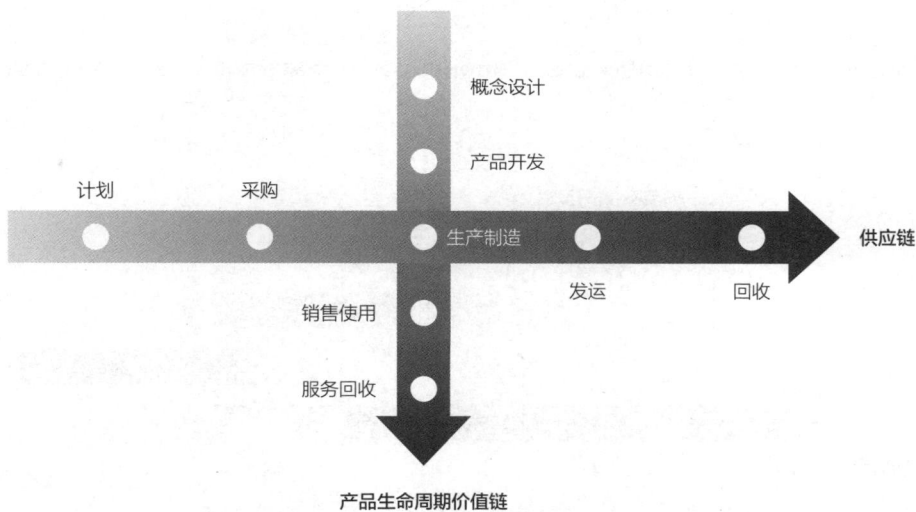

计划　　　采购　　　生产制造　　　　　　　　　供应链

概念设计

产品开发

发运　　回收

销售使用

服务回收

产品生命周期价值链

图 D-7　以制造为核心的数字化工厂维度

接下来的内容将分别从产品数字化集成和供应链数字化两个角度，探讨一下由工厂制造延展而来的数字化转型图景。

D2-1

产品设计和制造价值链的数字化集成

通常来讲，从产品开发到投产的流程是线性的。比如，根据汽车行业通用的产品先期质量策划（Advanced Product Quality Planning，APQP）来划定的项目阶段（见图 D-8）。

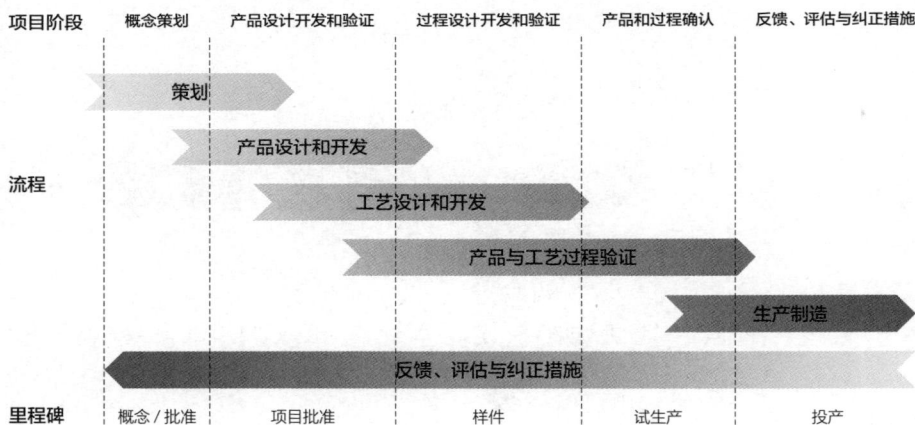

图 D-8　产品先期质量策划

这样的流程显然存在一些缺点，如开发周期长、缺乏灵活性、资源利用率低等。尽管有的企业已经引入如协同产品工艺开发（Collaborative Product Process Development，CPPD）、同步工程（Simultaneous Engineering，SE）、敏捷开发（Agile）等提升开发效率的流程和实践，但是本质上受到数据和信息交流共享手段的限制，它们并没有完全脱离线性的过程。

今天数字化技术的发展给产品价值链管理带来了全新的可能。数字制造和设计创新模式促进了产品价值链参与者形成网络，通过信息技术即时共享与材料、产品、制造过程、市场等相关的数据、信息、知识和资源，并进行协作（见图 D-9）。这种共享连接了外部的客户、供应商、内部的不同参与部门，也联系了过去的实践和经验知识，通过开放式创新实现具有成本效益的价值共创。

图 D-9　网络化协同开发示意图

新的数字网络化产品开发流程适应了未来更加个性化的客户需求，改变了企业和客户的交流方式，并可以大大缩短产品开发上市时间。

D2-1-1
数字化产品开发关键能力

在这种网络化协同的产品价值链中，企业需要发展一些全新的理念和能力。这是一个处于探索阶段的领域，从不同的角度出发，可能总结出不同的关注点。从工作方式和产品实现过程的角度出发，我们通常需要关注八个关键的数字化产品开发能力（见图 D-10 ）。

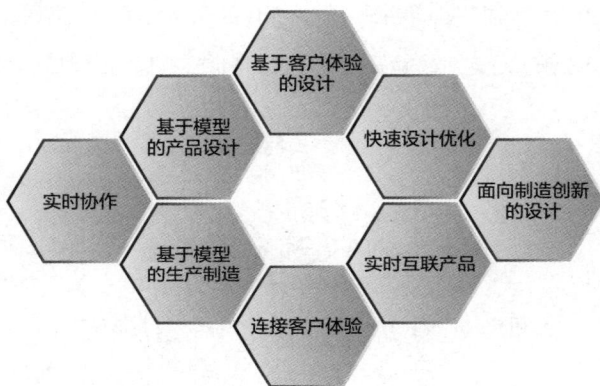

图 D-10   八个关键的数字化产品开发能力

资料来源： 基于 Amit Sinha 等所著的 *Digital Suppry Networks* 一书绘制。

» **基于模型的产品设计**：不仅对产品 3D 几何形状进行建模，也要对包括产品的功能、制造和性能等全流程进行建模。

» **实时协作**：在价值链上，能就产品设计的变化和进程实时协同工作，消除设计交接并减少迭代次数。

» **快速设计优化**：通过快速原型设计、虚拟测试以及对设计变更的虚拟／增强现实评估，在更短的时间内设计出更好的产品。

» **面向制造创新的设计**：为提高产品性能、降低成本和缩短交货时间，解决最优几何形状、材料和生产方法的问题。

» **基于模型的生产制造**：通过在生产第一批产品之前模拟和验证制造过程，

防止代价高昂的工程变更和投资。

» **基于客户体验的设计**：通过利用传感、虚拟现实和系统建模更好地捕获、评估和测试客户需求，以提供客户价值，从而交付以客户为中心的产品。

» **实时互联产品**：收集并处理来自"使用现场"产品的数据，以获得对实际运行环境和用例的洞察，为设计反馈和主动改进产品提供依据。

» **连接客户体验**：将实体产品与其数字定义相关联，以提供新服务，预测支持服务的需求，并优化当前/未来的产品性能。

D2-1-2
数字产品协同开发系统的特性和应用

数字产品开发是一项协作性很强的团队工作，在大多数情况下需要跨越部门、地域，甚至让分布在全球各地的人员参与。一方面，这提供了许多优势，比如灵活地借用最好的专家，以及了解不同地区的客户和市场对产品的需求差异；另一方面，协同分布式团队增加了管理的复杂性，以及由于缺乏面对面交互而可能导致的误解和冲突，因此必须配备有效的数字工具，以使可持续的高效协同工作成为可能。下列这些特性是一个数字产品协同开发系统应该具备的基本特性。

1. 数据的可用性、可访问性和透明度

信息系统依靠准确、可靠、丰富和更新的数据，因此需要在正确的时间和正确的地点提供正确的数据。不同级别和细分领域的所有制造资源都在数字世界中建模，以确保实时数据的可用性、可访问性和透明度。例如，当使用 CAM 软件对加工过程进行编程时，必须提供零件 CAD 模型，因为零件上具

有加工特征的数据决定了机床和刀具的类型、切割路径和加工参数。

2. 集成、协调、协作与合作

作为一个整体化的系统，工厂数字化系统必须无缝集成所有功能模块，以支持物理系统的交互、互操作、协调和协作。因此，系统集成包括不同级别和领域的集成，如数据集成、平台集成、业务流程集成以及硬件和软件应用的集成。通常，企业会使用稳定的分层结构来组织各层级和领域的系统元素，从而使每个决策任务的规模变得可控。但现实中的挑战是业务环境的变化太快，稳定的结构几乎不切实际，并且制造型企业组织功能的边界常常是模糊且动态的。比如，就最传统的企业而言，生产制造、工艺技术分属两个部门，但在推行价值流导向组织的工厂中，这两个部门会合为一个。又如，通常企业制造和供应链管理分属两个平行的职能组织，但为了快速响应客户的需求，在一些按订单生产（Make to Order，MTO）的企业中，也有"大供应链"的组织形式，即把工厂制造作为供应链中的一个环节，制造隶属于供应链管理。

3. 可配置性、模块化和可组合性

在动态环境中，优化制造系统必须考虑可持续性，即必须能够重新配置以适应时间和环境的变化与不确定性。可配置性，能够通过模块化、兼容性、通用性、移动性、可扩展性、可组合性实现。模块化，通过选择不同的系统元素，以不同的方式将它们组装，并构建满足一组特定任务要求的系统配置来实现，且这一组系统元素可以服务于不同的工艺和产品。模块化的系统是一组独立的、可重复使用的系统元素集合。可组合性用来衡量系统元素相互连接的能力。

4. 柔韧性

柔韧性是数字化系统面对各种冲击、干扰或不确定因素时，能够快速恢复到稳定状态的能力。企业可以通过多种措施增强柔韧性，如冗余设计、容错控制、可重构性等。通过提高制造系统的弹性，企业可以减少因突发事件或故障对生产造成的影响，并尽快恢复正常工作。

就如前文所说，任何系统都有失败的可能性，并且集成度越高，系统就越容易受到运行管理过程中不确定性、变化和中断的影响。系统的柔韧性涉及适应性、敏捷性、冗余性和学习能力。当产品开发和制造环境是动态的时候，数字化系统应该保持柔韧性，以此应对动态业务环境中出现的意外。

数字化协同开发平台的实现，涉及技术流程协同和团队合作协同两个方面。

> » 从技术流程协同出发，当前最常用的系统就是全生命周期管理（PLM）系统。PLM 系统管理的数值链和数字线程是有效和高效协作的基础。PLM 系统为用户提供的价值超越了设计阶段本身，包括计算机辅助制造（CAM）、计算机辅助工艺规划（CAPP）等功能。例如，通过创建独特的数字模型并实时输入制造运营中的数据，PLM 系统为建立物理产品的数字孪生提供了基础。缩短上市时间是另外一大收益，因为虚拟测试和数字模拟减少了对物理原型的需要，这样做大大减少了制造物理原型所需的时间，从而大大简化了整个产品开发过程。此外，全面的 PLM 解决方案提供了必要的远程协作功能，包括版本控制和其他支持功能，使大型虚拟团队能够在复杂项目上有效地协同工作。

> » 从团队合作协同出发，跨地区协同工作的数字设计团队需要相互之间进行有效的沟通。数字技术提供了大规模沟通的基石，如云平台可以交换数

据和协同创建文档，视频会议工具可以实时连接任何人，虚拟和增强现实（VR/AR）使远程协同工作更加有效。在虚拟环境中，不仅能与产品 / 服务设计相关的人员同时互动，而且能与潜在客户进行互动。比如，小米公司早期开发手机时经营的"粉丝"社区就是一种简化的体现形式。

D2-1-3
数字产品与数字服务

上面主要讨论的是产品设计制造流程的数字化协同，那么产品本身呢？产品本身受数字化技术的影响会发生什么变化？

传统上，产品与服务之间有明显的区别。产品可以被定义为有形的物品，通常作为商品在市场上提供给消费者。这些产品可能包括实体物品（如家具、电子产品、汽车等），或者抽象的产品（如保险、金融产品等）。产品的特性通常包括其物理特性（如尺寸、颜色、材料等）、功能特性（如性能、耐用性等）和价格。由于产品具有实体存在的形式，可以生产成库存，因此从本质上讲，产品的创建和消费是分开的。例如，汽车、手机、家电等，都是经过生产后被运往经销网点，然后储存起来，直到买家决定购买。

服务则被定义为无形的活动或输出，通常是为了满足客户的某种需求或实现某种价值。这些服务可能包括咨询、教育、医疗、旅游、娱乐等各种活动。服务的特性通常包括其过程性（服务是一个过程或者一系列的行为，如理发或治病）、交互性（服务往往涉及与客户或用户的交互，如客服或者面对面的咨询）和结果性（服务的结果是满足客户的需求或者实现某种价值）。服务在创建过程中也同时被客户使用消费，并且需要提供者和客户（或用户）都参与其中。

然而，在今天或者不久的未来，这种传统的区分会越来越不适用。例如，汽车是高度定制化的，实体产品被嵌入各种服务。当购买一辆新汽车时，客户可以按照个人喜好选择个性化的配置，包括定制的外观颜色和内饰、娱乐功能、动力性能、辅助功能等。在这种情况下，不可能建造个性化的汽车库存。此外，一些产品可能需要服务作为其附加值的一部分来增强吸引力。例如，汽车不仅仅是一辆车，还包括维修、保养、保险、智能驾驶等一系列服务。产品和服务的边界正在模糊化，甚至是产品正在变得服务化——通过产品提供服务。比如，苹果的手机和平板是硬件产品，通过 App Store 提供的服务，创造出更多增量的价值。甚至在一些基于互联网思维的商业模式中，产品免费而服务收费，如共享汽车、共享充电宝等。

因此，数字化时代的发展，不仅会改变我们现有的工作模式、工厂环境，也必将改变企业的商业模式，而我们正处于这样的洪流之中。

D2-2

从数字化供应链到数字化生态系统

供应链管理（SCM）是一个涵盖了多个领域的广泛概念。根据供应链管理专业委员会的说法，SCM 涵盖了所有涉及采购、转换以及物流管理活动的规划和管理工作。这包括从供应商到最终客户整个过程中的所有活动，如原材料采购、库存管理、生产计划、物流配送以及与渠道合作伙伴的协调和协作。

供应链管理专业委员会进一步将 SCM 概念总结为在公司和公司之间整合供应和需求管理。这意味着供应链管理不仅仅关注公司内部的生产和运营、传统的采购、库存管理和物流配送等方面，还强调与外部合作伙伴之间的协调和协作。这种协作可以包括与供应商协商采购计划、与中间商合作安排库存、与第三方服务提供商合作提供物流服务等。通过这些协作活动，供应链管理能够实现更高效、更灵活和更具适应性的运营，从而在快速变化的市场环境中获得竞争优势。

从更广的角度来理解供应链，甚至可以是从得到客户需求到满足客户需求的所有关联活动（见图 D-11）。

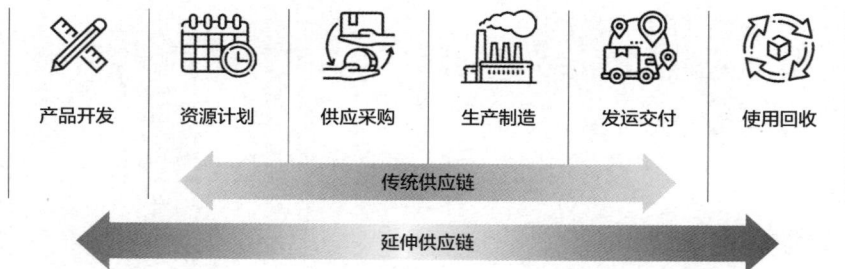

图 D-11　传统供应链和延伸供应链

D2-2-1
供应链管理面临的挑战

传统的供应链管理仍然遵循普遍的顺序和线性逻辑——活动和计划分阶段进行。但这给企业满足新时代的业务发展需求带来了挑战，同时成为供应链管理的挑战。

» **应变能力弱**：在传统供应链管理中，计划通常是基于过去的数据制订的。这种做法在某些情况下是合理的，如未来的需求可以合理预测时。然而，当市场环境变化迅速或存在大量不确定性时，基于历史数据制订的计划会导致延迟或错误的决策。

» **缺乏敏捷性**：传统的供应链管理通常缺乏对市场变化的快速响应能力。由于计划是提前制订的，并且执行主要基于预先优化的路线，因此当出现不可预见的变化或机会时，则需要投入一定的时间和资金来修改路线。即使供应链具有一定的反应能力，其对需求变化的响应通常也是反应性的，而不是主动性的。

» **客户参与度低**：在传统的供应链管理中，客户通常处于供应链的末端，与供应商和其他合作伙伴之间的交互很少。这不仅降低了客户的满意度，还会导致供应链无法准确把握市场需求和变化。

» **手动密集型和线性流程多**：许多供应链活动仍然是手动密集型的，并且以线性方式进行。这可能导致效率低下和错误率较高。无论所处的行业或部门如何，交付流程的设计通常都缺乏效率和敏捷性。

» **整合工作限制大**：尽管自 SCM 作为系统框架问世以来，整合工作取得了实质性进展，但整个网络的透明度仍然受到挑战和限制。这可能意味着尽管供应链中的各个组成部分之间的连接有所改善，但仍然存在信息不透明和沟通不畅的问题。

D2-2-2
数字化供应链特性

新的颠覆性技术推动供应链朝着网络化和数字化的方向发展，以适应数字时代的挑战。以下是数字化供应链具备的一些特性。

» **端到端的高透明度**：整个供应链中的信息是可见的，它允许供应链的所有参与者对供应、需求、物流和库存等情况有全面的了解。这种透明度可以提高决策的准确性和效率，建立在合作伙伴之间信任的基础之上。

» **高水平的灵活性**：供应链能够灵活、主动地响应变化。通过利用先进的数字化工具和技术，企业的供应链管理系统可以更快地适应市场变化、调整产品和服务、优化网络设计和运营等。

» **信息互联**：在整个供应链中实现跨职能的合作，各参与方之间信息共享、协同工作；消除信息孤岛，提高工作效率、减少浪费。

» **资源优化**：通过合理配置和使用资源，企业的供应链管理系统利用大数据分析、自动化、智能预测等技术实现人员与人员、人员与设备、设备与设备之间的高效配合，达到最佳的运营效果，从而实现提高生产效率、降低成本、提高质量等目标。

» **整体决策**：通过综合分析所有相关信息，企业的供应链管理系统可以做出最合理的决策，包括财务和非财务因素、长期和短期目标等。

这些特性将使企业能够充分利用其供应链网络，打破传统资源、时间和空间的障碍，提高运营效率、优化运营效果，从而带来新的业绩水平和新的收入机会。

D2-2-3
数字化供应链的关键技术

供应链数字化转型是企业适应未来发展的一个非常重要的主题。随着数据的可获得性提升和数字技术的不断发展，供应链管理的方式也发生了显著变化。基于数字化平台的供应链管理系统以云计算平台为基础，结合了一系列新技术，如大数据、物联网、移动互联网、云计算和人工智能等。这些新技术在供应链管理中的应用，将改变传统的供应链管理模式。例如，通过大数据分析，企业可以对市场趋势和客户需求进行更准确的预测，从而更好地规划和管理生产与销售。物联网技术则可以帮助企业实时监控产品的状态和位置，提高物流效率。移动互联网和云计算技术使得供应链中的各个环节能够实时共享信息，提高协同效率。人工智能技术则可以通过数据驱动的决策和优化，进一步提高供应链的效率，降低成本。

以下几项技术将成为供应链数字化转型的关键（见图 D-12 ）。

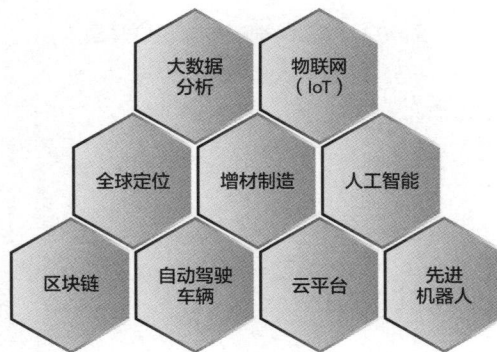

图 D-12　供应链数字化转型的关键技术

资料来源：基于 Thomas Mrozek 等著的 *Digital Supply Chains* 一书绘制。

以下是在一些行业调研资料的基础上，就供应链功能领域和对应的技术相关性做出的参考性对应（见图 D-13 ）。

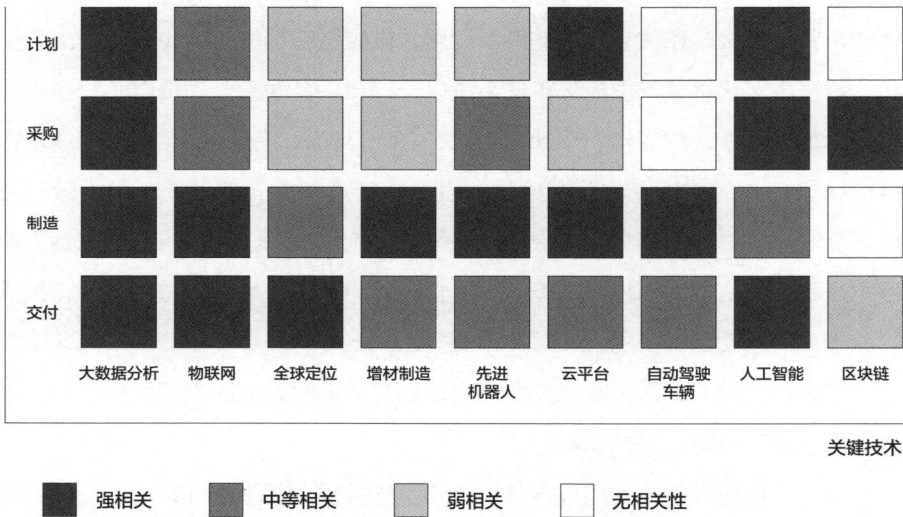

图 D-13　供应链关键技术应用关联图

资料来源：修改自高德纳公司的资料。

D2-2-4
数字化供应链转型及其挑战

随着信息和通信技术的发展，供应链能力在过去的企业实践中得到了显著提升，为现代生活方式带来了巨大变革。同时，当前的新技术，特别是数字技术的融合，正在开启新的创新浪潮，为供应链管理的重新思考和变革提供了前所未有的机遇。在这个背景下，数字化供应链平台将以网络化结构、实时在线、始终连接、数据驱动的范式为基础，帮助企业更好地适应不断变化的商业环境（见图 D-14 ）。

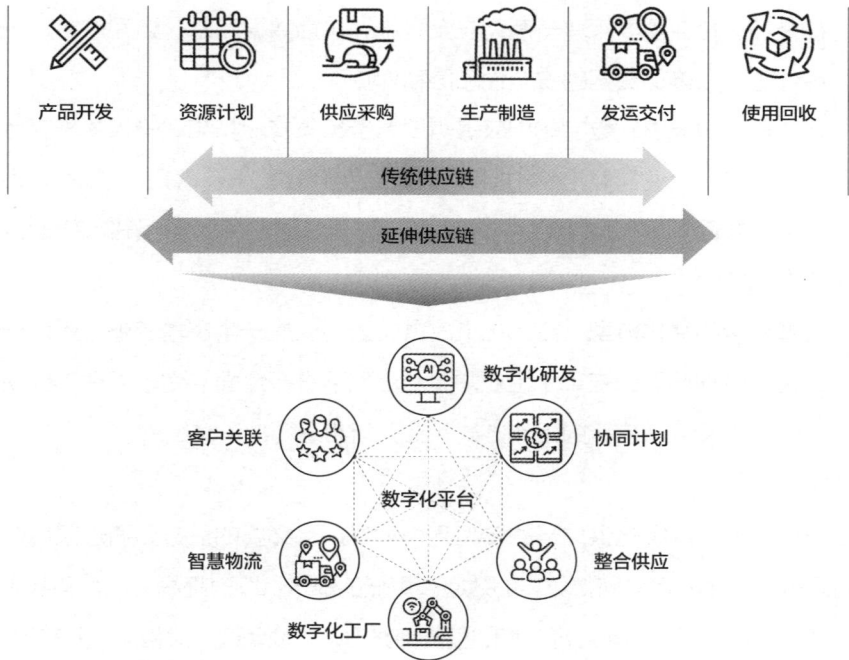

图 D-14　数字化供应链转型

资料来源：基于 Amit Sinha 等著的 *Digital Supply Networks* 一书绘制。

　　技术应用带来的变革和收益固然令人振奋，但是，数字化供应链转型也同样具有挑战性。

　　» **资源投入和实施时间**：开发和实施数字化供应链管理系统需要投入大量的

资源，包括技术资源、人力资源和财务资源。企业需要投入大量的时间和精力进行系统规划、设计、开发、测试和实施。这是一个需要长期投入和持续维护的过程。

» **数据的安全性和隐私保护**：供应链管理系统需要保护数据不被泄露、篡改或破坏。企业需要采取一系列安全措施，包括数据加密、访问控制、安全审计等，以确保数据的安全性和隐私保护。

» **技能和知识需求**：数字化供应链需要具备相关技能和知识的人才来支持和维护系统。企业需要培养和招聘具有供应链管理、云计算、大数据、人工智能等方面知识和技能的人才。此外，这类人才还需要具备跨部门的协作和沟通能力。

» **变革管理和文化转型**：数字化供应链转型不仅是一个技术变革，更是一个文化和管理层面的变革。企业需要从上到下进行全面的变革管理，促使员工转变观念，适应新的工作方式和业务流程。

总的来说，数字化供应链的转型是一项复杂且必要的任务。通过采用数字化管理系统，企业可以获得更高的效率和更低的成本，同时提高灵活性和响应速度。然而，这也需要企业进行大量的投资和努力，并准备好应对相关风险和挑战。

D2-2-5
数字化供应链展望：数字化生态系统

我们可以站在供应链的视角，展望一下未来数字化转型的发展。在这个技术迭代飞速的年代，或许未来会比我们想象的到来得更快。

按照集成整合范围的大小，我们可以把数字化转型分一下层级（见图D-15）。

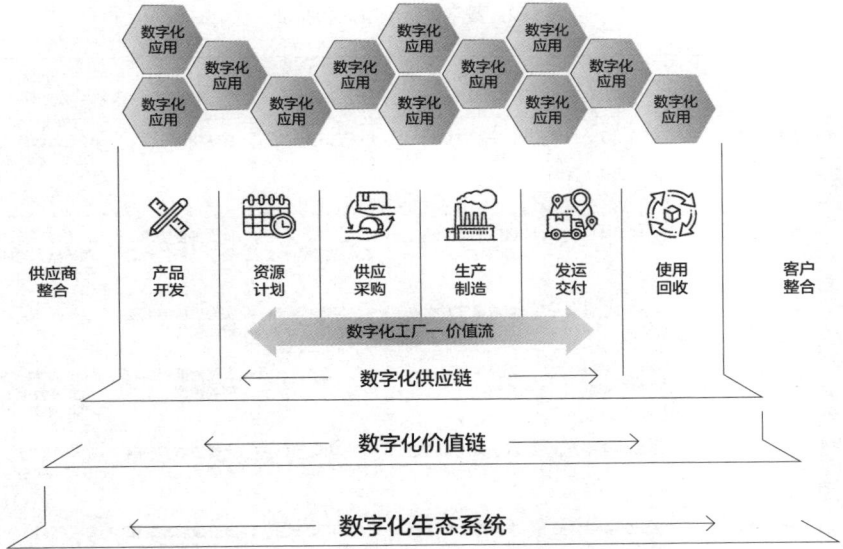

图 D-15 数字化转型范围层级

» 传统供应链——点的数字化应用

» 工厂数字化转型——核心流程和价值流数字化

» 供应链数字化转型——供应网络数字化

» 价值链数字化转型——产品生命周期数字化

» 产业生态系统——数字化产业生态系统

当然，这种划分是有点武断的，可能有不同的观点。这里可以向大家展示一幅更远、更广的发展想象图景，对比一下不同阶段的一些特征（见表 D-2）。

表 D-2   数字化转型阶段和特征

		传统 供应链	数字化 工厂	数字化 供应链	数字化 价值链	数字化 生态系统
计划	需求计划	基于电子表格（Excel）的需求规划驱动的计划和预算	客户需求统计预测	对需求规划的先进分析	需求协同	通过云服务支持的全供应链需求协同
	销售和运营计划	自组织协调	通过 ERP 系统协同	通过 ERP 和数据支持的协同计划	考虑多变量的基于场景的计划	人工智能驱动的决策模型达成最优选择
	交付计划	每日调度计划	整合第三方物流	中央控制的全球物流计划	实施供应链流监控和优化	自控制物流网络
采购	采购管理	电话、传真、电子邮件形式订单	物料采购管理系统	信息化整合的采购	人工智能辅助的采购建议	基于预测和物联网实施数据的自动供应体系
	供应商管理	本地供应商为主	基于风险和绩效的全球供应商管理	360° 整合全球供应商管理	全供应链供应商管理	基于区块链技术的采购网络管理
制造	计划排程	计划排程看板或表格	半自动生产计划排程	优化和启发式的自动排程	多层级启发式和优化的排程	零件根据自己的排程自主自动送达物料使用点
	生产执行	大批量生产线	精益理念的自动化生产系统	基于上下游预测信息整合的柔性制造系统	人机协同的模块柔性生产系统	自组织的柔性生产系统
	仓库物流	高位货架存放	自动高位货架存放	第三方物流管理的混沌存放管理	基于 RFID 的存放管理	有业务场景驱动的智能物流
交付	订单接受	二级销售支持	订单服务中心	外包的订单服务中心	对话机器人处理标准订单任务	对话机器人处理所有订单任务
	拣货	按照拣货清单作业	智能捆绑的拣货订单	路径优化的静态拣货	实时 / 动态拣货路线优化	在一个混沌存放系统中自动拣货和包装
	发运	第三方物流运输	越库配送	实时追溯与追踪和线路优化	自动驾驶货运	无人化自主运输
	售后备件管理	备件库存设置在客户处	能 48 小时全球配送的中央备件库	基于预测维护的备件发运	基于实时数据分析的预测性备件更换	备件在现场通过 3D 打印技术提供

资料来源：基于 Thomas Mrozek 等著的 *Digital Supply Chains* 一书绘制。

当前工业界和企业界可能更多地关注数字化工厂这个范畴，但是数字化转型其实更加深远和广阔，可谓"路漫漫其修远兮"。

D2-3

组织和人

　　前面谈到了很多为了实现数字化而主动施加于组织和业务的变革与行动。与所有变革一样，当我们朝着数字化迈进时，数字化同样深刻地影响着我们工作和生活的方式与方法。

　　谈到数字化对我们的影响，感受最深的莫过于对生活的影响。10年前，笔者最喜欢逛的地方是各种大卖场、大型超市。现在，基本上购物都是通过线上下单，快递送达。当我们不愿吃外卖而必须出门时，也大都会在各种软件上查找合适的餐馆和饭店，购买优惠套餐，甚至在软件上先排队。

　　数字化不仅对我们的生活产生影响，它正在或即将对我们习惯的工作方式产生影响。

　　B公司是著名的汽车制造厂商。在数字化的第一阶段，其主要的策略方向是通过数字化（如用户平台等）增强产品的价值，并开拓线上销售的新渠道。B公司通过与客户的直接互动，改变传统的4S店代理模式，让个性化研发和制造与用户需求更紧密地结合。到了数字化的第二阶段，B公司决定对内部的研发和运营过程实现数字化转型。第二阶段的一个重要话题是"数字化能力的建设"，HR部门的同事W找到笔者，希望针对如何建立数字化能力展开探讨。

　　笔者问W："你们已经有一些思路了吗？"

　　W 说："是的，业务部门想依托现有的岗位设置和工作描述，如'四大工艺'什么的，增添一些岗位的数字化能力要求，然后基于这个能力模型构建数字化能力。但是，我们总觉得这样做是有问题的。"

　　很显然，B 公司业务部门对于数字化能力的构建还是基于过去或传统的框架，这种想法其实有很高的风险。

　　一些企业是基于"工作"进行组织的。这里的"工作"是指相对稳定的一系列任务的组合。比如，你是一位负责生产管理的经理，岗位职责描述很可能如下。

- » 8：30 打卡
- » 9：00 参加早会
- » 9：30 参加跨部门会议
- » 10：30 现场巡查，发现异常
- » 12：00 午饭

　　……

　　你可能要喊出来了："打住！你说的是多少年前的事情了！我们公司甚至连岗位职责描述都没有！我（我的老板）最引以为豪的就是我们有事都能大家一起想办法，不是个人只扫门前雪！"

　　你的想法没错：这正是时代发展的结果。10 年前，当我们讲到精益管理时，一条重要的法则是"管理路线"，即固定和标准化各个管理层级的时间（见图 D-16 ）。如果你了解精益管理中的对冲波动策略，就知道这个策略其实存在一定的合理性。

　　现在的问题是，10 年前我们都说固定事务的部分能占大多数时间，而现

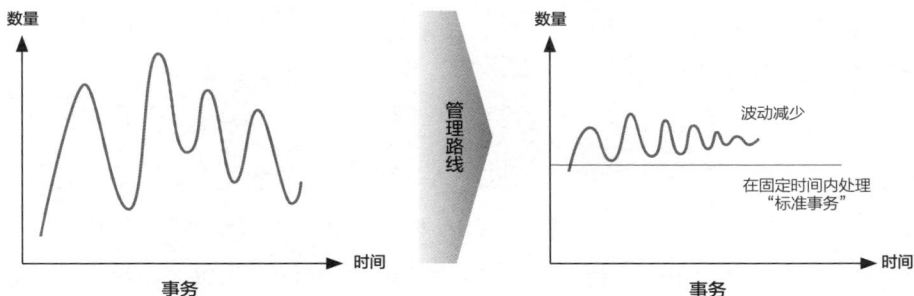

图 D-16　应对波动管理的策略

在面对来自终端客户和市场的变化，我们经常会发现，在实际工作中，特别是中层管理者及以上，能有 10% 的时间处理固定事务就已经算了不起了。

"寻找真因，防止问题再发"的管理思想也面临同样的挑战。由于客户定制化产品增多，很多业务模式都是非标定制，从工艺图样（研发）到生产（小批量）再到交付一条龙贯穿。如果发生质量问题，很多组织并不愿意花时间在真正的问题解决上："反正这一单不知什么时候才会再做，就算采取了措施，也无法验证有效性，就这样吧。"因此，非标定制模式的问题解决方法，往往聚焦在管理方式、流程步骤和前期的防呆防错上。

所以，如果你去人才市场看看，对于公司高管的岗位职责描述很少有标准的"管理路径"，更多的是"保证质量、交付以及成本的持续改善"或者"通过创新保证公司不断成长"之类的描述。别指望谁能告诉你怎么做，全靠你自己琢磨出来。

D2-3-1
从工作到技能的转变

以"工作"为中心的组织，其实"人"和"机""料""法""环"一样，只是生产要素的一部分，随时随地会被机器人、AI取代。而数字化时代，"人"绝不只是"生产要素的一部分"。几乎在所有的表述中，"以人为本""以人为中心"都是转型成功的核心要素。

"以人为中心"当然不是自然发生的。一个可以观察到的现象是，组织对于人员"技能"的需求更高了。

从前面所谈到的数字化转型的主要步骤看，涉及业务层面感知、用户体验、同理心、变革筹划等。可以很肯定地说，对个人来讲，"技能"绝对不是单一的，而是复合的。这些技能可能包括技术能力、人际能力和潜能（见图 D-17）。

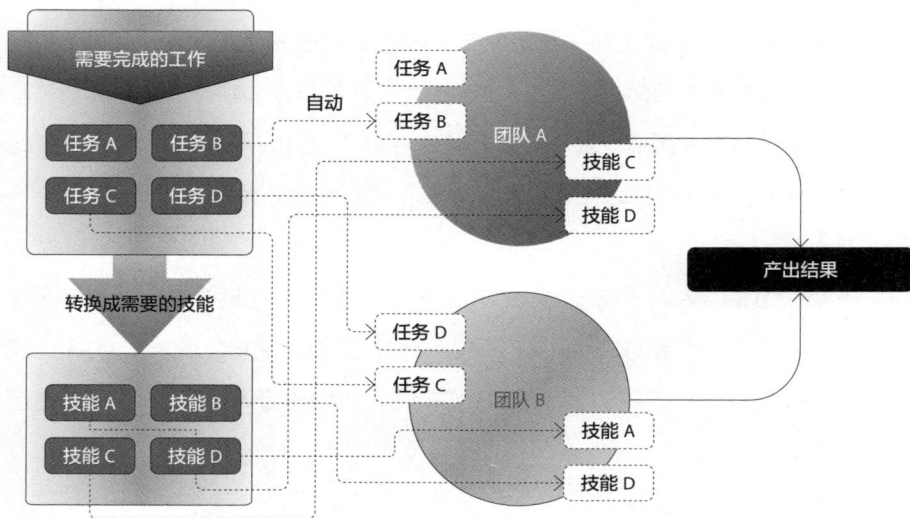

图 D-17　产出与技能关系示意图

从图 D-17 中我们可以看到，为了更好地适应数字化带来的变化，如大规模柔性化、个性化，人员的组织也将从"以工作为最小单位"转变成"以完成结果所需要的技能为最小单位"。这意味着，一方面，你可能因为具备不同的能力处于不同的任务进程中，那么感知和明确这些能力及其适用的任务场景就很重要，从而更高效、合理地发觉和创建任务；另一方面，你也可能因为具备不同能力处于不同团队中，由于任务的协同属性，那么如何联通自己和组员的多元技能，从而完成多变、复杂、动态的新老任务，关键的人际＋人机协同能力又很重要。

D2-3-2
独立工作与协同

　　技术的发展，毫无疑问极大地扩充了单个个体的技能。通过 ChatGPT，可以很快写出来一篇小作文，再通过视频合成，可以做出一个像模像样的短视频。在培训圈有一个著名的笑话：某培训师被问到区块链的概念时，他紧急搜索百度，然后"高谈阔论"。结果，学员反问："我自己不会搜吗？还要花钱听你的课？"

那么，数字化时代有没有可能不需要协同了呢？单兵作战能力是如此之强，以至于个人（加上 AI、机械手之类的）就是一个完全技能的复合体，而无须在人际能力上再花费精力。

一个正在发生的事实是，随着移动互联网乃至物联网的出现，系统的边界不断被打破，个体需要处理问题或完成工作的范围也在扩大；因此，数字化带来的协同需要其实更大了。用一句流行的话来说，我们的目标是星辰大海。

最能显现数字化打破系统边界的例子，就是"共享产能"或"共享经济"的概念。L 公司是做汽车部件可回收包装的。因为汽车行业的包装标准化程度很高，所以存在这样的可能性：通过 RFID 可擦写标签，A 客户的标准包装可用于 B 客户的项目上，从而在实际营运中增加资产的利用率，降低成本。当然，这么做的话，A/B 客户之间的系统界限就没有了。

想象一下，如果和共享单车一样，有人在市场上有一个需求发布出来，相关工厂都可以接订单，然后实现交付，那么工厂的边界其实就模糊了，你可以把所有具备产能的工厂看作一家大工厂。

所以，数字化时代的人际沟通与协作不是减弱了，而是加强了。在小范围内，在智能设备的加持下，个人能力得到增强。而在一个大范围内，我们其实需要更多的协同。如何照亮这个广袤的空间，正是数字化进一步发展所面临的挑战。

最后，你是不是和笔者一样，对人类在未来高度智能化的数字工业生态中能担任什么角色有点困惑？笔者把这个问题抛给了 AI，下面是 AI 应用给出的答案：

在一个高度智能化的数字工业生态中，人类能发挥的作用包括但不限于以下几个方面。

» **设计和创新**：人类可以利用自己的创造力和专业知识来设计新产品、改进工艺流程和开发新技术。

» **监督和管理**：人类可以监督和管理生产过程，确保系统的正常运行，处理异常情况，并对效率、质量等进行监控。

» **数据分析和决策**：人类可以利用数据分析和专业知识进行决策，优化生产过程、提高效率和质量，并制订生产计划和策略。

» **维护和保养**：人类可以进行设备和系统维护保养工作，确保数字化生态系统的正常运行和寿命，以及修复故障。

» **灵活性和创新性工作**：人类可以处理复杂性工作，处理非结构化问题，以及进行需要创造性思维和灵活性的工作。

因此，在一个高度智能化的工业生态环境中，虽然机器和自动化系统可以执行大部分重复性和标准化工作，但人类仍然是不可或缺的，并在其中发挥着重要作用。人与机器之间形成了一种协同合作的关系，共同推动企业的运作和发展。

A

[1] Amit R, Pawar K, Sundarraj R, et al. Advances in Digital Manufacturing Systems: Technologies, Business Models, and Adoption [M]. Berlin：Springer Nature, 2023.

[2] Caseau Y. The Lean Approach to Digital Transformation: From Customer to Code and from Code to Customer[M]. Sebastopol :Productivity Press, 2022.

[3] Chen B, Wan J , Shu L ,et al. Smart Factory of Industry 4.0: Key Technologies, Application Case, and Challenges[J]. IEEE Access, 2017, 6: 6505-6519.

[4] Da Silva E R, Shinohara A C, Nielsen C P, et al. Operating Digital Manufacturing in Industry 4.0: the Role of Advanced Manufacturing Technologies[J]. Procedia CIRP, 2020, 93: 174-179.

[5] Echeberria A L. A Digital Framework for Industry 4.0: Managing Strategy[M]. London: Palgrave Macmillan, 2020.

[6] Muduli K, Kommula V, Yadav D, et al. Intelligent Manufacturing Management Systems: Operational Applications of Evolutionary Digital Technologies in Mechanical and Industrial Engineering[M]. New York: John Wiley & Sons, 2023.

[7] Rogers D L. The digital transformation playbook: Rethink your business for the digital age [M]. Warrenton:Columbia University Press, 2016.

[8] Schallmo D R A, Williams C A. Digital Transformation Now!: Guiding the Successful Digitalization of Your Business Model[M]. Switzerland: Springer, 2018.

[9] Sirinterlikci A, Ertekin Y. A Comprehensive Approach to Digital Manufacturing [M]. Switzerland: Springer, 2023.

[10] Stark J. Digital transformation of industry [M]. Geneva: Springer International Publishing, 2020.

[11] Swaminathan A, Meffert J. Digital @ Scale: The Playbook You Need to Transform Your Company [M]. New York: John Wiley & Sons, 2017.

[12] Zheng P, Wang H, Sang Z, et al. Smart manufacturing systems for Industry 4.0: Conceptual framework, scenarios, and future perspectives [J]. Frontiers of Mechanical Engineering, 2018, 13: 137-150.

[13] 王岳 . AI 时代下的汽车业数字化变革 [R/OL]. 外唐智库 , [2023-11-08].

[14] 周良军 , 邓斌 . 华为数字化转型 : 企业持续有效增长的新引擎 [M]. 北京：人民邮电出版社 , 2021.

B

[1] Axmann B, Harmoko H. Industry 4.0 readiness assessment: Comparison of tools and introduction of new tool for SME[J]. Tehnički glasnik, 2020, 14(2): 212-217.

[2] Boothroyd G, Dewhurst P, Knight W A. Product design for manufacture and assembly[M]. Calabasas: CRC press, 2010.

[3] Castelo-Branco I, Cruz-Jesus F, Oliveira T. Assessing Industry 4.0 readiness in manufacturing: Evidence for the European Union[J]. Computers in Industry, 2019, 107: 22-32.

[4] E-works Research. 2021 年中国 MES 应用研究报告 [R/OL].数字化企业网，[2023-12-03].

[5] Gadatsch A. Business Process Management: Analysis, Modelling, Optimisation and Controlling of Processes[M]. Berlin：Springer Nature, 2023.

[6] Hizam-Hanafiah M, Soomro M A, Abdullah N L. Industry 4.0 readiness models: A systematic literature review of model dimensions[J]. Information, 2020, 11(7): 364.

[7] Jain S. The Fundamentals of Business Process Management[M]. Society Publishing, 2022.

[8] Kühnle H, Bitsch G. Foundations & principles of distributed manufacturing[M]. Switzerland: Springer, 2015.

[9] Lee H, Ryu K. Product and design feature-based similar process retrieval and modeling for mold manufacturing[J]. The International Journal of Advanced Manufacturing Technology, 2021, 115(3): 703-714.

[10] Lichtblau K, Stich V, Bertenrath R, et al. Industrie 4.0 Readiness[R/OL]. (2015-10) [2023-12-03].

[11] Machado C G, Winroth M, Carlsson D, et al. Industry 4.0 readiness in manufacturing companies: Challenges and enablers towards increased digitalization[J]. Procedia CIRP, 2019, 81: 1113-1118.

[12] Molina A, Ponce P, Miranda J, et al. Enabling Systems for Intelligent Manufacturing in Industry 4.0[M]. Berlin: Springer, 2021.

[13] Mears L, Summers J. Manufacturing for Design: A sustaining approach to drive manufacturing process evolution, then innovation[J]. Procedia Manufacturing, 2020, 48: 1136-1142.

[14] Müller A. Digineering: Business Process Management im Digitalen Zeitalter[M]. Berlin:Springer, 2021.

[15] Pacchini A P T, Lucato W C, Facchini F, et al. The degree of readiness for the implementation of Industry 4.0[J]. Computers in Industry, 2019, 113: 103125.

[16] Paton M. Process!: How Discipline and Consistency Will Set You and Your Business Free[M].Dallas: Ben Bella Books, 2022.

[17] Rincon-Guevara O, Samayoa J, Deshmukh A. Product design and manufacturing system operations: An integrated approach for product customization[J]. Procedia Manufacturing, 2020, 48: 54-63.

[18] Schumacher A, Erol S, Sihn W. A maturity model for assessing Industry 4.0 readiness and maturity of manufacturing enterprises[J]. Procedia CIRP, 2016, 52: 161-166.

[19] Stoesser K R. Process Optimization for Manufacturing Companies[M]. Berlin：Springer Nature, 2023.

[20] Singapore Economic Development Board. The Smart Industry Readiness Index[EB/OL]. (2019-10-22) [2023-12-07].

[21] Trstenjak M, Opetuk T. Industry 4.0 readiness factor calculation and process planning: State-of-the-art review[J]. Transactions of FAMENA, 2020, 44(3): 1-22.

[22] Vrchota J, Mařiková M, Řehoř P, et al. Human resources readiness for industry 4.0[J]. Journal of Open Innovation: Technology, Market, and Complexity, 2019, 6(1): 3.

[23] Wasim M, Vaz Serra P, Ngo T D. Design for Manufacturing and Assembly for Sustainable, Quick and Cost-effective Prefabricated Construction–A Review[J]. International Journal of Construction Management, 2022, 22(15): 3014-3022.

[24] 博世. 工业 4.0 十周年：博世集团工业 4.0 业务销售额累计突破 40 亿欧元 [EB/OL]. [2023-12-07].

[25] 科衍之道. 改变人类命运的成果转化，史上最牛之一，贝尔实验室的兴衰 [EB/OL]. (2020-09-14) [2023-12-07].

[26] 刘宝华. 特斯拉为什么要做一体式铸造的车身？ [EB/OL]. (2022-05-18) [2022-05-18].

[27] 迈克尔·哈默，丽莎·赫什曼. 端到端流程：为客户创造真正的价值 [M]. 方也可，译. 北京：机械工业出版社,2019.

[28] 澎湃新闻. 丰田日本 14 座工厂停产一天后恢复生产，背后暴露出管理漏洞 [EB/OL].[2023-08-31].

[29] 三木博幸. 成本减半（图解精益制造）[M]. 赵晓明，译. 北京：东方出版社, 2016.

[30] 世界经济论坛，麦肯锡. 全球"灯塔工厂"网络：来自第四次工业革命前沿的最新洞见 [R/OL]. (2020-03-18) [2023-12-07].

[31] 习风. 华为双向指挥系统：组织再造与流程化运作 [M]. 北京：清华大学出版社,2020.

[32] 西门子. 明晰路径：推动企业数字化转型 -dTAT 数字化转型掌舵者指南 [R/OL]. (2020-11-06) [2023-12-09].

[33] 霍尔格·拉斯格博，约翰·科特. 冰山在融化 [M]. 合肥：安徽人民出版社, 2006.

C

[1] Anderson D M. Design for Manufacturability: How to Use Concurrent Engineering to Rapidly Develop Low-cost, High-quality Products for Lean Production[M]. Sebastopol :Productivity Press, 2020.

[2] Hartmann L, Meudt T, Seifermann S, et al. Value Stream Method 4.0: Holistic Method to Analyse and Design Value Streams in the Digital Age[J]. Procedia CIRP, 2018, 78: 249-254.

[3] Harris R, Harris C, Wilson E. Making Materials Flow: a Lean Material-Handling Guide for Operations, Production-Control, and Engineering Professionals[M]. Cambridge:Lean Enterprise Institute, 2003.

[4] Rother M, Harris R. Creating continuous flow: an action guide for managers, engineers & production associates[M]. Cambridge:Lean Enterprise Institute, 2001.

[5] Smalley A. Creating level pull: a lean production-system improvement guide for production-control, operations, and engineering professionals[M]. Cambridge:Lean Enterprise Institute, 2004.

[6] 勒威克. 人生设计思维手册 : 斯坦福创新方法论应用 [M]. 北京：清华大学出版社，2022.

[7] 世界经济论坛，麦肯锡. 全球"灯塔工厂"网络：来自第四次工业革命前沿的最新洞见 [R/OL]. (2020-03-18) [2023-12-07].

D

[1] Kamble S, Mor R, Belhadi A. Digital Transformation and Industry 4.0 for Sustainable Supply Chain Performance[M]. Berlin：Springer Nature, 2023.

[2] Langer A M. Information Technology and Organizational Learning: Managing Behavioral Change in the Digital Age[M]. Calabasas：CRC press, 2017.

[3] Mrozek T, Seitz D, Gundermann K U, et al. Digital Supply Chains: A Practitioner's Guide to Successful Digitalization[M]. New York：Campus Verlag, 2020.

[4] Sinha A, Wuest E B R C T. Digital supply networks[M]. London: McGraw Hill-Ascent Audio, 2021.

[5] Tan A, Shukkla S. Digital Transformation of the Supply Chain: A Practical Guide for Executives[M]. Singapore :World Scientific Publishing, 2021.

[6] Wang T, Zhang Y, Yu H, et al. Advanced Manufacturing Technology in China: A roadmap to 2050[M]. Berlin: Springer, 2012.

[7] Wolf R, Lepratti R. Smart Digital Manufacturing: A Guide for Digital Transformation with Real Case Studies Across Industries[M]. New York：John Wiley & Sons, 2020.

[8] 悲了伤的白犀牛. 刚刚，阿里云经历了可能是历史级的大故障！[EB/OL]. (2023-11-12) [2023-12-20].

[9] 盖温·肯尼迪.谈判是什么 [M].陈述,译.北京:中国宇航出版社,2004.

[10] 埃利泽·斯滕伯格.神经的逻辑:谜样的人类行为和解谜的人脑机制 [M].桂林:广西师范大学出版社,2018.

[11] 通信产业网.阿里云怎么了?影响几何?[EB/OL]. (2023-11-13) [2023-12-20].